明理　愛光

杜葉錫恩的教育思想及實踐

區志堅　著

中華書局

杜葉錫恩一生奉獻，從不計較功名。

杜葉錫恩與朋友聚餐

上：獲邀擔任頒獎嘉賓

下：積極參與社會活動

1997 年香港回歸後，杜葉錫恩
仍擔任要職。

上：2013 年，獲香港中文大學頒發
榮譽社會學博士學位。

下：2006 年 3 月 16 日一代表著康
老人福利會頒獎予 94 歲的義工婆婆。

獲特區政府頒授大紫荊勳章

左：六十年代，葉錫恩與杜學
魁在校旗下的合照。杜學魁高
舉印有「慕光英文書院」校名
及校徽的旗幟。

下：葉錫恩（右二）、杜學魁
（右三）、戴中（右一）在三
合土教室的授課情形。（照片
由慕光資料庫提供）

上：六十年代慕光眾師生合照

右上：葉錫恩、杜學魁與慕光
樂富小學師生合照。

右下：與學生亦師亦友

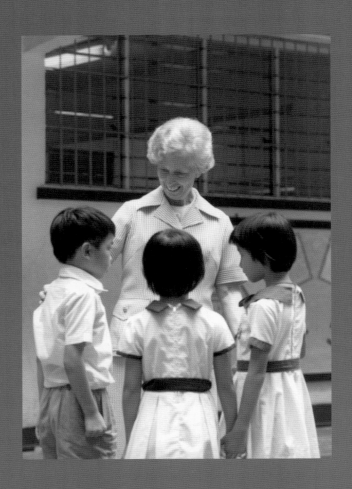

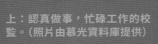

上：認真做事，忙碌工作的校
監。（照片由慕光資料庫提供）

下：杜學魁校長的榮休晚宴，
由杜葉錫恩抽獎選出幸運兒。
（照片由慕光資料庫提供）

左：杜葉錫恩十分重視學生的英語學習表現，私下為高年級同學補習。（照片由慕光資料庫提供）

右：杜葉錫恩發表演講

上：百子薈（杜葉錫恩百歲壽宴）當晚，與時任行政長官梁振英交談。

下：2013 年 1 月 10 日，教育局長吳克儉蒞臨慕光。左：吳道邦校長，
中：吳克儉局長，右：杜葉錫恩

上：攝於臨時立法會惜別晚宴

下：1997 年 7 月 1 日，杜葉錫恩獲時任行政長官董建華代表特區政府頒授大紫荊勳章。杜葉錫恩一生多次獲得勳銜，備受各界肯定。

左上：2014 年，張雅麗主席
（MH，JP）到慕光探望杜太，
彼此十分投契。後來，張主席
差不多每月也到校探訪杜太。
自此，張主席和慕光結下不解
之緣。

右上：香港特別行政區臨時立
法會（1997 年 10 月 8 日）

下：杜葉錫恩與校友聚會

下：2014 年，杜葉錫恩捐贈檔案予香港浸會大學。

上：1990 年代，與學生合照。

下：杜葉錫恩晚年仍學習電腦

右：葉錫恩與杜學魁夫婦

左：杜葉錫恩在校監室工作

右：樂於助人的杜葉錫恩

為教育、為社會鞠躬盡瘁的杜學魁及杜
葉錫恩伉儷。

序一

　　此書得以順利出版，十分感謝慕光英文書院團隊、區志堅博士等人的努力。本書內容十分豐富，當中不只記述杜葉錫恩博士的一生，更藉着對杜太及慕光教育事業的研究，得見香港教育發展史的重要面貌。閱讀此書，我們更能了解杜博士的辦學心志，她本着無私大愛之心，致力讓貧窮學童能得到學習的機會。在五十至七十年代，香港教育發展尚未普及之時，慕光英文書院堅持興辦平民教育，為這些孩子帶來了擺脫貧窮，改變未來，及為學生培育德智體群美五育並舉，使學生邁向理想精彩人生的契機。

　　我校亦曾出現過一些困難，幸好慕光師生齊心一致，使慕光今天得到理想的發展。細閱此書，我們深入得知杜葉錫恩、杜學魁、戴中等前人創校時面對的艱難條件，我們現今面對的環境，已比他們當時好上很多。面對種種困難，杜葉錫恩博士仍然堅持辦學，而且僅收取低廉學費，甚至曾自掏工資補貼校務，因而我們更能得知杜博士的偉大。

　　我在 2014 年參與了慕光英文書院的教育事業，已知慕光教職員為學生開拓多元化教育。學校近年重點發展，包括學術及體藝，學校課程變得更寬廣。我校致力為學生提供中學學科知識外，尤注意培育學生的心智及德育。

　　近年我們更致力於推動 STEM 教育，希望提升

學生對科學、科技和數學的興趣，加強他們綜合應
用知識及技能，同時培養他們的創造、協作和解決
問題的能力。我們更提供同學們跳出校園的機會，
特別成立國際交流組，讓同學能親身到境外及境內
體驗各地的文化習俗，培養互相欣賞學習的精神。
我們深信同學們親身體會及領略，總比從書本學的
來得更深刻、更實在。

　　慕光英文書院由我們敬愛的杜葉錫恩博士及其
丈夫杜學魁校長創立。杜葉錫恩博士六十多年來致
力於爭取人人平等教育，她不想看到學生因資源匱
乏而失去學習及接觸社會的機會。因此，當我承接
了杜葉錫恩教育基金後，希望能延續杜太對香港教
育的大愛，亦為有經濟需要的學生提供基礎的學習
生活資源，亦盼望慕光能開拓給予青少年建立正確
人生觀及向上流動的平台。為了學校有更好的發
展，我們必須與時並進，本着精益求精的信念延續
杜博士的心血。日後，慕光的發展定必蒸蒸日上，
高瞻遠矚，為香港社會作育英才！是為之序。

慕光英文書院校董會主席
杜葉錫恩教育基金會主席
張雅麗 謹識
2020 年 11 月

序二

　　十分高興《明理愛光：杜葉錫恩的教育思想及實踐》可在我校六十六周年校慶出版。杜葉錫恩女士為我校創辦人之一。1954 年，她與杜學魁、戴中等人共同搭建了一頂帳篷，這帳篷名曰「慕光」，孕育出第一批的慕光學子。此後，慕光學校如同校名一樣，朝向光明，蹈厲奮發，學生們朝氣蓬勃，鬥志昂揚。慕光由帳篷學校一步步發展至今，教育出千千萬萬的社會棟樑。

　　此書匯集了杜葉錫恩女士一生對香港教育事業的貢獻，更明確闡述慕光英文書院由一頂小帳篷成長為矗立在功樂道的一所中學，當中經過的漫長而艱辛的歷程。本人為慕光英文書院的現任校監，實在非常感謝杜葉錫恩女士與杜學魁、戴中等創校賢哲，為慕光建立堅實的發展基石，在香港的教育史上留下了輝煌的一頁。誠然，本人加入慕光大家庭時，因遇上出生率下降，學校正存在一定的困難。有賴慕光教職員團結一致，同心同德，願與學校共渡時艱。而且，在校董會和學校管理層的共同努力下，慕光取得理想的成績。最終，學校在眾人努力下安然解決財困。如今，慕光英文書院已儲備了相當的盈餘，在資金分配上也比昔日更為充裕，未來將可撥出更多資源，推動慕光教育文化事業走上另一高峰。

　　慕光英文書院是杜葉錫恩女士的心血，學校如

今能有這般安定繁榮的局面，亦是慕光歷任校長、師生努力開創而來。慕光向來重視教師的師資質素，現時校內所有的教師均有學士或以上的學歷，未來在校方政策配合下，教師隊伍將在原有基礎上得到更多培訓機會。本人相信慕光教師們一定可以不斷力求進步，作育英才。正如本人參與慕光教育事業之初，就一直提倡「一日為師，終身為父」的理念，為人師者負有極大的責任，一位教師掌握了千百學子的未來，所以為人師者一定要憑良心行事，必須要用心教好每一個學生。本人對教師也有一定的要求，一不可以只在乎薪金，也不可以計較時間，應一心一意投身教學，承負「為人師長」的要務！除了提升師資質素，慕光近年來也積極進行課程改革，在梁校長的努力下，慕光英文書院開展了全新的課程，作出更多元化的嘗試，使學生得到更好的教學體驗。本人亦會盡己所能，帶領慕光英文書院走向更光明的未來，延續杜葉錫恩女士的辦學理念及成果。

　　本人推薦時下年輕人應多閱讀本書，學習杜葉錫恩女士的創校理念，及她正直無私的情操。相信，慕光學子可因此更深切明白我校校訓「明理愛光」的意義，更懂得感激慕光創辦人付出的心血和為教育奉獻的大愛精神。也寄望慕光莘莘學子均能承傳杜葉錫恩女士的「慕光精神」，明白事理，熱愛光明！是為之序。

慕光英文書院校監
黃華康 謹識
2020 年 11 月

序三

感謝梁超然校長邀請為《明理愛光：杜葉錫恩的教育思想及實踐》寫序。

我有幸曾在慕光英文書院任教過一年，雖然印象不算很深刻，但在杜學魁校長和杜葉錫恩女士的卓越領導下，慕光的校風良好，同事教學認真，學生積極學習，對於我對日後學校改善的研究頗有啟發。一所學校是否具有質素，其成功因素及持續發展頗受學校領導和學校文化的影響。除了課程與教學的研究外，我一直關注生命教育和環境教育的研究與發展，欣喜見到慕光在多年前開始設立生命教育科，連中六同學都有參與，實屬難得。[1]

慕光英文書院是由杜葉錫恩與她的丈夫杜學魁共同建立，杜學魁為首任校長，主持內政，與杜葉錫恩校監一內一外，共同營運。書院的創立成功實現了二人對教育的詮釋和理想。杜葉錫恩女士創立慕光的目的，正是為了幫助更多有需要的民眾。當慕光教育機構發展穩定後，她毅然投身政治，成為市政局議員，任內積極為社會基層爭取權益，深受香港市民的擁戴與尊重。葉錫恩在殖民時代敢於對抗港英政府，為弱勢人士發聲。

---

1 〈慕光英文書院新校長　堅守杜葉錫恩教育理念 〉，《信報》，擷取自 https://www1.hkej.com/dailynews/article/id/1926981/，瀏覽日期：2020 年 7 月 31 日。

杜葉錫恩女士自 1963 年當選為市政局議員，至九十年代仍在政壇上有亮眼表現。她為天星小輪加價事件發聲以及促進廉政公署成立，最為廣大市民所知曉。此外，杜女士從政生涯中，總是為華人，尤其弱勢華人群體服務，如為小巴和小販等群體爭取權益。她奉行「行善不為人知」的精神，即使是為街坊爭取公屋等，均樂意幫忙，且從不高調宣揚，一心幫助香港貧苦大眾。杜女士既深受市民大眾擁戴，又得到英國政府信賴，接納她為市政局議員時的各種意見，如成立廉政公署、提升教師待遇等，其中原因在於她為人公正不阿，向政府官員反映意見時亦十分客氣，使她成為港英政府與民間的重要橋樑，香港市民更稱她為「民主之母」，同時也反映香港獅子山下的奮鬥精神和正向價值。

　　人們多了解杜葉錫恩女士從政的經歷，卻忽略了她在教育上的貢獻。因此，本書將以她創立及發展慕光過程為主要核心，闡述她對香港教育的付出。杜葉錫恩女士一生投入很多心血，創辦及規劃慕光教育機構，甚至在慕光校內居住，直至終老，一直視之為最重要的教育成果。本書會講及杜葉錫恩女士在年少時與教育事業結緣的經過：她因學習成績優異而被中學校長力薦從事教職，大學畢業後的第一份工作即選擇教師職業，從此為教育事業奉獻一生。及後，本書亦會講述杜太選擇在香港創立慕光的原因、晚年參與校務的經歷，以及她為了幫助香港基層青少年有更多學習機會，鼓勵他們貢獻社會，在 2013 年百歲宴上成立「杜葉錫恩教育基金」及將所有遺產全數捐出等事跡。

　　自 1954 年創立至今，慕光已孕育了多位社會棟樑。在這數十年間，杜葉錫恩作為慕光的創辦者之一，也為慕光辦學理念的始創者、實踐者與體現者，她將其教學理念以言教或身教影響校內師生，或在日常相處中潛移默化地感染了他們，而他們又

明理愛光：杜葉錫恩的教育思想及實踐

會把二人的理念承傳下去。本書把杜葉錫恩的教育、辦學理念以「慕光精神」形容，並以口述歷史形式訪問慕光英文書院現任校監、校董會主席、校長、與杜太交往過的教師、校友等，摘錄杜葉錫恩女士對校內師生，或對書院帶來的正面改變，通過整理杜太與他們的交往經歷，既可豐富杜太的形象，更可得知「慕光精神」如何在他們身上體現並傳承。

　　我非常榮幸獲邀出席慕光英文書院六十五周年校慶揭幕禮，見證慕光持續地發展，為香港教育培育英才，作出重要的貢獻。我期望和勉勵慕光師生「百尺竿頭，更進一步」，寄望他們繼續為慕光學校爭光，是為序。

香港教育大學
課程與教學學系講座教授
李子建
2020 年 7 月

註：感謝梁校長提供資料，本文內容僅反映個
　　人意見，並不代表香港教育大學之立場。

自序

　　首先十分感謝慕光英文書院黃華康校監、張雅麗主席及梁超然校長給予筆者機會為杜葉錫恩女士著書，深感榮幸！

　　杜葉錫恩女士生於英國，卻在香港度過了大半生，並一直關心基層華人的權益，而且，以她的能力及學識，應可安穩地過着富足的生活，她卻要遠赴香港辦學及從事社會服務，由帳篷辦學開始，迎難而上，默默耕耘，把慕光教育事業發展成為一所屹立香港近七十年的中學。杜葉錫恩女士一心為失學兒童興辦教育，這種無私的奉獻精神與熱心，是難得可貴，使本人十分敬佩。

　　曾有記者訪問杜葉錫恩女士，問及杜太希望自己有什麼東西留給後人。杜葉錫恩女士聽後，即時反應是一臉愕然，然後緩緩說道：「記起我？我不需要別人記起我，我是為社會做事不是為自己。」然而，一位為香港奉獻所有的偉人，如果被遺忘，才是香港人的損失！

　　因此，筆者會由杜葉錫恩女士的童年開始，從家庭教育、學習經歷、宗教影響等方面，闡釋她如何從小培養正直、無私、堅強的性格特質，從而使她成長後熱心平民教育、關懷窮人福祉。杜葉錫恩女士自上世紀五十年代來港後，便與香港結下不解之緣，她大半生時間均於香港生活，並在慕光英文

書院裏居住，直至終老。杜葉錫恩女士一生均與慕光書院有很密切的聯繫，她是慕光教育事業的奠基者之一，更可以說是慕光不可缺乏的創立者。即使杜葉錫恩女士到了晚年，仍不忘初心，心繫慕光，心繫香港，將自己一生所有精力都奉獻在香港教育事業上，離世後，也把所有財產留給慕光英文書院。

杜葉錫恩女士將學校命名為慕光的原因，是希望慕光師生「努力尋求真理與光明，敢於面對蛻變中的時代，同時不忘慕光創校時所本着的友愛精神」。不可忽略的是，她的辦學理念與教育精神，更通過慕光英文書院一直延續下去，感化香江一代學子，並傳承至今。本書會以她創辦及發展慕光英文書院為核心，並且摘錄一些受慕光精神影響的不同人士，探討杜葉錫恩女士一生對香港教育的非凡貢獻。

筆者曾與杜葉錫恩女士結緣，幼年時，父母親因為樓宇清拆，曾申請公共房屋。但因為父母不懂申請手續，時間緊迫，後經親友介紹，與其時為立法局議員的杜葉錫恩女士會面。經過了接近一小時的對談，杜太即時寫了一封英文介紹信由父母帶給政府，很快成功獲得分配房屋。只是日後，因家中一些事情而未有遷入，故父母至今也稱頌當年杜葉錫恩女士的協助。是次十分感謝慕光英文書院黃校監、張主席及梁校長給予筆者機會藉着為杜太著書，報答杜太協助之恩！

除了感謝杜葉錫恩教育基金會資助，進行是次對杜太的研究計劃外，更感謝杜葉錫恩教育基金會監事及永遠榮譽會長黃華康先生、杜葉錫恩教育基金會主席張雅麗女士、香港教育大學副校長李子建教授在百忙中惠賜推薦序，光耀本書。作者也感謝梁操雅博士、林浩琛先生、吳佰乘先生、林力漢先生、楊子熹先生、顧敏妤小姐、盧錫俊先生、李浚

銘先生協助蒐集資料及訪問工作。當然感謝香港樹仁大學研究學部總監陳蒨教授、歷史系前系主任李朝津教授、現任歷史系系主任魏楚雄教授，允許及協助進行本研究計劃，使本研究計劃取得美好成果。本書順利出版，有賴整個研究團隊，包括香港理工大學專業及持續進修學院王志宏博士、香港教育大學賴志成博士及其學生通力合作。又感謝香港公共圖書館、香港歷史檔案館、香港大學圖書館、香港中文大學圖書館、香港浸會大學圖書館、杜錫恩教育資料庫、慕光英文書院等學術機構，批准借閱相關資料。同時，又感謝中華書局（香港）有限公司副總編輯黎耀強先生的協助，使本書得以順利面世。最後，筆者十分感謝黃華康校監、張雅麗主席、梁超然校長、黎念慈校董、吳道邦先生、魏俊梅先生、鄧慶鎏先生、戴婉屏女士、扈小潔老師、金禮賢老師、林麗萍老師、吳賢發教授、游紹永教授、陳庇昌先生協助本書進行口述歷史訪問，令作者對杜太教學的熱誠及理念加深了認識，更補充了很多有關慕光教師及行政人員實踐杜太辦學思想的事情。作者感謝一眾慕光老師及教職員的協助，尤向盧敏華小姐致謝，感謝盧小姐協助聯絡被訪嘉賓及相關行政工作，並安排舒適房間進行訪問。作者尤為感動的是，很多受訪嘉賓，包括杜太的學生及同事，在訪問回憶與杜太共同工作，或受學於杜太的情景時，眼泛淚光，發自內心，表述感恩之辭，流露對杜太教育事業的崇敬。從今天研究情感歷史的角度，這些個人情感，更勝千言萬字。作者及研究團隊再一次感恩杜葉錫恩教育基金會及慕光英文書院，給予參加研究計劃，使我們與受訪者共同回溯杜太教學及工作情景，感受杜太教學熱誠、美意及對教育工作的無私奉獻！

　　眾多學者強調二十一世紀的教育，除了提倡多元教育，更勉勵施教者應多注意關愛教育，愛心教

育才是推動學與教的關鍵。杜太身教及言教,就是呈現關愛教育的成果。我們深信,是次對杜太的研究成果,只是一個開始,也相信藉本書的出版,使杜太的教育思想及其對慕光教育文化事業,乃至對香港教育貢獻的史事,得以傳揚於世。希望日後,更多人士可以多研究杜太的教育及行事,闡述及延續杜太的辦學精神。是為次序。

區志堅

2020 年 10 月

目錄

第十一章 ....

結語 /241

附錄

參考書目 /260

第一章
緒論

　　杜葉錫恩女士（1913-2015）[1] 在上世紀五十至八十年代幫助了許多有需要的基層市民，廣為香港社會大眾知曉。她創辦的慕光教育機構（包括先後創辦的啟德新村慕光中學、衙前圍道慕光英文書院、太子道慕光英文書院分校、功樂道慕光英文書院、慕光心如小學、慕光樂富小學、慕光荔景小學、慕光樂富幼稚園、慕光順天幼稚園、慕光沙田幼稚園、慕光澤安幼稚園，為行文方便，以下簡稱慕光），更惠及無數貧窮學童，使他們得到可貴的學習機會。本章將簡述杜葉錫恩女士的生平，並闡釋本書的撰寫目的，繼而簡論香港教育研究的發展，帶出本書如何補足目前學界對香港教育研究的缺失，進而歸納全書架構，簡釋每章的內容及意義，使讀者更易掌握本書脈絡。

一、介紹杜葉錫恩女士

　　杜葉錫恩女士為國際知名的教育家及參與社會福利事業的重要人士，在香港作出了許多重要貢獻。杜女士從政逾三十載，對香港社會的付出，早已

1　多年來，大眾對杜葉錫恩女士有多個稱呼，如「伊津太太」等，本書主要以「杜葉錫恩」或「葉錫恩」稱之。杜葉錫恩女士的「杜」姓是她在 1985 年與杜學魁先生結婚後冠上的，故為免引起混亂，在杜葉錫恩女士和杜學魁先生結婚前的敘述會以「葉錫恩」稱之，婚後則以「杜葉錫恩」稱之。為行文方便及統一，本書綜述杜葉錫恩女士生平時，亦會以「杜葉錫恩」稱之。

廣為香江市民所認同，近年杜女士更揚名於英國。[2] 杜女士先後當選為 1963、1967、1971、1975、1979、1983、1986、1989 及 1991 年九屆市政局議員，並循市政局功能組別途徑當選 1988 及 1991 年兩屆立法局議員，1991 年擔任立法局內務委員會主席，1993 年出任立法局代理主席。1996 年 12 月任香港特別行政區臨時立法會議員。[3] 1997 年香港回歸後，杜女士任臨時立法局議員，至 1998 年 6 月 30 日卸任。此外，她又先後擔任港事顧問、立法局副主席、市政局副主席、立法局內務會議主席、基本法諮詢委員會委員、交通諮詢委員會委員、房屋委員會委員等要職。

　　香港大專院校校長及學者也肯定杜葉錫恩女士對香港社會及福利事業的貢獻。1988 年，杜女士榮獲香港大學頒授榮譽社會科學博士學位；1994 年獲香港理工大學頒發榮譽法學博士學位及香港公開大學頒授榮譽社會科學博士學位；1996 年獲英國紐卡斯爾大學（Newcastle University）及英國杜倫大學（University of Durham）頒發榮譽法學博士學位，表彰她對社會教育、公益事業所作出的貢獻。

1988 年，杜葉錫恩獲香港大學頒授名譽社會科學博士學位，後獲多所知名學府頒發榮譽博士學位，表彰她在社會教育、公益事業等方面的貢獻。（照片取自慕光資料庫）

2　如 1996 年獲英國紐卡斯爾大學（Newcastle University）頒發榮譽法學博士學位。

3　魏克智、劉維英主編：《香港百年風雲錄》（長春：吉林人民出版社，1997 年），頁 528。

杜葉錫恩女士對香港貢獻良多，備受社會各界肯定。1976 年，她獲得麥西西獎（Magsaysay Award），1977 年得到大英帝國勳章（Order of the British Empire），1997 年獲大紫荊勳章（Grand Bauhinia Medal）等榮譽。1992 至 1995 年，杜女士更連獲大學婦女亞洲會（Hong Kong Association of University Women）傑出婦女獎。2010 年，當選「第一屆感動香港十大人物」。在社會上，杜女士曾任國際司法組織香港分會會員、香港婦女協會（今香港婦女中心協會）名譽會長、國際婦女會（International Women's Association）會員等公職。杜葉錫恩對香港社會的實質貢獻，早已超越了她本人所擁有的勳銜，比起個人榮譽，她始終更關心香港基層群體的利益，因而深受廣大香港市民的尊重和感激。

杜葉錫恩女士一生著作甚多，如 *Lessons in life : essays in English for secondary school students*[4]、*Crusade for Justice: an autobiography*[5]、*Shouting at the Mountain: A Hong Kong story of love and commitment*[6]、*Away with all superstitions! : a plea for man to broaden his narrow traditional horizons*[7]、*The avarice bureaucracy and corruption of Hong Kong*[8]、*Hong Kong legal affairs, 1978, as viewed from an Urban Council ward office*[9]、*A consultative document on hawker and market policies: being the report of a working party of the Urban Council Markets and Street Traders Select Committee to review hawker and related policies*[10]、

4　Elsie Tu. *Lessons in life : essays in English for secondary school students.* (Hong Kong: Chameleon Press, 2008).

5　Elsie Tu.*Crusade for Justice: an autobiography.* (Hong Kong : Heinemann Asia, 1981).

6　Andrew Tu, Elsie Tu. *Shouting at the Mountain: A Hong Kong story of love and commitment*(Hong Kong : Chameleon Press, 2004).

7　Elsie Tu. *Away with all superstitions! : a plea for man to broaden his narrow traditional horizons.* (Hong Kong : Science & Education Publication Ltd., 2000).

8　Elsie Tu. *The avarice bureaucracy and corruption of Hong Kong.* (Hong Kong : Science & Education Publication Ltd., 2000).

9　Elsie Tu. *Hong Kong legal affairs, 1978, as viewed from an Urban Council ward office.* (Hong Kong: Elsie Elliott, 1979).

10　Elsie Tu. *A consultative document on hawker and market policies : being the report of a working party of the Urban Council Markets and Street Traders Select Committee to review hawker and related policies.* (Hong Kong: the Working Party, 1985).

Elsie Tu: An Autobiography of Elsie Tu[11]（中譯本名為《葉錫恩自傳》[12]）、*Colonial Hong Kong in the eyes of Elsie Tu*[13]（中譯本名為《我眼中的殖民時代香港》[14]）等。

　　目前學界仍未有杜葉錫恩女士的研究專著，要深入了解杜女士，只能從她的自傳及著作中得知。杜女士一生著作甚多，有關她的教育事業研究卻未有一系統整理。除杜女士本身的著作與慕光的出版刊物外，僅有一些書籍提及她的教育貢獻，如《五十年風雨在香江　杜葉錫恩女士側影》[15]、《勇闖明天：各自精彩的故事》[16]、《五色的眼睛》[17]等，《五十年風雨在香江　杜葉錫恩女士側影》一書收錄大量政商界、文化界名人或與她有交往的人士筆下對她的記述，更有不少為杜女士撰寫的文章，然而此書僅為資料整理，未算是研究著作。至於《勇闖明天：各自精彩的故事》及《五色的眼睛》等，大多只為簡略介紹杜葉錫恩女士的教育事跡，甚為可惜。

　　除了上述著作，現時有關杜葉錫恩女士教育貢獻的資料，主要見於影音資料，包括亞洲電視有限公司團隊製作的特輯，如 2004 年的 *Talk with Elsie Tu*、2010 年的〈感動香港〉、2013 年的〈杜葉錫恩，百載香港心〉、2015 年的〈永遠懷念杜葉錫恩：杜葉錫恩百載香港心〉；電視廣播有限公司在 2003 年的〈杜葉錫恩〉；香港政府檔案處收藏 1985 年的〈葉杜之戀〉（檔案編號：HKRS1500-1-66）。這些影音資料記錄了許多珍貴的片段，包括杜女士的受訪內容；政界人物如范徐麗泰、李華明、馮檢基、何俊仁等對杜女士的評價；慕光學校與杜女士共事的吳道邦先生、魏俊梅先生的口述歷史記錄等，以上影音資料可於香港大學、觀塘歷史檔案館中取得，然而大多影音資料均為概述杜女士的生平大事，並未進行深入的專題研究，有關杜女士的教育貢獻，仍需作系統整理。

11　Elsie Tu. *Elsie Tu : An Autobiography of Elsie Tu.* (Hong Kong : Elsie Tu Education Fund).

12　杜葉錫恩：《葉錫恩自傳》（香港：明報出版部，1982 年）。

13　Elsie Tu. *Colonial Hong Kong in the eyes of Elsie Tu.* (Hong Kong: Hong Kong University Press, 2003).

14　杜葉錫恩著、隋麗君譯：《我眼中的殖民時代香港》（香港：文匯出版社，2004 年）。

15　黎國剛、羅皓妍、蘇求等著：《五十年風雨在香江　杜葉錫恩女士側影》（香港：出版社不詳，1998 年）。

16　明報教育組：〈杜葉錫恩：教育改變命運〉，《勇闖明天：各自精彩的故事》（香港：明報報業有限公司，2003 年），頁 70-73。

17　林慶儀：〈師之道——杜葉錫恩〉，《五色的眼睛》（香港：青桐社文化事業，2007 年），頁 71-82。

杜葉錫恩女士創立慕光教育機構目的，正是為了幫助更多有需要的市民，待慕光教育事業發展穩定後，她便投入更多時間參與服務市民的工作。杜女士任市政局議員期間，積極為社會基層爭取權益，深受香港市民的擁戴與尊重。葉錫恩在港英殖民地政府管治時代，敢於對抗港英政府，為基層發聲。相比起杜葉錫恩女士的教育事業，更廣為人知的是她從政時的表現。[18] 她出身英國，在從事教育或政治生涯中，卻為華人，尤其為華人基層群體發聲，畢生致力服務廣大香港貧苦大眾，與港英國政府抗衡。另一方面，她既深受市民大眾擁戴，又得到英國政府信賴，接納了不少她為市政局議員時發表的建議，如成立廉政公署、提升私校教師待遇等，這正是杜女士的過人之處。

然而，我們亦不應忽略杜葉錫恩女士在香港教育事業上的貢獻。杜女士一生花了不少心血，創辦及規劃慕光教育機構，甚至居於慕光校舍內，直至終老。慕光是杜葉錫恩最重視的教育成果，她不但成立「杜葉錫恩教育基金」，亦將生前的所有遺產捐給學校，推動及發展慕光教育文化事業，定下慕光今日之成就。較少人留意的是，杜葉錫恩女士早在年少時，已經與教育事業結緣，她因學習成績優異而被中學校長力薦從事教職，大學畢業後的第一份工作就是教師，從此為教育事業奉獻一生。及後，杜女士因何會選擇在香港創立慕光，為何後來與教會分離，至她晚年時又以什麼方式參與慕光校務，這些都是值得探討的課題。

此外，杜葉錫恩女士的教育事業與她的丈夫杜學魁（1921-2001）有密不可分的關係，慕光學校由二人共同建立，杜學魁為慕光的首任校長，主持慕光的內政，與杜葉錫恩校監一內一外，共同營運慕光教育機構。二人自帳篷學校建立起慕光教育機構，也通過慕光實現了他們的教育理念及思想。

慕光自 1954 年創立，至今已孕育了無數莘莘學子，這數十年間，凡與杜女士接觸過的人，多少會受其性格影響，尤其慕光學校的師生。杜葉錫恩為慕光學校的創辦者之一，也為慕光辦學理念的始創者、實踐者與體現者，她將其

---

18 相對於杜葉錫恩的教育事業，學者較留意她的政治表現，亦有書籍在章節中提及杜太的政治事蹟，如葉根銓：〈杜葉錫恩〉，《立法局議員逐個捉》（香港：明報出版社有限公司，1995 年），頁 87-92；吳靜儀：〈《英國心，香港情》杜葉錫恩〉，《感動香港》（香港：嘉出版有限公司，2010 年），頁 209-215；冼麗婷：〈一百零一歲民主鬥士　杜葉錫恩為香港義無反顧〉，《見字如見人》（香港：壹出版有限公司，2017 年）；韋基舜：〈葉錫恩為民請命〉，《吾土吾情》（香港：成報出版社有限公司，2005 年），頁 258；王家英：〈「世紀之戰」的落幕——論杜葉錫恩的歷史結構困境〉，《香港政治與中國民主化問題》（香港：田園書屋，1996 年），頁 132-135；司徒華：〈難忘與杜葉錫恩交手〉，《守護者司徒華，1931-2011》（香港：明報出版社，2011 年），頁 159-160；黎國剛、羅皓妍、蘇求等著：《五十年風雨在香江　杜葉錫恩女士側影》（香港：出版社不詳，1998 年）；*Electoral arrangements for 1994-95 : compendium of proposals*. (Hong Kong: Govt. Printer, 1993), pp.42-50.

教學理念及思想，以言傳身教，直接灌輸給慕光老師及學生，或在日常相處中感化慕光師生，現任校長梁超然先生更特此撰文，探討「慕光精神」及其傳承方式，本書將承接梁校長的研究成果，以口述歷史訪問方式記錄及探究「慕光精神」的傳承及體現。[19]

　　此外，本書通過結合文獻，以及杜葉錫恩女士的著作、杜學魁先生自傳和慕光校史等，探討並強調杜葉錫恩女士對於香港教育事業的貢獻，而她對於慕光學校的付出，更是本書要凸顯的重點。為了解杜葉錫恩當時身處社會情況，本書更引用報章等文獻資料，補充自傳記述的不足及更立體地了解杜葉錫恩言行的時代意義，展示她在香港教育事業上扮演的角色。筆者也通過口述歷史方式，專訪與杜葉錫恩相處過而與慕光有密切關係的人物，歸納他們的訪談內容，通過整理杜太與他們的獨特經歷，既可豐富杜葉錫恩的形象，更可得知她對他們治學及行事的影響，「慕光精神」如何在他們身上體現及傳承。

杜葉錫恩擔任多年市政局議員，一直積極為基層發聲。（照片由慕光資料庫提供）

19　見梁超然：〈香港的「生命教育」及「校史教育」——以慕光英文書院為例〉［未刊稿］。

上：1979 年，木屋區火災後重建，葉錫恩主持第一間寮屋開幕儀式，市民拍手歡呼。（照片由慕光資料庫提供）

中下：杜葉錫恩關心社會，積極參與不同的社會活動。（照片由慕光資料庫提供）

上：葉錫恩聆聽市民意見。（照片由慕光資料庫提供）

下：杜葉錫恩為民請命，深受香港市民愛戴。（照片由慕光資料庫提供）

上：市政局標誌。杜葉錫恩曾擔任九屆市政局議員。（照片由慕光資料庫提供）

下：香港回歸後，杜葉錫恩仍擔任要職。（照片由慕光資料庫提供）

上：1994 年，杜葉錫恩獲香港理工大學頒授法學榮譽博士學位。（照片取自慕光資料庫）。

下：1994 年，杜葉錫恩獲香港公開大學頒授榮譽社會科學博士學位。（照片取自慕光資料庫）。

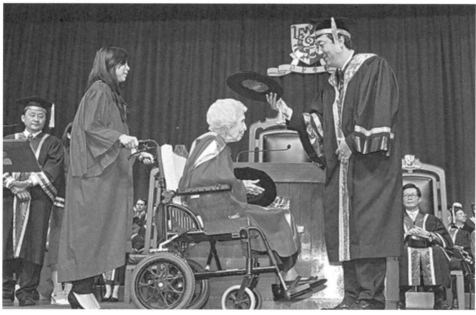

上：1996 年，杜葉錫恩獲英國紐卡斯爾大學（Newcastle University）頒發榮譽法學博士學位（前排左一）。（照片取自慕光資料庫）

下：2013 年，杜葉錫恩獲香港中文大學頒發榮譽社會學博士學位。（照片取自慕光資料庫）

上：杜葉錫恩與前律政司司長
王仁龍合照。（照片取自慕光資
料庫）

下：1978 年，杜葉錫恩獲大
英帝國頒授 CBE 勳章（司令勳
章）。（照片由慕光資料庫提供）

明理愛光：杜葉錫恩的教育思想及實踐

012

1998 年，杜葉錫恩榮
獲國際婦女大會頒發
的「傑出婦女獎」。

1978 年，杜葉錫
恩獲香港政府頒
授 CBE 勳章。

杜葉錫恩獲頒大紫荊勳章。大紫荊勳章是特區政
府最高榮譽的勳銜。（照片由慕光資料庫提供）

明理愛光：杜葉錫恩的教育思想及實踐

上：1997 年 7 月 1 日，杜葉錫恩獲時任行政長官董建華代表特區政府頒授大紫荊勳章。杜葉錫恩一生多次獲得勳銜，備受各界肯定。（照片由慕光資料庫提供）

下：2010 年，杜葉錫恩當選「第一屆感動香港十大人物」（左五）。同屆當選者有李松慶、林桂霞、高永文、胡秀英、伍黃鴻群、蘇金妹、陳英傑、田家炳、胡鴻烈及鍾期榮夫婦。（照片由慕光資料庫提供）

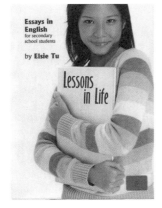

杜葉錫恩女士的著作與相關研究作品。（照片由慕光資料庫提供）

二、香港教育研究發展

　　杜葉錫恩女士對香港的政治、教育、社會等方面的發展均有重要貢獻，本書撰寫目的之一，是為了通過研究杜葉錫恩女士在教育上的貢獻，進而了解自四十年代起，香港私人辦學團體興辦學校的狀況，[20] 從中反映港英殖民時期政府對教育政策的更替如何影響民間辦學，從而探討當時非官立學校由殖民時代至回歸後的發展及變化。

　　1942 至 1997 年，香港仍為英國殖民地，這「殖民地」的因素，對本港政府釐訂政策，構成重大影響。但因本港經濟、社會情況較二次大戰時漸有改善，加上中國國情的轉變，使本港與其宗主國的關係亦不斷脫變，這殖民地政府之因素也因此有所變異。[21]

20　目前學術界較少這方面的專著，相對則有較多關於教會辦學的研究，尤其天主教團體，有助我們從側面了解當時非官方辦學團體之辦學情況，見吳梓明：《學校宗教教育的新路向》（香港：基督教文藝出版社，1996 年）；吳梓明：《香港教會辦學初探》（香港：崇基學院神學組，1988 年），學術論文見程介明：〈教育的回顧（下篇）〉，載王賡武編：《香港史新篇》（香港：三聯書店（香港）有限公司，1997 年），頁 465-492；徐錦堯：〈香港天主教學校與母語教學〉，《香港宗教教育學報》，1989 年第 2 卷，頁 79-81 等。

21　有關香港史研究綜述，見王賡武：《香港史新編》上，下冊（香港：三聯書店（香港）有限公司，1997 年）；程美寶、趙雨樂：《香港史研究論著選輯》（香港：香港公開大學出版社，1999 年）；張學仁、陳寧生：《香港百年：從歷史走向未來》（北京：中國言實出版社，1997 年）；劉蜀永：《中國對香港史研究動向》（香港：廣角鏡出版社有限公司，1994 年）；劉蜀永：《簡明香港史》（香港：三聯書店（香港）有限公司，1998 年）；劉蜀永：《香港史話》（北京：社會科學文獻出版社，2000 年）；劉蜀永：《香港歷史》（北京：新華書店，1996 年）；丁新豹編：《香港史資料文集》（香港：市政局，1990 年）；齊鵬飛：《日出日落香港問題 156 年（1841-1997）》（北京：新華出版社，1997 年）；余繩武、劉蜀永主編：《二十世紀的香港》（香港：麒麟書業有限公司，1995 年）；李培德：《香港史研究書目題解》（香港：三聯書店（香港）有限公司，2001 年）；石駿、邱強：《香港歷史演義》（杭州：浙江人民出版社，1999 年）；王宏志：《歷史的沈重：從香港看中國大陸的香港史論述》（香港：牛津大學出版社，2001 年）；楊元華、鮑炳中、沈濟時：《香港：從被割佔到回歸》（福州：福建人民出版社，1997 年），另見 English, Jean. *Hong Kong Memories: from the 1920s to the 1990s.* (London: Royal Over-Seas League, 1997); Faure, David. *History of Hong Kong 1842-1984.* (Hong Kong: Tamarind Books, 1995); Fok Kai Cheong. *Lectures on Hong Kong History: Hong Kong's Role in Modern Chinese History.* (Hong Kong: The Commercial Press, 1990); Herschensohn, Bruce. *Hong Kong: from the British Crown Colony to the People's Republic of China.* (California: The Claremont Institute, 1997); Ngo Tak-Wing ed. *Hong Kong's history: state and society under colonial rule.* (New York : Routledge, 1999); Sida, Michael. *Hong Kong Towards 1997: History, Development, And Transition.* (Hong Kong: Victoria Press, 1994); Tsai Jung-Fang. *Hong Kong in Chinese History: Community And Social Unrest In The British Colony, 1842-1913.* (New York: Columbia University Press, 1993); Wang Gungwu & Wong Siu-lun ed. *Hong Kong's Transition: A Decade after the Deal.* (Hong Kong: Oxford University Press, 1995); Welsh, Frank. *A Borrowed Place: the History of Hong Kong.* (New York:

明理愛光：杜葉錫恩的教育思想及實踐

香港教育發展與港英政府的施政方針互相呼應。六十年代以前，港英政府奉行古典殖民主義（Classical colonialism）方針，[22] 由宗主國直接統治殖民地，各項政策均以宗主國利益為依歸，全由殖民統治者把持，當地人民無權參與。到了七十年代，港英政府開始轉變方針，任香港總督的麥理浩（Crawford Murray MacLehose, Baron MacLehose of Beoch）在 1971 至 1982 年任職期間，施政較開放自主，政策決定漸漸考慮本地因素多於宗主國因素，本港民生、福利得到長足的發展，教育規劃也在這時正式引入香港，包括 1971 年立法普及小學教育，1974 年發表教育白皮書，計劃普及初中教育等。[23] 八十年代後，港英政府大力推行代議政制，1984 年港府發表代議政制白皮書，翌年更落實全港區議會選舉，使香港更進一步趨向非殖民化的階段，成為一個西方資本主義模式的代議政制政府。在民選議員的聲望、權力急劇膨脹的情況下，香港政府乃更進一步開放及強化原有諮詢架構，以吸納更多民意，換取地方人

Kodansha International, 1993); Sinn, Elizabeth, ed. *Between East and West: Aspects Of Social And Political Development in Hong Kong.* (Hong Kong: Hong Kong University Press, 1990); Sinn, Elizabeth, ed. *Hong Kong, British Crown Colony, Revisited.* (Hong Kong: Centre of Asian Studies, HKU, 2001); Birch, Alan. *Hong Kong: The Colony that Never Was.*(Hong Kong: Guidebook Co., 1991); Blyth, Sally and Ian Wotherspoon, ed. *Hong Kong Remembers.* (Hong Kong: Oxford University Press, 1996); Brown, Judith M. and Foot Rosemary, ed. *Hong Kong's Transitions, 1842-1997.* (London: Macmillan Press, 1997); Buckely, Roger. *Hong Kong: The Road to 1997.* (Cambridge: Cambridge University Press, 1997); Cameron, Nigel and Patrick Hase. *The Hong Kong Collection: Memorabilia of a Colonial Era.* (Hong Kong: FormAsia, 1997); Cheng, Po-hung. *Hong Kong through Postcards: 1940's-1970's.* (Hong Kong: Joint Publishing (H.K.) Co., 1997); Courtauld, Caroline; May Holdsworth and Simon Vickers. *The Hong Kong Story.* (Hong Kong: Oxford University Press, 1997); Liu Shuyong. *An Outline History of Hong Kong.* (Beijing: Foreign Languages Press, 1997) ; Pigott, Peter. *Hong Kong Rising: The History of A Remarkable Place.* (Burnstown: General Store Publishing House, 1995); Scott, Ian. *Hong Kong.* (Oxford: Clio Press, 1990) 等著。

22 Philip G. Altbach and Gail P. Kelly *Education and Colonialism.* (New York: Longman, 1978).

23 Scott, Ian, *Political Change and the Crisis of Legitimacy in Hong Kong.* (London: Hurst & Co., 1989).

士、社團的支持，有助政府政策更容易在社會上推行。[24]

　　六十年代後，不少中外學者關注香港教育發展，從而刺激起學術界對香港教育史進行研究，不同學者對香港教育發展之研究，也因應時代變遷，而有不同階段成果。[25] 研究方法上，學者多數採取時期斷限研究，如以二十世紀初、

24　有關香港政治發展研究，見王紅續：《七十年代以來的中英關係》（哈爾濱：黑龍江教育出版社，1996 年）；李昌道：《香港政治體制研究》（上海：上海人民出版社，1999 年）；汪永成：《雙重轉型：「九七」以來香港的行政改革與發展》（北京：社會科學文獻出版社，2002 年）；孫同文：《治理能力與行政革新：香港行政革新的經驗與啓示》（香港：香港海兩岸關係研究中心，1999 年）；張定淮：《香港公營部門改革》（北京：中央編譯出版社，2000 年）；劉潤和：《香港市議會史：1883-1999：從潔淨局到市政局及區域市政局》（香港：康樂及文化事務署，2002 年）；鄭宇碩、雷競璇合編：《香港政治與選舉》（香港：牛津大學出版社，1995 年）。另見 Li Pang-kwong, *Hong Kong from Britain to China: Political Cleavages, Electoral Dynamics and Institutional Change.* (Aldershot: Ashgate Publishing Company, 2000); Chan Lau Kit-Ching, *China, Britain and Hong Kong 1895-1945.* (Hong Kong: Chinese University Press, 1990); Chan Ming K, *The Challenge of Hong Kong's Reintegration with China.* (Hong Kong: Hong Kong University Press, 1997); Chan Ming K., ed. *Precarious Balance; Hong Kong Between China And Britain, 1842-1992.* (Hong Kong: Hong Kong University Press, 1994); Grover. Verinder. *China and Hong Kong: Government and Politics.* (New Delhi: Deep & Deep Publications, 2000); Ho Pui-Yin, *The Administrative History of the Hong Kong Government Agencies, 1841-2002.* (Hong Kong: Hong Kong University Press, 2004); Horlemann, Ralf. *Hong Kong's Transition to Chinese Rule: the Limits of Autonomy.* (New York: Routledge Curzon, 2003); Lau, Chi-Kuen, *Hong Kong's Colonial Legacy.* (Hong Kong: The Chinese University Press, 1997); Lo Shiu-hing, *The Politics of Democratization in Hong Kong.* (New York: St. Martin's Press, 1997); Miners, Norman. *The Government and Politics of Hong Kong.* Fifth ed. (Hong Kong: Oxford University Press, 1991); Mushkat, Roda. *One Country, Two International Legal Personalities: The Case of Hong Kong.* (Hong Kong: Hong Kong University Press, 1997); Patten, Chris. *East and West: The Last Governor of Hong Kong on Power, Freedom and the Future.* (London: Pan Books, 1999); Poon S.K. Joel. *The Making of Special Administrative Region 1982-1997.* (Hong Kong: Hong Kong Economic Times, 1997); Robert Ash. *Hong Kong in Transition: One Country, Two Systems.* (London; New York: Routledge Curzon, 2003); Vines, Stephen. *Hong Kong: China's New Colony.* (London: Aurum Press, 1998); Wang, Gungwu, *Hong Kong: After Smooth Handover, Now the Hard Part.* (Singapore: East Asian Institute, National University of Singapore, 1999).

25　有關香港教育史研究綜述，見梁操雅、羅天佑主編：《教育與承傳：歷史文化的視角》（香港：香港教育圖書公司，2011 年）；顧明遠、杜祖貽主編：《香港教育的過去與未來》（北京：人民教育出版社，2000 年）；邱小金、梁潔玲、鄒兆麟：《百年樹人：香港教育發展》（香港：市政局，1993 年）；方駿、熊賢君：《香港教育通史》（香港：齡記出版有限公司，2008 年）；阮柔：《香港教育制度之史的研究（一九四八）》（香港：心一堂，2020 年）；王齊樂：《香港中文教育展史》（香港：波文書局，1983 年）；林甦、張浚編著：《香港：歷史變遷中的教育》（北京：中國人民大學出版社，1997 年）。另見 Anthony Sweeting, *Education in Hong Kong : Pre-1841 to 1941: Fact and Opinion: Materials for a History of Education in Hong Kong.* (Hong Kong: Hong Kong University Press, 1990); Anthony Sweeting, *Education in Hong Kong, 1941 to 2001: Visions and Revisions.* (Hong Kong: Hong Kong University Press, 2004) 等。

明理愛光：杜葉錫恩的教育思想及實踐

二戰前後等時段為斷限。[26] 至七十年代，九年義務教育和中文教育等問題成為了教育界的焦點，但關於教育史的研究未有明顯增加。八十年代起，以「香港史」為主題研究開始廣受學者關注，進而成為一門獨立的學科。[27] 八十年代以前，港英政府對政治議題仍較為敏感，如鴉片戰爭、租借新界等課題，學者多避而不談；另一方面，中文欠缺法定地位，本地華人從事香港史研究時多受語言限制，這也是香港史研究在八十年代後才發展起來的重要原因。[28] 八十年代以後，教育史研究又再復甦，這個時期有不少質量甚高的研究論文出版，如Anthony Sweeting 的專論。[29]

香港教育史研究大致可分為抗日戰爭前及戰後兩大類別，戰前研究如阮柔的《香港教育制度之史的研究》[30]，該書最早在 1948 年 6 月出版，內容為作者於四十年代初香港淪陷前對香港教育的研究，此書參考了報章、刊物、政府年報等原始史料寫成，補充部分在日佔時期散失之史料，對於香港教育的背景、沿革、制度、系統均有概述，是記錄戰前香港教育狀況的重要作品；1962 年，彭勝鏜發表《香港教育史》[31]，闡述了香港由開埠至二十世紀五十年代教育發展的演變，對戰前香港教育發展有豐富的論述；1967 年，吳倫霓霞的碩士論文 *Educational Policy and the Public Response in Hong Kong (1842-1913)*[32]，對香港教育史的研究，主要集中在港英政府如何從教會及民間組織手上奪回教育的控制權。她認為早期港英對發展教育並不積極，香港的教育主

---

26 六十年代起的斷限式研究作品，如劉碧湘：《香港教育史略》（香港：香港大學，1960 年）；彭勝鏜：《香港教育史》（香港：s.n.，1962 年）；方美賢：《香港早期教育史》（香港：中國學社，1975 年）等。

27 李培德：《香港史研究書目題解》（香港：三聯書店（香港）有限公司，2001 年），頁 18。

28 同上註。

29 見 Anthony Sweeting, *Education in Hong Kong : Pre-1841 to 1941: Fact and Opinion: Materials for a History of Education in Hong Kong.* (Hong Kong: Hong Kong University Press, 1990); Anthony Sweeting, *Education in Hong Kong, 1941 to 2001: Visions and Revisions.* (Hong Kong: Hong Kong University Press, 2004) 等。

30 見阮柔：《香港教育制度之史的研究（一九四八）》（香港：心一堂，2020 年）。

31 見彭勝鏜：《香港教育史》（香港：s.n.，1962 年）。

32 吳氏又在 1967 年發表了碩士論文 *Development of Government Education for the Chinese in Hong Kong 1842-1913* 及在 1983 年發表了論文 *British Policy in China and Public Education in Hong Kong 1860-1900*，見 Alice Ngai-Ha Lun, *British Policy in China and Public Education in Hong Kong 1860-1900.* (Hong Kong: The Chinese University of Hong Kong, 1983).1984 年，吳氏又發表 *Interaction of East and West: Development of Public Education in Early Hong Kong*，見 Alice Ngai-Ha Lun, *Interaction of East and West: Development of Public Education in Early Hong Kong.* (Hong Kong: The Chinese University Press, 1984).

要由傳教士和教會負責，但後來政府因為種種原因，逐步收回教育權。[33] 吳倫霓霞是首批指出港英政府在香港發展教育是帶有政治動機的學者，並將香港教育政策的轉變和中國政治局勢聯繫起來；方美賢的《香港早期教育史》[34]，論述了自 1842 至 1941 年間香港教育的發展，該書更觸及香港中文教育的變革，為香港教育史研究的突破。戰後香港的教育研究，始於二十世紀五十年代末。馬鴻述的《香港華僑教育》[35]，為戰後之初研究香港教育的作品，該書從香港教育界運作的實際層面出發，詳細記錄五十年代香港教育情況，包括學校與家庭的關係、教師訓練與組織、學校管理、學生出路等等，對了解五十年代香港教育情況有一定的價值。1993 年，學者 Anthony Sweeting 將其博士論文 *The Reconstruction of Education in Post War Hong Kong, 1945-1954: Variations in Process of Policy making*，易名為 *Phoenix Transformed: The Reconstruction of Education In Post-War Hong Kong*[36] 出版，其論指出八九十年代港英政府的施政問題，如港英政府在教育事務上，往往不是先有政策而後實踐，反而常常把一些積習已久的現象，經長時期實踐後再冠以「政策」二字將其美化。故此，單從政府報告或官方評論去探討港英時代的教育發展並不足夠，必須考察香港教育在實際上的發展，才能明白其教育政策的形成與運作。作者進一步指出，港英政府實際上是受到戰後不穩定的局勢所影響，才會推出一些具臨時性質的教育措施，這種被動的方針在八十年代後有所改善。因局勢影響，港英政府推行普及教育政策時，需要處處防備，不單要維持教育水準，還要處理自身與不同辦學團體之間的關係，保障香港的社會穩定。因此，Anthony Sweeting 認為今日香港教育制度存在種種問題和不良現象，均有其歷史背景和成因，不能盡說是由於港英政府的不良政治意圖所造成。除論文外，Anthony Sweeting 還編有研究資料集，包括 *The Social History of Education In Hong Kong : Notes and Resources*[37]、*Education in Hong Kong*

明理愛光：杜葉錫恩的教育思想及實踐

---

33 Alice Ngai-Ha Lun, *Development of Government Education for the Chinese in Hong Kong 1842-1912.* (Hong Kong: University of Hong Kong, 1967),pp. 101-102.

34 方美賢：《香港早期教育史》（香港：中國學社，1975 年）。

35 馬鴻述：《香港華僑教育》（台北：華僑教育叢書出版社，1958 年）。

36 Anthony Sweeting, *Phoenix Transformed: The Reconstruction of Education in Post-War Hong Kong.* (Hong Kong: Hong Kong University Press,1993).

37 Anthony Sweeting, *The Social History of Education in Hong Kong : Notes and Resources.* (Hong Kong : s.n, 1986).

Pre-1841-1941: Facts & Opinion[38]、*Education in Hong Kong, 1941 to 2001, Visions and Revisions*[39] 等，均為研究香港教育史的重要參考資料。七十年代以後，香港中文教育問題開始受到重視，最早進行深入探討的是王齊樂。王氏曾任官校校長，了解香港教育發展，在 1983 年出版的《香港中文教育發展史》[40] 裏，系統地介紹晚清至 1941 年間香港中文教育的發展情況，介紹自宋代以來即已在香港開辦的私塾，並注意到香港大學中文系成立對香港中文教育的發展。回歸至今雖僅二十三年，但已陸續出現不少具質素的專著，如梁操雅、羅天佑主編的《教育與承傳：歷史文化的視角》[41]，顧明遠、杜祖貽主編的《香港教育的過去與未來》[42]，方駿、熊賢君的《香港教育通史》[43] 等，均極具學術價值。

　　本書其中一個重點是落在慕光英文書院的發展之上，希望補缺香港教育史的一面。慕光自 1954 年成立，七十年代為配合港英政府的普及教育政策，慕光由私立模式轉為按額津貼制度。[44]2013 年因應時代變化，轉制為直資學校，[45] 可以說慕光的成長呼應了香港近七十年的教育發展。目前學界不乏對港英殖民政府在戰前戰後有關教育政策、施政方針之研究，對中文教育改革也有不少論述，惟以上文獻較少從辦學者身份出發，更遑論從平民學校辦學者的視角分析他們如何看待、適應港英政府的政策轉變。

　　杜葉錫恩女士為慕光英文書院的創校者之一，她如何藉着其英籍身份及政界地位為慕光爭取權益，值得深入探討。港英殖民地政府管治時期，杜葉錫恩女士已甚具知名度，她從政事跡及參與社會事務，包括參與天星小輪加價事

38　Anthony Sweeting, *Education in Hong Kong Pre-1841-1941: Facts & Opinion.* (Hong Kong : Hong Kong University Press, 1990).

39　Anthony Sweeting, *Education in Hong Kong, 1941 to 2001, Visions and Revisions.* (Hong Kong : Hong Kong University Press 2004).

40　王齊樂：《香港中文教育發展史》（香港：波文書局，1983 年）。

41　梁操雅、羅天佑主編：《教育與承傳：歷史文化的視角》（香港：香港教育圖書公司，2011 年）。

42　顧明遠、杜祖貽主編：《香港教育的過去與未來》（北京：人民教育出版社，2000 年）。

43　方駿、熊賢君：《香港教育通史》（香港：齡記出版有限公司，2008 年）。

44　有關按額津貼制度的介紹及慕光轉為按額資助制度的發展，詳見本書第六章第二節。

45　慕光英文書院於 2013 年轉為直資制度後，現時香港僅餘聖公會諸聖中學及匯基書院兩所按額津貼學校，有關慕光轉制為直資學校的記述，詳見本書第七章第四節。

件 [46]、促進廉政公署成立 [47]，均引起學者廣泛關注，但學界尚未太多注意她對教育事業的熱忱與付出。故本書以杜女士成長、從事教育工作、遊歷中國等作為研究方向，並以興辦慕光為主體，全面探究杜葉錫恩女士參與及實踐教育的情況。

目前有關杜女士的研究材料，主要是她的著作和自傳。筆者除了參考現有文獻外，更通過閱讀她的檔案，從而整理杜葉錫恩女士對香港教育之貢獻。全文將以當時的報章為主要資料，包括《大公報》、《工商日報》、《工商晚報》、《華僑日報》、*South China Morning Post* 等。此外，筆者更先後到訪慕光英文書院、香港浸會大學、香港歷史博物館、香港歷史檔案館及香港一地的高等院校圖書館，取得杜女士的相關資料，補充報章的不足。筆者及研究團隊更訪問慕光英文書院現任校監、校董會主席、校長、與杜女士交往過的教師及校友等，以口述歷史和文獻相互印證。

三、本書架構

本書從三個方向，分析杜葉錫恩女士的教育貢獻，其一為家庭背景及早年經歷如何影響她對教育產生熱忱；其二為成立及興辦慕光英文書院的過程；其三為她的辦學理念如何通過慕光薪火相傳。全書分為十一章，首章為緒論。

第二至三章，介紹杜葉錫恩女士的成長背景、早年教學經歷以及她到中國遊歷的見聞，這部分不僅可豐富杜葉錫恩的形象，也能解釋她堅韌、勇敢、不服輸等性格特質的產生原因，如她對教育工作、社會事務的熱誠，與她早年的經歷及家庭教育有很大關係。

第四至七章闡述杜葉錫恩女士創立及發展慕光的過程，這部分為全書主要篇幅，詳細講述杜太如何由帳篷學校艱苦經營，一步步使慕光教育事業由初創至穩定發展，甚至壯大及開拓慕光教育事業。杜女士先後興辦多所中學、小學、幼稚園，成為區內甚具規模的教育機構。這幾章分析杜女士從政後，如何同時兼顧政務及校務，而她的市政局議員公職，如何有助慕光教育事業發展。最後，本部也提及杜女士淡出政壇後，以什麼角色參與慕光事務，繼續為慕光

46　見張家偉：〈第一章・六七左派暴動的前奏〉，《香港六七暴動內情》（香港：太平洋世紀出版社有限公司，2000 年），頁 11-22。

47　見葉健民：〈警隊檢舉貪污組缺乏公信力〉，《靜默革命：香港廉政百年共業》（香港：中華書局，2014 年），頁 60-65。

學校付出心力。為方便讀者了解杜葉錫恩女士在不同階段對教育的參與，第二至七章會採用歷史分期方式，區分每一時期慕光教育機構的發展情形。歷史分期法明確而有條理，十分適合用於闡述以上部分。

　　杜葉錫恩女士對於香港教育貢獻並不止於慕光學校，故筆者於第八章綜合她在慕光教育以外，積極參與香港教育事業，主要為她在從政時期的事跡，如要求政府檢討免費小學政策、推動教學語言改革、為文憑教師爭取權益等。

　　第九章及第十章闡述杜葉錫恩女士與慕光的另一位創始人——杜學魁先生二人的辦學理念如何影響下一代，使其化為「慕光精神」，並一直承傳這些美好特質與教育宗旨。本書也講述「慕光精神」以何種形式體現，又如何以實際行動實踐，進而配合口述歷史訪談方式，引用被訪者的言論，以見杜葉錫恩女士的教導如何改變了慕光英文書院師生的行為。

　　第十一章為總結，肯定杜葉錫恩女士多年來在香港教育事業上扮演的重要角色，並簡述慕光英文書院最新的發展情況，反映了杜女士的心血成果如何代代相傳，延續至今。

第二章
葉錫恩的成長
(1913-1937)

與大多數殖民時代的英國人不同，葉錫恩最使人敬佩的其中一點，是她雖為英國人，卻總會站在弱勢華人群體的一方，真誠地協助這些貧窮的基層市民，為他們發聲。這或與葉錫恩的成長背景有很大的關係，她出身於英國工人階級家庭，成長階段正值英國嘗試實踐馬克思主義，工人運動蓬勃發展的時候。此外，她的家庭教育、求學經歷及宗教體驗，如何在潛移默化下，奠定其日後關注基層利益、熱心服務低下階層、敢於對抗強權等性格特質，也是本章探討的重點。

一、英國社會背景

英國工業革命時代，工人數目不斷增加，資本迅速擴張卻導致工人階級的生活水準不斷下降，工人開始團結起來，形成龐大的群體，組織各種工人運動，爭取權益，共產主義思想在此背景下得以廣泛傳播。[1]

1　有關工人階級的形成，可參 Edward Palmer Thompson 的 *The Making of the English Working Class*，該書不單敍述了工業革命時期英國工人階級的狀況，更是研究工業發展史、社會史、共產主義思想等的必讀書籍，見 Edward Palmer Thompson, *The Making of the English Working Class.* (New York: Vintage Books, 1963).

一戰前蕭條的經濟導致工人收入銳減，工人不滿聲音日增。二十世紀初，英國湧現很多為工人發聲的政黨、組織等，為工人爭取權益。[2] 以 1920 年成立的英國共產黨（Communist Party of Great Britain）為例，早期這一類馬克思主義政黨認為應該積極參與政府的政策改革，使工人階級在資本主義制度下受益，因此得到了許多工人群體的支援，不斷壯大發展。[3]

英國社會主義者通過工會作為平台，宣傳馬克思主義，使共產思想廣泛散佈到工人群體，加速推展工人運動。如 1903 年成立的工人教育協會（Worker Educational Association）是英國最大的教育志願服務機構，也是英國最大的慈善機構之一，協會為英國工人提供思想教育，鼓勵工人階級接受馬克思主義思想，促進了英國早期馬克思主義發展。[4]

工人政黨與組織增多後，這些團體開始領導工人運動，激發新一輪的罷工浪潮，尤其自 1910 年起，有 51.5 萬工人罷工；1911 年增加到 96 萬人；1912年，更猛增至 146 萬人，後來又發起 1926 年大罷工。三十年代後，英國共產黨等工人政黨加強與工人群眾的聯繫，積極組織三十年代上半葉的失業工人運動，促進了馬克思主義思想在英國社會民眾中的傳播。在英國社會主義宣導者的領導下，一系列罷工運動得到政府及資本家的關注，開始改善工人生活條件，如提高工人工資，減低工人勞動時間等。[5]

當時工人受到資本家壓榨，被逼聯合起來組織群眾罷工運動抗議。在工人

2　當時工人階層社會狀況，見 F. M. L. Thompson, *The Cambridge Social History of Britain 1750-1950.* (Cambridge: Cambridge University Press, 2008); Peter Lane, *Success in British History, 1760-1914.* (London: J. Murray, 1978). J. S. Hurt, *Elementary Schooling and the Working Classes 1860-1918.* (London, 1979) 等書。

3　成立英國共產黨的歷史，見 James Klugmann, *History of the Communist Party of Great Britain, Volume One: Formation and Early Years, 1919-1924.* (London: Lawrence and Wishart, 1968); Hugh Dewar, *Communist Politics in Britain: The CPGB from its Origin to the Second World War.* (London: Pluto Press, 1976) 等書。有關英國共產黨詳細介紹及發展史，見 John Cannon,"Communist Party of Great Britain", John Cannon ed. *A Dictionary of British History.* (New York: Oxford University Press, 2009).; Noreen Branson, *History of the Communist Party of Great Britain, 1927-1941.* (London: Lawrence and Wishart, 1985); Francis Beckett, *The Enemy Within: Rise and Fall of the British Communist Party.* (London: John Murray, 1995) 等書。

4　Jonathan Rée, *Proletarian Philosophers: problems in socialist culture in Britain, 1900-1940.* (Oxford: Clarendon Press,1984), p,13.

5　20 世紀初組織罷工運動的詳細發展見 James Klugmann, *History of the Communist Party of Great Britain, Volume Two: The General Strike, 1925-1926.* (London: Lawrence and Wishart, 1969); Sam Bornstein and Al Richardson, *Two Steps Back: Communists and the Wider Labour Movement, 1939-1945.* (London: Socialist Platform, 1982) 等書。

階級家庭成長的葉錫恩，從小目睹為工人的父親的不公平待遇，她更切身體會到貧窮群體的需要。加上當時工人運動盛行，這種成長經驗或在一定程度上影響到她日後看待同為貧窮階層爭取權益的中國共產黨政權，促成她日後跟隨她的第一任丈夫到中國遊歷，以及到香港後總是同情本地弱勢民眾，敢於代表他們發聲，向港英政府表達訴求。

二、家庭成員教育及影響

葉錫恩祖父在工業意外事故中去世，葉氏父親 John Hume 十歲便成為孤兒，從此投入社會工作以維持生計。童年時代，父親被徵兵往法國打仗，她和姐姐便居住在貧窮工人區中的暗森房屋裏。

葉錫恩的父親是一位勤勞的電車售票工人，他出身於工人階級家庭，自小出外工作，他工作守時，做事認真。父親曾經參軍，他的胃和腿都在戰爭期間受傷，成為身體舊患，因此身體頗為瘦弱。父親為人沉默，母親卻總是懷疑他有外遇，令夫妻關係不太和諧。她總是在孩子面前中傷父親，葉錫恩受到母親影響，較少與父親接觸，直至她長大後才發現父親其實是一個正直善良的人。[6]父親為人正義且具有同情心，他確信每一個人生下來都應該是平等的，因此要對自己有好的生活感恩。他經常對葉錫恩說：「你們生在英國，有機會受到良好的教育，千萬記住，這種命運並不是你們自己可以決定的。你們也完全有可能生在非洲受活罪。」[7]他時常教導孩子，要願意幫助弱小的人，對人要公平，長大後要盡全力去為窮苦的人爭取過美好的生活。[8]父親認為，不管信不信上帝，所有人也是一樣，並沒有階級之分。雖然小時候葉錫恩對父親有所誤會，但她卻從父親身上繼承了很多好的特質，例如守時及待人和善等，日後葉氏辦學遇到困難時，也會想起父親的教誨而受鼓舞。[9]

在葉錫恩眼中，母親 Florence Lydia Hume 是一位賢慧的女士。母親經營一家小店，孩子們穿的衣服都是她親手縫製的，她還替別人做衣服，多賺一

6　有關杜葉錫恩父母及其家庭矛盾，見杜葉錫恩：〈第五章‧痛苦的家庭生活〉，《葉錫恩自傳》，頁 39-53。
7　杜葉錫恩：〈第二章‧小學時代〉，《葉錫恩自傳》，頁 15。
8　邢學智：〈第二十二章‧帳篷學校〉，《杜學魁傳》（北京：中國工人出版社，1995 年），頁 92。
9　詳見本書第五章第二節。

點生活費，補助父親從軍隊領來的那一點微薄的津貼過活。[10] 從多方面來看，葉錫恩的母親勤奮儉樸，不管生活多麼艱苦，總會顧及家人的溫飽。葉錫恩回憶，母親每星期都會烘一次糕餅，款待來訪的親戚和朋友，對她們來說，這是最開心的事。而且，母親重視孩子的個人整潔，每個星期都要替她們梳一次頭，把金色的長髮捲成長卷。由於得到母親的悉心照料，葉錫恩在學校裏總是成為一眾學生的清潔榜樣。

另一方面，母親卻為人多疑，晚年甚至有點神經質，使葉錫恩有一個不太美好的童年。[11] 此外，母親是一位「迷信」的人，這點使葉錫思頗為反感，例如有一次，母親帶葉錫恩去教堂領洗，剛巧教堂休息，母親不服氣便帶着女兒走過全鎮，直至找到一間教堂肯替她洗禮為止。母親事後告訴葉錫恩：「不受洗禮而回去的話，那是最不吉利的事」。[12] 葉氏長大後，才發現母親過往認為許多不吉利的事，都源於迷信。可能受此影響，長大以後的葉錫恩雖然篤信基督，卻沒有盲從教條，反而處事以人道精神、道德良知為依歸。

葉錫恩有一個非常聰穎的姐姐教導，而且兒時敏而好學，往往比同齡的孩子更快地掌握所學的知識。小時候，學校對姐姐胡伊德（Ethel Hume）的評價已非常好，在小學、中學、大學裏，她的學習成績都非常優秀，特別在數學方面。而且，姐姐是一位非常具同情心的人，每一次她替母親上街買東西，找回來的錢一定少了三便士。母親對金錢的管理很嚴格，因此派葉錫恩與姐姐隨行，了解為何每一次都會少了三便士。來回途中，二人走過一位乞丐蹲坐的地方，姐姐每次都不忍心空手而過，便給那個乞丐三便士。母親對此事並不十分高興，不過卻證明了姐姐並非是不老實的人，且待人十分慷慨。[13] 耳濡目染下，葉錫恩日後對待貧苦大眾時，即使自身條件並不十分優厚，也樂意伸出援手，提供幫助。

10　杜葉錫恩：〈第一章・回憶和傳說〉，《葉錫恩自傳》（香港：明報出版社，1995 年），頁 2-3。
11　詳見杜葉錫恩：〈第五章・痛苦的家庭生活〉，《葉錫恩自傳》，頁 39-53。
12　杜葉錫恩：〈第一章・回憶和傳說〉，《葉錫恩自傳》，頁 4。
13　杜葉錫恩：〈第二章・小學時代〉，《葉錫恩自傳》，頁 13。

葉錫恩一家人合照，圖中左三（後排）為葉錫恩，左一為葉錫恩父親，右一為葉錫恩母親。（照片由慕光資料庫提供）

三、求學經歷

葉錫恩創立慕光，投入大半生光陰發展學校，她對教育事業有無比熱忱，與早年求學經歷有一定關係。因葉氏的姐姐比她早入學，葉錫恩未正式入學時已十分期待上學的日子。在姐姐的教導及影響下，葉錫恩自小已非常喜歡學習，也熱愛校園生活，她在入學的第一天已十分珍惜在學校學習的機會。[14]

葉錫恩入學時，只有四歲半，不足當時普遍五足歲的入學年齡，但她已展現出比同齡人優異的學習能力，老師甚至在上課時公開表揚她，讚揚她年紀較小卻表現突出。葉錫恩對學習有十足的熱情，有時老師會因她懂得拼出困難的

---

14 葉錫恩這樣形容第一天上學時的心情：「我唸的第一家學校是北景小學（North View School）。也許是盼望過切，上課第一天我所碰到的窘事，令我畢生難忘。那天老師告訴我們把筆盒放在桌子下面，我當時沒有留意到每張桌子下面都有一個桌架，因此我把筆盒放到地上。後來我才注意到別人都把筆一盒放在桌架裏，我才從地上把盒子拾起來放到桌架上面去，惟恐老師發現我做錯了事情而懲罰我。經過這一次教訓以後，很快學會什麼事都要小心留意，避免犯過失。」見杜葉錫恩：〈第二章・小學時代〉，《葉錫恩自傳》，頁 8。

生字，從而特別獎勵她可提早放學，然而對好學的葉錫恩而言，她更寧願留在學校。[15] 這種認真求學的態度及學習憧憬不但奠定她良好的教育水平，也反映了她自小對教育事業的熱情。

葉錫恩在求學時期培育了堅忍耐勞的性格特質。她把練成刻苦性格歸因於求學經歷：「我在中學受的教育，的確給我很大的啟示，尤其是培養出我們樸實勞動階級家庭出身的特性。」[16]

葉錫恩喜愛運動，因她體魄強健，學生時代更有「噴火式戰鬥機」（Spitfire，當時最新式的戰鬥機）的外號，她的運動經歷磨練出強大的忍耐力。葉氏尤好曲棍球，她打曲棍球過程中，曾不止一次弄傷鼻子。母親多番強調這種球類運動的危險性，甚至告訴她只要再受傷，就不准再參加。因此，當葉錫恩鼻子再受傷時，為了能繼續最熱愛的運動，她強忍痛楚，「哼也不敢哼一聲，連醫生也不看」，足見葉氏自小已有堅忍強韌的特質。[17]

葉錫恩從運動中學習到堅持的可貴，她不服輸的性格使她日後遇到困難也比常人有更強的抗壓力及堅定的決心。葉錫恩在運動中很快明白到堅持的重要：「一個人如果下了決心的話，沒有什麼事情是辦不到的。」[18] 以游泳為例，在葉錫恩十二歲時，她的好友告訴她學會了游泳，不服輸的葉錫恩即回答她：「如果你能游泳，我也能。因為你和我都同樣有兩隻手和兩隻腳。」[19] 於是當天晚上葉氏便跑到游泳池學游泳，不消數天便學會了。這一次經驗使葉錫恩明白到，假如一個人真的決定要做一件事，必定可以做到，日後葉氏也把這個原則教予她的學生。

從葉錫恩對待學習的態度，可看出她凡事不服輸，不輕言放棄的特點。有一次葉錫恩歷史科的考試成績欠佳，老師開玩笑說她對歷史科大概沒有天分。她聽後便發誓，下次必定要考取好成績。結果第二次考試的時候，葉氏考獲全班最高成績，一直維持到畢業。[20] 她鍥而不捨的精神使她後來與政府官員周旋時，總是堅持到底，多次成功為基層爭取權益。

除了性格的磨練，她在求學時期曾因貧窮而被歧視，她見識到社會黑暗的

15　杜葉錫恩：〈第二章・小學時代〉，《葉錫恩自傳》，頁 8-9。

16　杜葉錫恩：〈第三章・快樂的中學時代〉，《葉錫恩自傳》，頁 28。

17　同上註，頁 24。

18　同上註。

19　同上註。

20　杜葉錫恩：〈第三章・快樂的中學時代〉，《葉錫恩自傳》，頁 25。

一面，使她更同情弱勢社群。[21] 中學時期，葉錫恩曾轉校到主要為富家子弟就讀的學校。葉氏來自貧民區，學校的老師瞧不起來自貧窮地區的學生，她形容這是她中學一段不好的回憶，卻使她明白貧窮而被歧視的感受。[22] 如葉錫恩指出，當時人們對貧窮人士有偏見，甚至可以說他們是被歧視的群體：「那個時候，貧窮被認為是一件很羞恥的事 —— 所以我們盡量掩飾，避免講起自己的父親是幹什麼的，以免被人瞧不起。」[23] 葉錫恩深深感受到因貧窮而受到差別待遇，她感到自己是被排斥的一群，當時葉錫恩較少與富有人家的小孩來往，她認為貧民區的孩子更容易相交，是更合得來的朋友。

在家庭及教會的培育下，加上曾受到歧視的經歷，使葉錫恩成為一位既富同理心又敢於對抗不公義的人。葉氏在自傳中數次提到她的性格害羞，不愛出風頭。然而年少的葉錫恩，卻在同學遇到不公時敢於挺身而出：

> 我們在自修的時候，校長偶然經過我們的教室，當時大家正在討論一個有關功課的問題，谷小姐（按：校長）像一陣風一樣衝入我們的課室裏，「剛才說話的一人，通通舉起手來。」她大發脾氣地說。可是沒有人舉手，她再問也沒有人敢舉手承認剛才說過話。事情發生的時候，我正在忙着寫東西，並沒有參加討論。可是，當時我身為班代表，覺得義不容辭，應該站出來替同學說句公道話，向校長解釋剛才大家是在討論功課問題，而不是談天。她沒等我說完，就一聲喝令我到校長室去欲加處分，說我犯了校規，在自修堂的時候不遵守肅靜的規例，尤其我是班代表，所以更要罪加一等。這實在是不公平的事，但我知道就算說破了喉嚨也無補於事。[24]

葉氏為不公義的事情發聲，不惜對抗強權也要維護弱者，當然不是為了出風頭，這是通過她的家庭教育、教會教育加上個人經歷，早已深植心底的「本能」。以上經歷使她在日後看待貧窮者時多了一份同理心，種下決心幫助基層人士的心志。葉錫恩長大後，傾盡畢生心力，為貧窮大眾爭取權益和福利，與她求學時期的經歷不無關係。

21　十九世紀末至二十世紀初的貧窮人口生活狀況，參見 David Roberts, *A History of England: 1688 to the Present*, Volume II, Sixth edition. (Boston: Pearson Education, 2014), p.224.

22　杜葉錫恩：〈第二章・小學時代〉，《葉錫恩自傳》，頁 12。

23　杜葉錫恩：〈第三章・快樂的中學時代〉，《葉錫恩自傳》，頁 17-18。

24　同上註，頁 23。

上：三歲的葉錫恩（右一）與姐姐。（照片由慕光資料庫提供）

下：葉錫恩求學時期與同學的合照，圖中左一為葉錫恩。（照片由慕光資料庫提供）

葉錫恩求學時期與同學合照，圖
中前排左一為葉錫恩。
（照片由慕光資料庫提供）

四、認識宗教

　　信仰對葉錫恩的人生有很大的影響，後來她到中國內地及香港，也是以傳教為契機。葉氏來港後與教會有很多合作，包括建立慕光，推行平民教育。雖然後來因理念不同而與教會分開，但宗教信仰仍持續影響葉錫恩的一生。

　　1932 年，在中學校長力勸下，原打算成為公務員的葉錫恩，決定入讀英國達勒姆大學岩士唐學院（Armstrong College, University of Durham），即今英國紐卡斯爾大學（Newcastle University）。

　　在大學生活約兩個星期後，一群學生組成的福音會組織 IVF（Inter-Varsity Fellowship）邀請葉氏參加一個神秘的「咖啡集會」，葉氏在集會上深受啟發，

大大影響她的人生。[25] 她參加「咖啡集會」的其中一個晚上，有一位吉爾（Gill）先生分享他的信仰經驗，這次分享開啟了她對信仰的興趣。吉爾先生的故事中，耶穌不是模糊的歷史人物，而是一個活生生的人，有一個快樂、開朗和勝利的形象，這使葉錫恩對信仰有了全新的理解。[26] 此後，葉氏開始了自己的信仰生活，她由衷地接受了神的教誨，接受耶穌到她的生命。[27] 屬靈的生命使她覺得自己得到徹底改變，葉氏形容自己過去的脾氣非常暴躁，怎樣都改不過來，但信仰基督以後，她變得更為包容，在家裏也更樂意助人，並嘗試影響她的親友，希望共同走上信仰之路。[28]

在 IVF 福音會中，葉錫恩結識了佐治（George），佐治是普利茅斯兄弟會（Plymouth Brethren）教會成員之一，二人志趣相投，對信仰、婚姻看法十分契合，彼此互相愛慕，不久墜入愛河。佐治給予葉錫恩很多信仰上的指導，感情維持得很好，更打算廝守終身。[29]

因為信仰，她相信耶穌可以把悲苦的生命變為快樂，也可以使整個世界改變過來。於是，她開始閱讀很多傳教士的故事，甚至有意在日後成為一位傳教士，到非洲或其他有需要國家傳教。[30] 後來，葉錫恩遇上了她的第一位丈夫——威廉艾略特（William Elliot），二人便以中國為目標踏上了傳教之旅。

25　有關葉錫恩的接觸宗教經歷，詳見杜葉錫恩：〈第四章・宗教的體驗〉，《葉錫恩自傳》，頁 29-38。

26　同上註，頁 30-31。

27　同上註，頁 31。

28　同上註，頁 32。

29　同上註，頁 34-38。

30　原文為 "My life immediately became happy, completely changed, and I made up my mind that after teaching for some years to complete my obligation to the Government for giving me free education, I would become a missionary. My life was changed, and I had a new purpose in my life-to work among the needy in Africa or some other country." 見 Elsie Tu, *An Autobiography of Elsie Tu*. (Hong Kong: Elsie Tu Education Fund), p. 14.

上：葉錫恩的大學畢業照。（照片由慕光資料庫提供）

下：年輕時的葉錫恩。（照片由慕光資料庫提供）

明理愛光：杜葉錫恩的教育思想及實踐

034

第三章
施教傳道之見聞
(1937-1949)

　　本章講述葉錫恩早年從事教育工作，到中國傳教的經歷及見聞。葉錫恩在大學畢業後便開始教學生涯，她在英國任教職時，正值第二次世界大戰，她體驗到在艱苦條件下進行教育工作的困難，卻憑着堅強意志及教育熱誠，一一克服難關；她早年傳教的經歷，成為她與中國內地及香港接觸之契機。她到中國傳教時，見證到中國難民的苦況，使她來港後決心為華人爭取權益，為他們提供教育機會，協助貧苦大眾改善生活條件。

一、英國教學經歷

　　1937 年，葉錫恩大學畢業後，第一份工作是在英國夏利發鎮（Halifax）擔任教師。這份工作的薪金十分微薄，除去食宿基本費用，每個月還要寄出部分工資給母親，另向教會捐獻餘下的一小部分收入，使她每個月的開支都十分緊絀。而且，學校的工作並不輕鬆，每天晚上葉氏都要批改功課及練習，準備次日的授課內容和負責主日學等。[1]

　　葉錫恩到夏利發鎮後，仍與佐治有來往。有時，佐治會到夏利發鎮找她；

1　詳見杜葉錫恩：〈第六章‧教書、戰爭和分離〉，《葉錫恩自傳》，頁 56。

葉錫恩也會偶爾回紐卡斯爾與佐治見面。[2] 這段時間,葉氏在夏利發認識了威廉,二人都是虔誠的基督教徒,有傳教的共同目標,故成為了投契的朋友。

1939 年,佐治畢業後,在挪深伯蘭(Northumberland)擔任教師,葉錫恩也離開夏利發,前往挪深伯蘭中的小鎮布魯毫(Prudhoe)尋找教職。同年,第二次世界大戰爆發,葉氏白天進行教學工作,晚上擔任空襲民防隊員,協助平民逃難。葉氏在布魯毫任教時,該校校長十分冷酷,且傲慢無禮,學校的氣氛也很差。葉錫恩指明有位學生要在午飯時帶一壺茶給她,那位學生來自貧窮的礦工家庭。葉錫恩的收入雖然不算豐裕,但仍會給她一些酬勞作補貼,由此可見葉錫恩慷慨助人的性格。可惜當時白喉病盛行,校長因此禁止那位學生送茶,後來葉錫恩卻不幸從另一個同學身上染上白喉病。[3]

在布魯毫任教期間,佐治給她的來信變得疏離了,葉錫恩才發現佐治已經移情別戀,二人分開對葉錫恩帶來了很大的精神打擊,以致影響了她的健康。但這段感情經歷也使葉氏得到成長,她更執着於愛情的精誠,對待愛情也變得謹慎。[4]

葉錫恩隨後辭去布魯毫的教職,到紐卡斯爾的托德諾(Todd's Nook School)學校任教,之後再到加來素鎮(Carlisle)附近的大高比(Great Corby)學校,照顧一群從紐卡斯爾疏散到金貝倫(Cumberland)的小孩。學校的規模很小,只有兩間教室,卻容納了幼稚園、小學和中學三個組別的學生。學生的年齡小至五歲,大至十四歲。學校裏只有三位老師,包括校長在內。校長負責教中學部,葉錫恩負責小學各班,另有一位老師負責幼稚園。[5]

葉錫恩十分熱愛這份工作,與她以往的任教經歷不同,她獨自負責整個學校的小學部課程,跟進各科的內部教學進度。此外,她還要管理配給學童的免費午餐,以及主持當地的青年俱樂部,參加該部的手球及跳高比賽。小學部學生共有二十多人,年齡在七歲至十一歲之間。年齡差別大,需要分開小組授課,還要照顧一個智力有缺陷的小女孩和一個身體有缺陷的男孩子。葉氏卻很喜歡這份工作[6],因為工作很有挑戰性,其經驗對她日後創辦帳篷學校有很大的幫助。

2　有關葉錫恩與佐治的相識經過,見杜葉錫恩:〈第六章・教書、戰爭和分離〉,《葉錫恩自傳》,頁 54-66。

3　詳見杜葉錫恩:〈第六章・教書、戰爭和分離〉,《葉錫恩自傳》,頁 62。

4　同上註,頁 65-66。

5　詳見杜葉錫恩:〈第七章・空虛的生活〉,《葉錫恩自傳》,頁 67。

6　同上註,頁 68。

明理愛光：杜葉錫恩的教育思想及實踐

葉錫恩與佐治分開不久，威廉便向她求婚，但被她婉拒。後來威廉仍堅持追求她，葉氏反覆考慮後認為彼此有共同的宗教觀，以及同有傳道的心志，最終答應威廉求婚，他們在赫爾（Hull）完成婚禮。[7] 威廉拉近了她與教會的關係（雖然後來葉錫恩與教會分裂，也與威廉分開）。更重要的是，威廉把葉錫恩帶到中國傳教，使她接觸到中國的窮苦大眾，並促成葉氏留在香港，辦平民教育，為香港的基層服務。

葉氏與威廉居住在赫爾後，到了當地學校任教。但該校校長不喜歡她，原因在於葉錫恩有大學文憑，薪水比校長更高。就職後，有小學部學生向葉錫恩請求參加學校運動會，葉氏遂向校長反映，卻被校長嚴辭拒絕。校長此後更處處針對葉錫恩，例如編排她去空曠的禮堂上課，結果她要提高音量，也較難控制班上秩序，大大增加教學負擔。當時另一位教員與葉錫恩一同在禮堂任教，同為校長刻意排擠的對象。該位教員的喉嚨不好，經過整個學期教學，其聲線問題更為嚴重，校長卻要求她連續兩個學期在禮堂任教。

葉錫恩為這位教員抱不平，向校長抗議，校長卻借此「公報私仇」，把全校最頑劣的學生都交給葉錫恩任教。葉錫恩為了那些學生盡了最大的努力，卻得不到校方支持，最終葉氏不得不選擇辭職。這成為葉錫恩面對頑劣學生的一個重要的體驗，更是葉氏進行教育工作所遇到料想之外的困難。[8]

後來，葉錫恩轉到一所兒童收容所工作，這份工作令葉錫恩感受到關懷和愛心對孩子的重要性。該所兒童收容所專門收留一些無人照顧的、犯罪的以及被社會所遺棄的小孩，小孩被安排住進一些單幢房子裏，由一位女管家，負責照顧十來個孩子。葉錫恩負責編排每個單位的糧食配給、聽電話和寫信等工作。[9]

葉氏目睹了女管家照顧孩子的「差別待遇」，部分管家很溫柔地照顧孩子，有些女管家卻毫無同理心。有一次，葉氏從一幢房子外經過，聽到女管家正對着一個十幾歲的男孩大聲咆哮：「你跟你父親一模一樣，最後也會像他一樣被關在監牢裏！」可見這個管家毫不關顧孩子的心靈創傷。所長太太對待孩子同樣冷漠，一次有位小女孩看見所長太太後，上前握着她的手，希望得到一點母愛的溫暖，女總管卻急忙把女孩的手用力甩開，所長太太也不願理會這位小女孩。[10]

7　同上註，頁 71。

8　詳見杜葉錫恩：〈第八章·慢船往中國〉，《葉錫恩自傳》，頁 74。

9　同上註，頁 74-75。

10　同上註。

收容所對孩子的「教育」，成為葉錫恩日後實踐教育的反面教材。她日後辦學不但有教無類，一視同仁，希望使每位學生得到平等的教育機會，也對學生付出全部關懷與愛心。因此葉氏在晚年仍與慕光眾師生保持極親密的關係。葉氏早年的教學經歷，成為她後來投身到教學事業的契機，這些歷練也變為她日後辦學時無形的寶貴經驗。

二、前往中國傳教的見聞

1947 年 12 月，葉錫恩與威廉乘船前往中國傳教，途經香港，再到上海。戰後上海的生活很混亂且困苦。他們抵達上海的第一天晚上，就聽說有七個中國人因天氣嚴寒而暴斃街頭。葉錫恩夫婦二人本來欲往東北傳教，然而時值國共內戰，解放軍從北方推進，他們只好改變原來計劃，前往中部的江西省。途中他們參觀了一些當地的教會，使他們感到非常震驚。在葉錫恩的想像中，傳教士應該跟當地人住在同樣簡陋的小茅屋裏，過着儉樸的生活。然而，沿路的傳教士住在奢華的建築物內，有傭人侍候，有的更有汽車等奢侈品。[11]

葉氏與威廉在牯嶺、宜豐和南昌一帶傳教三年。在這三年中，葉錫恩與部分傳教士的言行，處處表現出高人一等的姿態，尤其是一些留在中國一段時間的傳教士，他們對階級和種族歧視的觀念已根深蒂固，他們仍然沉醉於殖民地時期特權享樂之中。牯嶺谷深林成為傳教士們夏天避暑的地方，每年夏季他們都會在牯嶺逗留三個月「消暑」；而教會那些中國教友及工友，卻要忍受夏天悶熱的天氣。她開始對自己一向深信的教會真理、信仰產生懷疑，葉氏反問道：

> 也許有人會說因為中國人已經習慣了當地的氣候，可是為什麼又有中國人死於瘧疾、肺癆，以及夏天其它的疾病呢？我發現許多傳教士都有這種想法：我們老遠來傳教，犧牲已經太大了，所以應該有些補償才對。他們也許也聽過一位加拿大醫生叫白求恩的故事，他在滿天戰火中，給中國軍人醫病，不幸喪生。但這位白求恩醫生並不是什

麼傳教士。[12]

　　葉錫恩由此對教會觀感有所反思，甚至開始有所質疑。這段經歷使她在日後成為一位思想開放，對事情具有獨立見解，絕不盲從的女性，更不受教條、種族、階級的束縛。她不會因國籍、種族而有差別待遇，面對每個中國人都依然一視同仁，抱有極大的關愛之心，這也是葉錫恩女士與丈夫威廉及教會最大的分別。

葉錫恩在船隻出航前留影，左二為葉錫恩。（照片由慕光資料庫提供）

12　杜葉錫恩：〈第九章‧了解與誤會〉，《葉錫恩自傳》，頁82。

三、目睹中國艱困環境

國共內戰時期，葉錫恩親身經歷了因戰亂而艱辛的日子。[13]1948 年 9 月，威廉和葉錫恩被派到由國民黨管治地區南昌西部的宜豐鎮，並在宜豐教會開辦的一家診所工作，他們負責看管那裏的教區，和照顧那些單身傳教士的生活。

1948 年，國民黨統治地區的通貨膨脹問題非常嚴重，人民怨聲載道。[14]物價飛漲導致地方社會十分混亂。以米價為例，糧食價格對百姓影響最大，但國民政府卻沒法管控米價的升幅，多省市更掀起搶米風潮。[15]各地因物價高漲，民不聊生，多次發起工人運動及請願運動。據不完全統計，國統區十一個大中城市工人鬥爭從 1947 年下半年開始，到 1948 年 8 月，有的城市延續到 1948 年底，共發生較大工潮事件一百九十六起。其中為增加工資、改善待遇、反對解僱等求生存、反飢餓鬥爭共有一百七十八起。[16]

國民政府曾嘗試挽救經濟崩潰的局面，在 1948 年 8 月 20 日繼法幣之後

13　有關 1945 年至 1949 年國共戰爭發展情況及研究，可參閱郭廷以：《近代中國史綱》，下冊（香港：中文大學出版社，1980 年）；汪朝光：《1945-1949：國共政爭與中國命運》（香港：中和出版有限公司，2011 年）；軍事科學院軍事歷史研究部：《中國人民解放軍戰史》（北京：軍事科學出版社，1987 年）；黃友嵐：《中國人民解放戰爭史》（北京：檔案出版社，1992 年）；中共中央黨史研究室：《中國共產黨歷史》（北京：中共黨史出版社，2002 年）；李勇、張仲田編著：《統一戰線大事記——解放戰爭時期統一戰線卷》（北京：中國經濟出版社，1988 年）；陳廉：《決戰的歷程》（安徽：安徽人民出版社，1991 年）；張鎮邦：《國共關係簡史》（台北：國立政治大學國際關係研究中心，1983 年）；劉錦、蔡登山、周開慶：《1949，國共最後一戰》（台北：獨立作家，2015 年）等。

14　事實上國民政府發動內戰後，財政赤字已十分嚴重。「1946 年，國民政府財政總收入 19791 億元，總支出 55,672 億元」，見陸仰淵、方慶秋：《民國社會經濟史》，（北京：中國經濟出版社，1991 年），頁 732。從上可見，當時國民政府赤字已達 35,881 億元，佔總支出的 64.45%。同年，「軍費支出為 27,124.6 億元，特別支出為 12 131.7 億元」，見吳岡：《舊中國通貨膨脹史料》，（上海：上海人民出版社，1958 年），頁 95，合計 39,256.3 億元，相當於財政總支出的 70.51%，可見財政赤字主要來自軍費的龐大開支。1947 年，情況進一步惡化，「財政總收入 138,300 億元，財政總支出 409,100 億元，赤字為 270,800 億元，佔總支出的 66.19%。同年軍費支出（包括特別支出 60,877 億元）共計 244,626 億元，相當於財政總支出的 59.8%」，見孫健編：《中國經濟史近代部分（1840－1949）》（北京：中國人民大學出版社，1989 年），頁 71。「1948 年 8 月金圓券發行前夕，赤字高達 900 萬億元之巨。」見盛慕傑、于滔主編：《中國近代金融史》（北京：中國金融出版社，1985 年），頁 288。

15　搶米風潮早在 1947 年已有出現：「1947 年，上海、天津、北平等 30 多個大中城市，有 320 萬人參加鬥爭。搶米風潮不斷發生，1947 年 5、6 月間席捲了蘇、浙、贛、魯、豫、鄂、川、湘、粵等省 40 多個大、中、小城市，饑民們搗毀糧店、政府機關，甚至活捉縣長。」而戰事的不斷進行，國民黨管治地區的物價情況基本沒有很大的改善。見張憲文：《中華民國史綱》（鄭州：河南人民出版社，1985 年），頁 683。

16　劉明達：《中國工人運動史》，第 6 卷（廣州：廣東人民出版社，1998 年），頁 222。

推出了新貨幣「金圓券」。然而國民政府沒有充分的現金或外匯儲備，也未能有效減少預算支出，因金圓券終難逃惡性通貨膨脹的結局。金圓券發行的第十五天，漢口物價漲高 21%，重慶漲高 40%，廣州漲高 83%。天津、廣州的米價則分別上漲 28% 和 58%，布匹分別上漲 88% 和 62%。[17] 加上有商賈囤積居奇，哄抬物價，造成市面上物資奇缺，物價瘋狂上漲，黑市猖獗。1948年 10 月北平物價上漲三倍，所有糧食油鹽店均空空如洗，[18] 每石大米價格，從金圓券推出初期的 20 元，驟然上漲到 500 元至 1000 元，上漲了 25 倍至50 倍。[19]

葉錫恩也親身體驗到當時物價的誇張程度，她曾經寄信給英國的家鄉，信封前前後後都貼滿了郵票，一共為金圓券 25 萬元，然而這封信始終沒有成功寄到英國。[20] 金圓券制度終歸失敗，人民依然要承受戰亂之苦。[21]11月 2 日，立法院承認金圓券「幣制改革完全失敗」，[22] 最終在 1949 年 7 月 3 日被廢除。

國民政府軍隊在三年間迅速潰敗，葉氏目睹一列列火車載着患了病的士兵經過南昌。她每天跑到車站去，照顧那些生病的軍人，發現有些軍人從來未打過仗，強迫徵召入伍，有些在上前線的路上病倒了，而且每一個都患上痢疾。這些軍人既得不到足夠的醫藥和治療，又不能上前線參戰，被棄街頭，自生自滅。[23] 這次經歷令葉錫恩深深同情生活在貧困環境中的中國民眾。

國民黨的衰敗與共產黨取得政權後的情況形成鮮明對比。國民黨統治最後階段時，葉錫恩在大街上發現民眾驚慌失色，才知是國民黨軍隊敗退進城引起了人們的驚慌，「他們都穿着膠鞋，衣服破爛不堪。城中百姓見狀都躲進附近的商店去，店員也趕忙關門」。[24] 後來，共產黨取得政權，葉錫恩描述了當時

17　全國政協文史室：《法幣、金圓券與黃金風潮》（北京：文史資料出版社，1985 年），頁 60。

18　張憲文：《中華民國史綱》（鄭州：河南人民出版社，1985 年），頁 731。

19　薛暮橋：《山東解放區的經濟工作》（濟南：山東人民出版社，1984 年），頁 199-200。

20　邢學智：〈第二十二章 · 帳篷學校〉，《杜學魁傳》，頁 95。

21　金圓券制度最初預計發行二十億元，但最終發行超過一百三十萬億元，為原定發行總限額 6.5 萬倍，票面額從最初發行時的最高面額一百元，到最後出現五十萬元、一百萬元，甚至五百萬元一張的巨額大票，如同天數字般的面值令人咋舌。金圓券的濫發，造成自身的迅速貶值，短短十個月中，貶值超過二萬餘倍，形同廢紙。金圓券的發行不是一個簡單的、偶然的事件，有學者形容「是因為法幣的極度膨脹給其財政經濟、政治軍事帶來了致命威脅，迫使其不得不改弦更張」見李金錚：〈舊中國通貨膨脹的惡例——金圓券發行內幕初探〉，《中國社會經濟史研究》，1999年，第 1 期，頁 72-79。

22　季長佑：《金圓券幣史》（南京：江蘇古籍出版社，2001 年），頁 9。

23　詳見杜葉錫恩：〈第十章 · 中國的混亂時期〉，《葉錫恩自傳》，頁 89-95。

24　同上註。

情況：

　　事實上，我們發現紅軍都很守規矩。……共產黨軍隊來了以後，經
濟逐漸有了起色，貨幣變得相當穩定，往後幾年都沒有多大變動。我們
本以為會有一段混亂時期，結果完全不是這麼回事，甚至公用事業像電
力供應，火車服務等等都在一夜之間大有改進。我很開心地看到新政府
對普通消費者所收的費用比大消費者為少，同時所有偷電的事情都停止
了……我們聽說紅軍紀律良好，他們向人民借一隻豬或者其它食物，聲
明以後一定歸還，不久我就聽到不少歸還的故事。我又聽到軍人到商店
用錢買東西，而不是為所欲為任意拿走。在中國歷史上，這是前所未有
的事，因此，人民對新政府產生了信心，不再害怕了。[25]

　　葉錫恩感到，在共產黨政府統治下，過往的階級差別將有所改善，傳教士
們不會像過往驕奢地生活，原來葉氏前往中國的目的是為了傳教，但到達中國
後才發現葉氏從中國百姓身上學會很多東西。[26] 中國之行後，葉錫恩決心學習
中文，深入了解中國社會，更決定了她日後畢生使用的中文名字。[27]

　　對葉錫恩而言，中國共產黨處事雖沒有特別優待外國人，卻以人民為先，
葉錫恩認為這才是公正的管治方式，因此她認為自己從中國人身上學到很多東
西。這次遊歷中國的經歷，也使她親身目睹中國老百姓的艱苦生活，令她日後
更同情中國的貧苦大眾，決心為他們爭取應得權益。

25　杜葉錫恩：〈第十一章．在新政府統治下〉，《葉錫恩自傳》，頁 96-97。

26　原文為：「回顧早年在中國的那段日子，有悲也有喜，這就是我放棄傳教工作的原因，一旦有人
　　問我這個問題，我通常都回答說：『我到中國去的原意是想教那些中國人，可是，最後卻是我從
　　他們那裏學會許多東西。』」見杜葉錫恩：〈第九章．了解與誤會〉，《葉錫恩自傳》，頁 88。

27　杜葉錫恩：〈第八章．慢船往中國〉，《葉錫恩自傳》，頁 80。

第四章
創立慕光學校
(1950-1957)

　　本章講述葉錫恩及杜學魁創辦慕光早期面對的困難，二人既沒有資金，在社會上亦沒有名氣，建校時僅得從英軍部購買的一個廉價軍用帳篷，他們卻在如此匱乏的條件下，得以建立一所初具規模的學校，這是非常令人佩服的，也是研究葉錫恩實踐辦學理念不可不提的內容。慕光校名原有「仰慕基督之光」之意，[1] 可見教會曾與慕光有非常密切之關係。本章將闡述創辦慕光的經過，教會與葉錫恩由合作到分開的過程，以及葉氏重新取得慕光後，如何積極復校，繼續開辦平民教育。

一、慕光根基 —— 帳篷學校

　　自抗日戰爭後，戰亂造成了大批適齡兒童失學，社會百廢待興，香港的在學學生人數由 1941 年的十一萬減至 1945 年僅有的數千人。學生的學習條件亦十分差劣，殘存的校舍十分破舊，教師嚴重不足，加上不少設備遭到損壞，學生只能多人共用一本教科書。[2] 在社會各方努力下，至 1947 年，小學生人數

1　見魏俊梅先生訪問稿。
2　詳見張慧珍、孔強生：《從十一萬到三千》（香港：牛津大學出版社，2005 年）一書。

已回復至八萬人，小學以上各級學生合共一萬七千多人，然而學校規模普遍很小，水平參差，也沒有統一學制。[3]

　　1949 年，共產黨取得政權，中美關係變得緊張。[4] 當時英國與美國為同盟關係，出身英籍的葉錫恩在中國的傳教工作也遇到困難，故在 1951 年 2 月轉移到當時的英國殖民地香港。本來葉錫恩只是打算暫留香港，之後去婆羅洲與其他教友會合。但到香港數天之後，一些她在內地已經認識的教友，幫她在啟德新邨的寮屋區找到較便宜的居所。這是一套一百五十平方呎的非法住房，月租一百元，於是葉錫恩決定留下來。[5]

　　葉錫恩剛抵達香港的時候，到處都擠滿了因戰亂逃難而來的人。據葉錫恩描述，當時香港每人每天起碼要六塊錢才可以勉強維持生活，然而，普通基層工人一天只能賺到一兩塊錢，連起碼的生活費都付不起。[6] 因此在窮苦的家庭中，每位家庭成員都必須要賺錢養活自己，即使是剛剛學會走路的小孩也要幫忙製作火柴盒、包裝餅乾、穿膠花等。[7] 這段時期，內地因政權更替，大量移民湧入香港，更適逢嬰兒潮，適齡學童急增，對學位需求造成沉重的壓力。[8]

　　五十年代，社會百廢待興，大部分市民生活水平不高，加上大批難民從大陸逃至香港，失學兒童眾多。[9] 港英政府起初對來港難民採「放任政策」，至 1953 年的石峽尾大火後，始重視他們的教育需要。[10] 港英政府對香港的教育政

明理愛光：杜葉錫恩的教育思想及實踐

044

3　詳見陸鴻基：〈第六章‧重新開始〉，《從榕樹下到電腦前：香港教育的故事》（香港：進一步多媒體有限公司，2003 年），頁 107-120。

4　冷戰時期的中美關係研究，見 Evelyn G, Rosemary Foot, *From Containment to Containment? Understanding US Relations with China since 1949.* (Oxford: Blackwell Publishing, 2007); Dulles Rhea, *American policy toward Communist China, 1949-1969.* (New York: Cornel University press, 1992)；崔丕主編：《冷戰時期美國對外政策史探微》，（北京：中華書局，2002 年）；楊奎松：《冷戰時期的中國對外關係》（北京：北京大學出版社，2006 年）；戴超武：《敵對與危機的年代——1954-1958 的中美關係》（北京：社會科學文獻出版社，2003 年）；陶文釗：《中美關係史》（上海：上海人民出版社，2004 年）等書。

5　Elsie Tu, *An Autobiography of Elsie Tu*, p. 27.

6　盧受采、盧冬青著：〈第九章‧「二戰」後香港經濟的綜合分析〉，《香港經濟史》，下冊（香港：三聯書店香港有限公司，2002），頁 313-328。

7　邢學智：〈第二十二章‧帳篷學校〉，《杜學魁傳》，頁 97。

8　香港戰後的教育發展情況，見顏明仁：《戰後香港教育》（香港：學術專業圖書中心，2010 年）一書。

9　五十年代的經濟發展情況，見盧受采、盧冬青著：〈第五章‧英佔後期的香港經濟（一）：經濟政策史（公元 1945 年 9 月－1997 年 6 月）〉及〈第六章‧英佔後期的香港經濟（二）：產業結構史（公元 1945 年 9 月－1997 年 6 月）〉，《香港經濟史》，下冊（香港：三聯書店香港有限公司，2002），頁 141-256。

10　David Faure, *Society.* (Hong Kong: Hong Kong University Press), pp. 250-252.

策方針出現轉變，逐漸放棄過去對教育事業的「低承擔原則」，將原來少數人專享的精英教育變為惠及大眾的普及教育。[11] 即使如此，大多民眾仍付出了高昂的代價來換取教育機會。以 1955 年為例，該年有 60% 以上的學生就讀於私立學校，[12] 私立學校收費一般高於政府學校或政府補助學校。此時，葉錫恩亦意識到發展教育事業成為香港的當務之急。

1947-1956 歷年人口估算 [13]

年份	估算人口數目
1947	1,750,000
1948	1,800,000
1949	1,857,000
1950	2,237,000
1951	2,015,300
1952	2,123,900
1953	2,242,200
1954	2,364,900
1955	2,490,400
1956	2,614,600

葉錫恩加入了當地的英國教會（Plymouth Brethren Assembly），積極參加教堂的集會。她很享受與社會各階層的人一起唱歌，分享喜悅。葉氏當然希望能招募更多民眾參與教會的活動，但當她想說服貧苦工人參與時，卻會為工人的生計而擔憂。葉氏深知當時社會的不景氣，工人一個小時不工作損失兩角錢，要工人放下手上的工作，到教堂花一小時做禮拜，對他們已是很大的負擔。葉氏因而希望可以盡自己所能，協助貧苦的工人。

葉氏參與教會活動時，認識到她日後的第二任丈夫 —— 杜學魁先生。[14] 杜學魁因戰亂逃亡來港，初到香港時身無分文，因有一位朋友送他一些書，便決

11　有關戰後香港教育發展的特點，見劉蜀永：〈第十五章·二十世紀後期文化教育〉，《簡明香港史》（香港：三聯書店，2016 年），頁 464-466。

12　見 *Hong Kong Annual Report 1956.* (Hong Kong: Government of Hong Kong, 1957), p.109.

13　Census and Statistics Department, *Hong Kong: Hong Kong Statistics (1947-1967).* (Hong Kong: Census and Statistics Department, 1969).

14　杜學魁，原籍河北省，在內蒙古長大。四十年代末畢業於國立社會教育學院。五十年代初來港定居，開設圖書租賃小商店。1954 年慕光帳篷校舍設立之後，一直擔任校長職位，2000 年 9 月榮休。杜學魁不但是葉錫恩的丈夫，更是她實踐教育理念的重要伙伴。

定經營書店。他希望學生們能多讀有益書籍，而不喜歡學生到他的書店只看漫畫書，杜學魁寧願少賺一點，也不想向學生售賣無益的書籍。他的情操深受葉錫恩欣賞，其博學多才更使葉氏甚為敬佩。[15] 因此，葉錫恩與當時負責唱詩班的杜學魁商討幫助貧苦基層的方法，杜學魁遂提議：「為什麼我們不辦一所學校，拿一些好的書本給學生看呢？」[16] 兩個人一拍即合，馬上採取行動，實踐辦校的構想。然而，辦校需要大量金錢，教會對於在中國辦學卻不太熱心，而且二人的辦學理念與教會不同，教會認為辦校最重要的目的就是教小孩子閱讀聖經，認識基督宗教，杜學魁與葉錫恩則反駁：「為什麼傳教士要讓他們的孩子中學和大學？難道中國的小孩就不需要這些教育嗎？」葉錫恩與杜學魁因而決定在香港籌辦一所專為平民而設的學校。[17]

要在香港創辦學校，首先要為學生提供安穩的教學場地。慕光的發源地是在九龍啟德新村。小村緊靠老虎岩，那時的老虎岩是一座高低不平的小山區，搭架起很多用木板、鐵皮建成的小屋。居住的大多數是來自潮州，來港從事苦力的草根階層，是一個貧困小村落。[18] 這個地方與九龍城寨相近，是三不管的地方。[19]

1954 年夏天，葉、杜二人與港英政府交涉後，政府暫借他們使用九龍啟德新村路旁的一塊空地辦校，條件是要自行與當地菜農租用土地。菜農僅收取一點錢作為補償，便很快同意讓出土地，得到土地後，卻因資金不足，杜學魁與葉錫恩從駐港英軍部購買了一個廉價的軍用帳篷作為校舍，進行教學。[20] 同年，港英政府制訂了「七年建校計劃」，預算 1961 年前增加二十萬小一學額，每年計劃增加約 25,700 個小學學生名額，其中 9,500 個由私立學校提供。[21]

15　原文為 "Mr. Tu Hsueh Kwei, who lived next to the church, had joined the Assembly at their invitation when they heard him singing the hymns he had learned from listening. Mr. Tu at that time was renting out paperbacks to his neighbors and to children, but he felt the children's books were bad, and he urged them not to read them, in spite of the fact that his." 見 Elsie Tu, *An Autobiography of Elsie Tu*, p. 27.

16　杜葉錫恩：〈第十三章 · 摸索出路〉，《葉錫恩自傳》，頁 115。

17　邢學智：〈第二十二章 · 帳篷學校〉，《杜學魁傳》，頁 97。

18　杜學魁：〈啟德新村　環境混雜〉，《慕光校史》（香港：自刊稿，2001 年），頁 1。

19　有關九龍城寨的發展史及研究，見張中華編：《香港九龍城寨檔案史料選編》（北京：中國檔案出版社，2007 年）；Greg Girard、Ian Lambot 著，林立偉、朱一心譯：《九龍城寨的日與夜》（香港：中華書局，2015 年）等書。

20　杜學魁：〈設立帳篷　刈草拓荒〉，《慕光校史》，頁 3。

21　五十年代後期，香港平均每兩個半星期就有一處新校舍落成，有些是獨立建築，也有些在徙置大廈的部分空間落成，超標完成了七年建校計劃。見 Anthony Sweeting, *Education in Hong Kong 1941 to 2001: Visions and Revisions* (Hong Kong: Hong Kong University Press, 2004), pp.167-168.

葉錫恩認為，帳篷雖非正規教室，但已能收容三十多名孩子，讓孩子們不用無所事事，終日在街頭流浪。葉錫恩將她的建議分享給當時在小教堂一起傳教的同事們，包括杜學魁以及日後與她共事多年的戴中先生（？－2010）。[22] 獲得他們的一致贊成後，遂開始搭蓋帳篷學校的工作。[23]

創辦一所學校，興建校舍、購置設備及聘請教師等，均需花費大量支出。葉、杜二人卻並無任何創校資金。杜學魁最初以為葉錫恩在中國傳教多年，又是外籍人士，必定家境豐厚，有祖家的接濟。但事實上，葉氏並沒有多少積蓄，她平常賺得的金錢都用來幫助身邊的窮人，或用在民眾公益事業上。[24] 因此，慕光的創校條件十分艱難。

建校資金緊絀，一切支出必需精打細算，因此搭篷的工作他們也盡量親力親為。首先他們在油麻地購買藍色鐵水管及舊的鐵絲網，把那塊山坡圍起來。該地野草叢生，亂石遍佈，眾人一手一腳平整坡地。葉氏不懼酷熱天氣，與人們一同勞動，用鐵絲網圍地時親自操作手搖鑽，在直徑四寸的舊鐵管上鑽出了一個又一個洞，直至手上磨出血泡。葉錫恩不在意自己的勞累，始終關注周圍的人們，恐防有人在勞累和暴曬下暈倒，更不時地從家中運送自製的常溫水（當時多數民眾家中都沒有雪櫃或冰櫃）。看到這一切，杜學魁不禁讚歎葉氏「是一位多才多藝的人，她會做好多事情，也是位能刻苦耐勞的人。」[25] 搭建起帳篷後，二人自行接駁水電，又在附近搭建了一個簡陋的廁所。軍用帳篷由厚厚的帆布製造而成，帳篷有幾個洞開啟，充當窗戶，流通空氣。帳篷內光線微弱，空間也十分狹窄及侷促。縱然條件刻苦，在眾人的努力下，總算建起了香港第一所「帳篷學校」。[26]

建校後需要為學校作宣傳，因缺乏經費在報刊上登招生廣告，於是葉錫恩校監及杜學魁校長便自行動手印製海報。他們兩人一個手提漿糊桶，一個抱着海報，攜着棕刷，到九龍村莊、木屋區、街道等地方張貼。[27] 葉錫恩對杜學魁

22　戴中，原籍廣西省南寧市。畢業於上海大夏大學教育系。1952 年來港，初期曾在牛池灣開設茶樓。1954 年慕光帳篷校舍設立之後，擔任總務主任職位。戴中先生在慕光工作多年，與葉錫恩建立深厚關係，本書亦會在部分章節提及戴中先生。

23　Anthony Sweeting, *Education in Hong Kong 1941 to 2001, Visions and Revisions*, pp.167-168.

24　邢學智：〈第二十二章·帳篷學校〉，《杜學魁傳》，頁 98。另參葉錫恩：〈第十三章·摸索出路〉，《葉錫恩自傳》，頁 115。

25　邢學智：〈第二十二章·帳篷學校〉，《杜學魁傳》，頁 99。

26　同上註。

27　杜學魁：〈十年浪潮幾翻騰——慕光校史〉，載邢學智：《杜學魁傳》，頁 284。

開玩笑道：「總有一天，我們會擁有一間很大的學校」[28]，當時二人沒有想到，多年後這句說話會成為事實。

1954 年 8 月，招生工作開始，葉校監和杜校長站在校門口，親切地微笑着迎接每一個前來報名的人。二人十分重視前來觀望的家長與學子，杜校長形容當時心情：「多一個學生，就多一份喜悅；而走一個學生，就像是被水沖走了一粒春播的好種。」[29] 慕光中學第一屆招收了三十七位學生，他們多是來自工人和農民家庭。[30] 帳篷學校以低廉的學費，吸引孩子就讀。後來，人們才發現帳篷學校其實是「敗絮其外，金玉其中」。[31]

1954 年 9 月，慕光第一批學生開始在帳篷裏上課。每位學生的學費僅為五元，剛好夠支付一位教員的薪水，是當時收費最低廉的學校（當時一般中學的收費約為 20-30 元）。[32] 慕光提供的課程十分全面，包括：國文、英文、數學、中史、地理、音樂、體育等等。戴中先生是慕光學校的第一批教員，為慕光重要的創校人之一。當時校務主要由葉錫恩、杜學魁及戴中三人分擔：葉錫恩掌校監職務，任教英文、數學、體育等科目，並負責教務工作。葉錫恩兼通中英語文，因此教學一半用中文，一半用英文；杜學魁出任校長，任教中文、中國歷史和音樂等科，並負責訓導職務；戴中則負責學校的總務事宜及教授尺牘（即實用文）。另有一位工友負責清潔、搖鈴、報時等，負責一切上課下課的工作。[33]

帳篷學校維持了一年多，這段時間有苦有甜。帳篷學校的學習環境並不舒適，夏季颱風來臨時，無法在帳篷中上課，職員便把帳篷拆下來，學生們會擠進葉錫恩居住的那間小房中上課；冬季的帳篷內陰冷潮濕，學生冷得發抖。每當杜校長問學生：「你們冷嗎？」學生們都異口同聲大聲地回答：「不冷！」雖然杜校長上課時教導學生不要理會天氣，但事實上他卻很關心學生的身體及安全。一次葉錫恩帶同學往山上進行戶外活動時遇上大雨，學生都表示要聽從杜

28　杜葉錫恩：〈第十三章‧摸索出路〉，《葉錫恩自傳》，頁 115。

29　邢學智：〈第二十二章‧帳篷學校〉，《杜學魁傳》，頁 100。

30　收生數字參考自杜學魁：《慕光校史》，頁 5。有關收生數目另有一說為二十七人，見杜學魁：〈十年浪潮幾翻騰──慕光校史〉，載邢學智：《杜學魁傳》，頁 284。

31　邢學智：〈第二十二章‧帳篷學校〉，《杜學魁傳》，頁 100。

32　原文為 "We needed additional teachers for Chinese and Mathematics, and had to charge $5 a month to students-the cheapest school in Hong Kong by long way." 見 Elsie Tu, *An Autobiography of Elsie Tu*, p. 34.

33　杜學魁：〈教職分工　三人包辦〉，《慕光校史》，頁 5。

校長平日教誨：「不要理會天氣」，繼續戶外活動，最終葉錫恩帶他們回來時，杜校長卻生氣地等着他們，他問葉校監說：「這會使他們着涼的，為什麼你讓他們這樣做？」於是葉錫恩提醒他平常是怎樣教導學生的。杜校長對此說：「你錯了，不能避免的事，我們只好不理，可是淋雨卻是不必要的事。」葉錫恩非常欣賞杜學魁對學生的關心與愛護。[34]

　　除了日常的辛酸外，這段時間還發生過兩次較危險的經歷。[35]第一次是水浸校監室，大水把校監的物品全部弄濕，幸好校監沒有受傷。第二次更有學生被大水沖走，由於山洪暴發，一位同學走避不及，被大水沖至九龍城，幸好終能獲救。這些磨練成為第一代慕光學子的珍貴經歷。

　　為加強教學成效，葉、杜二人還在課餘時間，將各自的母語教授給對方。帳篷學校雖然簡陋，但教授者滿腔熱誠，且知識淵博，向學子傳授真才實學。學生們知理而勤快，深得坊眾讚賞，也更敬重教育孩子們的教師，為慕光樹立美名。

　　葉錫恩校監與學生相處十分融洽，尤其到了校監任教的體育課時，葉校監把同學帶到一片草地上，此地原是提供練習射擊用的「靶場」。在沒有人練靶的時候，就成為學生上體育的地方。校監年青的時候熱衷體育，並曾是棒球高手，她和學生一同運動，樂也融融。此外，校監雖是英國人卻懂中文，且是教師出身，她深明中國學生學習英文困難。任教英文時，會從英文的基本功着手，學生的英文水準也很快提高。[36]

　　誠然，葉錫恩、杜學魁等人在創校過程遇到不少困難，當時經濟蕭條下，他們本已面臨着各自的財政壓力，但為了讓平民有機會接受教育，眾人想盡方法克服難關，他們對辦學的堅持令人敬佩。帳篷學校的出現，配合香港社會對教育需求，推動平民教育的發展，更代表了他們堅持辦學的心志。

34　杜葉錫恩：〈第十三章・摸索出路〉，《葉錫恩自傳》，頁117。

35　同上註，頁116。

36　見杜學魁：〈教職分工　三人包辦〉，《慕光校史》，頁5-7。

上：葉錫恩當時的居所。（照片由慕光資料庫提供）

下：五十年代貧窮家庭的寫照，一個單位普遍住上多戶家庭。（照片由慕光資料庫提供）

上：老虎岩上，有不少鐵皮、木皮建成的小屋。（照片由慕光資料庫提供）

下：照片中遠處是東頭村徙置區，近景是西洋菜田。（照片由慕光資料庫提供）

上：慕光中學帳篷校舍遠觀，帳篷旁邊搭建的是校務處及洗手間。（照片由慕光資料庫提供）

下：帳篷校舍近觀，照片中男子是杜學魁校長。（照片由慕光資料庫提供）

上：慕光的學童與啟德新村的孩童的合照。（照片由慕光資料庫提供）

下：慕光中學的校務處。（照片由慕光資料庫提供）

二、慕光正式成為註冊學校

　　1955 年，因見慕光辦學之成功，學校附近家長都把子女送到帳篷學校學習，帳篷已不足以應付慕名而來的學子，因而急需資金建立新校舍。正當二人苦於資金壓力時，英官夏維（Harvey）少校夫婦最先伸出援手，夏維少校積極為學校宣傳，其夫人更到學校義教。[37] 後來，《南華早報》（South China Morning Post）刊登了相關消息，並隨即收到一筆來自加拿大的善長捐款，使慕光得到資金可以建造合標準的三合土課室。[38] 建立新校舍後，葉錫恩與杜學魁隨即將慕光註冊為正式學校。

　　慕光中學在註冊過程中遇到不少阻礙，以下舉數例說明。[39] 第一，是向政府申請使用土地。幾經申訴後，政府認為尚未阻礙到打靶山馬路的運作，因而暫時批准，條件是如果政府需要，任何時候都可無條件收回；其二是審查衛生及防火設備。校內的相關設備並不符合規格，然而姑念校址設於平民木屋區，故暫准使用；其三，是杜校長的教師註冊資格。葉錫恩在英國已是合格註冊教師，具專業教師資格。但杜學魁在逃難時遺失學歷證件，幾經爭取下，杜學魁才獲准參加教師資格考核。結果考試成績全部合格，證明杜學魁足以勝任中學教師之職，成為「暫准教師」。慕光正式註冊後，標誌慕光書院走向了新的階段。

　　慕光中學正式註冊後，吸引很多學生就讀，於是開始招募教職員。很多著名學者、政壇人物都在此時加入慕光，包括孫寶毅先生[40]、夏爾康先生[41]、張煥華先生[42] 等。慕光中學亦在 1956 年更名為慕光英文書院，確立以英文為主要

37　據杜學魁指出，夏維夫婦當時住在界限街，見杜學魁：〈無名氏捐款　蓋建三合土教室〉，《慕光校史》，頁 9。界限街距離當時慕光校舍有約半小時路程，不算非常方便，更見夏維夫婦的熱心。

38　見杜學魁：〈無名氏捐款　蓋建三合土教室〉，《慕光校史》，頁 9。

39　見杜學魁：〈申請註冊　引吭高歌〉，《慕光校史》，頁 9。

40　孫寶毅先生是當時中國社會民主黨主席張君勱的入室弟子，他曾主編過該黨唯一的雜誌──《再生》，協助張先生草擬了為國民黨所採用的當年第一部《中華民國憲章》，並擔任過中國民主同盟副秘書長。見杜學魁：〈猛人雲集　中學易名為英文書院〉，《慕光校史》，頁 12。有關孫寶毅先生是民主社會主義者，有深厚學識。相關著作見孫寶毅：《民主社會主義詮說》（香港：香港社會民主黨研究部，1950 年）；孫寶毅：《民主社會主義的理論體系》（香港：新社會出版社，1954年）等。

41　夏爾康先生來港前是中國青年黨的制憲國民大會代表，1947 年任國民政府立法院第四屆立法委員。來港後曾加入慕光，又參與創辦《自由陣線》周刊，擔任自由出版社研究部主任，兼任聯合書院教授，講授倫理學。入台後成為台灣國民大會的副主席。見杜學魁：〈猛人雲集　中學易名為英文書院〉，《慕光校史》，頁 12。

42　張煥華先生是中國青年黨領袖左舜生先生的女婿。見杜學魁：〈猛人雲集　中學易名為英文書院〉，《慕光校史》，頁 12。

教學語言。至此，慕光學校發展已具基本規模。

　　1955 年 9 月，三合土教室的外觀部分大致完工，而內部裝修仍在進行。[43] 因此 1955 至 56 學年的首三個月，同學仍在帳篷上課，至 11 月三合土教室的設備已完全竣工，並在 28 日正式啟用，進行了一些簡單的慶典儀式後，擇定了 11 月 28 日為慕光校慶日。[44]

　　因資源及空間所限，校方只能將課程辦至中二。慕光學費廉宜，文具、習作簿、校章等都以低廉價格出售，也從不迫令學生到指定專門店訂購昂貴校服。學生們不穿校服不會被罰，欠交學費也不會被勒令停學。慕光辦學之後，教會一心想把慕光學校變為教會傳道佈教的場所，而非單純的講授知識，而杜氏、葉氏始終希望實在地興辦教育，而未能配合教會政策。此後，教會在行政上對他們多加留難，葉氏與教會亦開始出現分歧。[45]

　　這段時間，杜學魁與葉錫恩都因事而暫時離開慕光。杜學魁成為暫准教師後，根據規定去醫院檢查身體，卻意外發現自己患有肺病。這是由於他勞累過度和營養不良造成的，不得已只好暫時離開學校治病。葉錫恩在這段時期因精神長期緊張患上了消瘦症，威廉在這個時候也染上輕微肺病，他執意帶同葉氏回英國故鄉治病休養，並打算以後不再返回香港。葉錫恩十分眷戀慕光，威廉的舉動使她內心十分痛苦，也使她和威廉之間的距離越來越遠。加上葉氏不能夠接受教會那些狹窄的教條，而威廉卻是十分遵守教條的人，他無法接受任何要妥協的地方，這使二人的矛盾日深。[46]

　　葉氏帶威廉回港治病的時候，有些慕光學生雖然只就讀了一兩年，但已對慕光及校監有深厚感情。學生們送校監回英國的時候，高唱那國純先生編的〈送別歌〉，邊唱邊哭，葉校監深受感動，倍感傷神，更增添她對慕光的不捨。[47]

　　1955 年 11 月，葉錫恩與威廉乘船回英國，校務工作由孫寶毅先生及那國純先生暫理，並由葉錫恩所屬教會的傳教士監督。[48] 二人在英國剛休養了三個

43　據《慕光校史》記載原文為：「1958 年 9 月，三合土教室的外觀部分大致完工，但內部裝修仍需進行。」但結合上文下理、相片及校史發展一覽表印證，完工時間應在 1955 年，1958 年之記載應為筆誤。見杜學魁：〈11 月 28 日為校慶日之由來〉，《慕光校史》，頁 9。

44　見杜學魁：〈11 月 28 日為校慶日之由來〉，《慕光校史》，頁 9。

45　詳見杜葉錫恩：〈第十三章‧摸索出路〉《葉錫恩自傳》，頁 111-121。

46　同上註。

47　見杜學魁：〈猛人雲集　中學易名為英文書院〉，《慕光校史》，頁 14。

48　同上註。

月,香港替葉錫恩看管學校的歐籍教友便給葉錫恩寫信,訴說他正受到多方面的壓力,教會要把中學部關閉,改為營運幼稚園,令原來在慕光讀過一兩年的學生突然失學,而且教會不希望葉錫恩再回香港。他更說如果想挽救學校,葉錫恩必須馬上回去。葉氏看到來信後十分焦急,把這件事告訴威廉,提出回港請求,但威廉一再拒絕了她,他堅持服從教會的決定。葉錫恩由此對威廉感到徹底失望,二人積累已久的矛盾也因此爆發。後來,葉氏與威廉正式分開。[49]為了挽救慕光學校,葉錫恩遂在 1956 年 5 月,典當了個人財物,勉強湊夠旅費隻身乘船回港。

左:單層的三合土教室,內有兩個課室。(照片由慕光資料庫提供)
右:葉錫恩與杜學魁在教室大門合照。(照片由慕光資料庫提供)

明理愛光:杜葉錫恩的教育思想及實踐

葉錫恩在校監室內批改文件，校監室也是葉錫恩的居所。（照片由慕光資料庫提供）

三、慕光復校

　　1956 年，葉錫恩回港後，因將身上財物都用來支付旅費，因此負擔不起租住昂貴旅館的費用，於是選擇以一百五十元的月租，租住一間簡陋的居所，並馬上找杜學魁商討復校計劃。杜學魁了解到葉氏的情況後，遂介紹她到一個富裕的外國家庭中，負責以英語向兩位孩子授課。[50] 於是，葉氏回港後便一邊工作，一邊安排復校事宜，以解決日常生活開支。期間，葉氏申請到聖士提反中學任教，並獲得教職，這份工作為她帶來每月近一千元的可觀收入。然而，葉氏始終決心為弱勢人士提供教育，這份全職工作佔用了她大部分時間，於是葉氏最終辭去工作，轉而全力投入復校工作上。[51]

　　復校計劃初期，葉氏為了避免與教會爭奪校地，與杜學魁商量後，決定租用太子道的兩層私人樓宇，準備重開慕光，更得到牧師協助，代付按金和租金，[52] 當時眾人已決定復校，甚至已進行了招生工作。[53]

　　然而，樓宇因「消防設備」問題，被教育司署拒絕註冊，拒絕的原因是該樓宇只有一道樓梯，而按規定必須要有兩道樓梯才可辦校舍，事實上該樓宇前身也曾用來辦校，只是當時使用六百元賄賂了消防局員。[54] 葉錫恩堅持不以行賄玷污教育事業，於是在杜學魁的建議下，葉氏到教育部門要求提供協助，因官員們擔心葉氏會向英國揭發他們的貪污行為，因此大多不敢向葉氏行賄，行為也有所收斂。正因如此，日後亦多由葉氏代表慕光與政府部門溝通。葉氏與教育司署官員的會面時，該官員告知葉錫恩，她是慕光學校之註冊人，並鼓勵她回到啟德復校。因此，最後葉錫恩決定放棄太子道樓宇，回到舊址復校。[55]

　　購置教學用具後，葉錫恩率眾人回校，佈置校園及清理垃圾，並安放好原來被教會人員扔出校外的桌椅。不久，一位洋人帶領十多位教會人員前來驅趕，當時教會有一位歐籍教士更自稱警察，指責葉錫恩等人無理侵犯他人產業，並不斷威嚇葉錫恩等人，事後才得知原來他只是輔警，在教會人員的百般挑釁和粗暴行為下，杜學魁與葉錫恩等人均被弄傷，杜學魁被他們摔出門外，

50　Elsie Tu, Andrew Tu, *Shouting at the Mountain: a Hong Kong story of love and Commitment*, p.130.

51　同上註，頁 131。

52　詳見杜葉錫恩：〈第十六章 · 千頭萬緒　再接再勵〉，《葉錫恩自傳》，頁 134。

53　〈慕光中學　招考新生〉，《香港工商日報》，1956 年 8 月 11 日。

54　詳見杜葉錫恩：〈第十六章 · 千頭萬緒　再接再勵〉，《葉錫恩自傳》，頁 134。

55　Elsie Tu, Andrew Tu, *Shouting at the Mountain*, p.132.

葉錫恩死抱着門柱，推撞之間手腳都受傷流血。此舉終於激怒葉氏，她命友人報警求助，把所有人帶到九龍城警署，葉錫恩因這次衝突滿身傷痕，手、腳、眼均受傷。[56]

因校舍持牌人為葉錫恩，故警方最後將學校暫歸校監所有。然而，教會卻依然派人到學校騷擾，如佔據辦公室，甚至派人挑釁以至動武，逼葉錫恩等人搬出，但葉氏沒有屈服。多番騷擾後，葉校監與杜校長向知名大律師、革新會主席貝納祺（Brook Antony Bernacchi）先生求助，他派出張永賢律師寫警告信給教會，對方才停止了對學校的干擾，使葉、杜二人及一眾慕光師生終可專心辦學。[57] 同年，慕光中學正式易名為「慕光英文書院」，並沿用至今。[58]

此後，葉氏正式與教會決裂。為了復校失去了教會和婚姻，使她一度受到打擊，這段期間杜學魁的陪伴給予她很大的支持。葉錫恩也因這次契機擺脫了過去教會對她的束縛。葉氏辦學目的正是為了幫助貧苦大眾，當她目睹社會的黑暗後，更無法漠視被政府及黑社會欺壓的社會底層，故她在投身教育事業的同時，仍非常希望能幫助弱小群體，爭取應有權益。葉氏過去因受教會約束，未能為社會不公而高聲疾呼，更不可寫信到報館投訴，公開批評英國政府。與教會決裂後，葉氏反而得以自由為社會大眾發聲。[59]

葉氏復校過程中，亦見證到香港嚴重的貪污情況及社會的黑暗面。[60] 當時葉錫恩曾跟復校工程的工人一起生活，因而了解到他們長期受到黑社會剝削以及貪官污吏的壓逼。以當時工人居所為例，為節省租金，他們多會選擇居住違例建築物，這個現象背後很可能是業主賄賂了有關官員，才得以進行非法僭建。而居住在違例建築物的人，亦會受到黑社會勢力壓迫，這些「惡霸」先強佔某一處地盤，人們在上面建屋前，先要向他們付錢。當整個地盤都蓋滿房子，他們就會放火燒毀整個樓房，重新收取「黑錢」。[61] 黑社會勢力甚至延伸至街上的小販，他們要是不給黑錢，就不能營業。此外，政府部門為了保持逮

56　詳見杜葉錫恩：〈第十六章・千頭萬緒　再接再勵〉，《葉錫恩自傳》，頁 133-139。另見 Elsie Tu, Andrew Tu, *Shouting at the Mountain*, p.133.

57　詳見杜葉錫恩：〈第十六章・千頭萬緒　再接再勵〉，《葉錫恩自傳》，頁 133-139。另見 Elsie Tu, *An Autobiography of Elsie Tu*, pp. 30-40.

58　詳見杜學魁：〈猛人雲集　中學易名為英文書院〉，《慕光校史》，頁 12。

59　詳見杜葉錫恩：〈第十六章・千頭萬緒　再接再勵〉，《葉錫恩自傳》，頁 133-139。

60　了解香港的貪污情況研究，見葉健民著：《靜默革命：香港廉政百年共業》一書。香港黑社會勢力研究，見丘海雄：《香港黑社會》（合肥：安徽人民出版社，1992 年）及廖子明著：《驚濤歲月中的香港黑社會》（香港：博思電子出版集團有限公司，2005 年）等書。

61　杜葉錫恩：〈第十七章・新的鬥爭〉，《葉錫恩自傳》，頁 140。

捕小販的「業績」，與小販達成「秘密協定」，小販要被輪流拘捕充數。[62]

　　1957 年，慕光復校進展順利，不但招回原來的中三學生，更加開中一、中二班，使四個課室都坐滿了學生。校方也得以聘請更多良師，如周紀常、劉如雨、陳紹展、吳淑君等新老師，他們的加入壯大了慕光大家庭，更提高慕光的教學質素。為應付復校支出，當時校監除了居住在校內的小屋中，更在外邊兼任教席，為他校學生補習幫補開支。為了支持慕光營運，葉氏身兼數職，每天都十分繁忙：

　　　　我的身體還是很差，天氣又悶熱，為了要繼續辦學校，我得設法出去找錢（學費的收入只是一個很小的數目而已）。找錢等於是去教書和替人補習。除了在自己學校教書以外，我還在另外一間學校兼職，此外午飯的時間和傍晚時分替學生補習，直至晚上十點鐘為止。改簿子和備課都在十點鐘以後才做，往往要做到凌晨。有時不免一面工作一面打瞌睡，但如果要學校上軌道的話，這些工作一定要做。[63]

　　即使是性格頑強的葉錫恩，在這段刻苦歲月中也感到相當難捱。她形容自己的精神十分緊張，一分鐘不做事也會坐立不安，即使只是偶爾與朋友晉餐，她也覺得很焦急，只想趕忙回去完成翌日的教務。數個月後，葉氏在浸會書院（即後來的香港浸會大學）找到一份月薪有一千二百元的講課工作，負責教授法文和英文，[64] 葉氏僅會保存二百元作生活開支，其餘一千元都會用作慕光學校的開支。[65] 這份工作不但可給予慕光學校更多資金支持，自己也能偶爾享受一下，她每星期五都會到香港中華基督教青年會用膳，每次都會點一元八角的午餐，餐內有肝和醃肉，對葉錫恩而言這已經是很好的享受。[66] 當時葉氏繁重的工作日程使她根本沒有多餘時間與杜學魁交流，致使杜學魁根本不了解葉錫恩的苦況，更無法想像葉錫恩如何安排她那密密麻麻的工作日程。[67] 後來他才

62　同上註。
63　同上註，頁 143。
64　見杜學魁：〈校舍租金昂貴　校監工作補貼〉，《慕光校史》，頁 24。
65　Elsie Tu, Andrew Tu, *Shouting at the Mountain*, p.139.
66　葉錫恩在自傳中沒有指明是哪所學校，但根據時序推斷以及葉氏對工作的描述，很可能是她在 1957 年起在浸會學院任教的工作。見杜葉錫恩：〈第十七章‧新的鬥爭〉，《葉錫恩自傳》，頁 143-144。
67　見杜學魁：〈校舍租金昂貴　校監工作補貼〉，《慕光校史》，頁 24。

發現葉氏「身無分文，還要拼命的去工作，吃也吃不飽」，[68] 感到非常心痛。

當時慕光也增加了一項「特殊教育」，每週師生舉辦大掃除，不但把教室內外打掃得十分整潔，更主動為鄰舍打掃衛生，深得民眾讚賞。慕光的名聲逐漸遠播，愈來愈多學生慕名前來就讀，僅有兩間課室已不足以容納六十位以上學生，校舍因此需要進行擴建。[69] 葉錫恩得到來自歐洲的商人好友 Noel Croucher 支持，他在參觀校舍後，願意出資資助慕光學校在現有建築物上加蓋一層，增設兩個教室。施工期間，葉氏也趁假日時兼任額外的補習工作，以支持工程開支。[70]

因葉氏堅持不向政府官員及黑社會行賄，使加建的過程波折重重。政府部門不肯批出建築許可證，葉錫恩只得強行先建房子，幸得一位工務局官員幫助，才得以順利施工。然而，因葉氏不肯交「保護費」，施工期間又被黑社會針對，結果建築材料被偷走。原來的承建商更在收到錢後不見蹤影，葉氏只得加倍工作，再籌得一筆資金，完成剩餘工程。幾經波折下，終於在 1957 年完成整個工程，三合土校舍成為雙層建築物，由原來的兩間教室增加為四間。[71]

復校以後，杜、葉二人決定為小學生加開下午校課程，並決定把學費交給一位李主任負責分發小學部工資。杜學魁校長卻在之後聽到老師抱怨，實際得到的工資與葉氏簽發的工資不同，二人求證後，得知李主任從中作梗，杜、葉二人別無選擇，只得將他解僱。當時負責小學部大部分工作的人是戴中先生，他原由李主任聘請，葉氏十分擔心戴先生會跟隨李主任離開，可幸戴先生最終決定留下，並在日後負責整所慕光教育機構的會計工作。戴先生自此與葉錫恩和杜學魁建立了十分緊密的合作關係，共同營運慕光學校，在慕光服務了整整半個世紀，直到九十歲退休為止。[72]

葉氏為了興辦平民教育付出很多心血，很多人也作出很大犧牲，她面對重重困難依然堅持辦學，卻見其他人打着辦學的旗號騙取金錢，使她十分氣憤。新校舍落成不久，即有一位先生想借用校舍辦小學，因為慕光中學只在上午使

68　杜葉錫恩：〈第十七章‧新的鬥爭〉，《葉錫恩自傳》，頁 143。另外葉氏曾撰文描述葉錫恩校監的辛酸工作，原文為：「這一年，實在是更艱苦的一年，學費少，校舍小，收入可憐，葉校監被迫居住在我們自己搭蓋的一間小屋內，她除了擔任本校的校監及授課工作外，並在外邊擔任了教席及私人補課，用這些收入來彌補學校開支的不足。」見杜學魁：〈十年浪潮幾翻騰──慕光校史〉，載邢學智：《杜學魁傳》，頁 285。

69　杜葉錫恩：〈第十七章‧新的鬥爭〉，《葉錫恩自傳》，頁 144。

70　Elsie Tu, Andrew Tu, *Shouting at the Mountain*, p.136.

71　杜葉錫恩：〈第十七章‧新的鬥爭〉，《葉錫恩自傳》，頁 144。

72　Elsie Tu, Andrew Tu, *Shouting at the Mountain*, p.137.

用課室，因此葉錫恩等人都同意免費借出校舍。然而，小學部開辦了一段很短的時間，就發現當初那位先生並沒有授課，而是私吞了大部分學費。[73]

　　葉錫恩非常生氣，因為慕光學校全部經費都是來自學生的學費，而學生家裏一般都很窮困，因此當時許多教職員的薪水一個月都不到一百元，所以葉氏絕不容許有人從中剝削以利己，於是立刻決定把他趕走。正常情況下，負責人一旦被開除，他所僱用的人也會跟着離開，然而當葉錫恩希望那些教師繼續留下來時，他們都答應留下來。[74] 慕光英文書院也逐漸成為一所有規模的學校。

上：準備教學工作的葉錫恩。
（照片由慕光資料庫提供）

下：〈慕光中學　招考新生〉，
《香港工商日報》，1956 年 8
月 11 日。

明理愛光：杜葉錫恩的教育思想及實踐

73　杜葉錫恩：〈第十七章‧新的鬥爭〉，《葉錫恩自傳》，頁 145。

74　同上註。

上：葉錫恩校監在辦公室內留影。（照片由慕光資料庫提供）

下：葉錫恩帶領學童進行遊戲。（照片由慕光資料庫提供）

對頁左上：葉錫恩（左三）、杜學魁（右一）、戴中（左一）與一眾慕光老師合照。（照片由慕光資料庫提供）

對頁左下：老師正在講授儒家思想，課室中「明理愛光」的校訓清晰可見。（照片由慕光資料庫提供）

本頁：英童學校學生來訪，進行聯歡活動。（照片由慕光資料庫提供）

加建後三合土教室落成面貌。（照片由慕光資料庫提供）

1962 年，慕光英文書院第一屆畢業生合照，左三為杜學魁，左四為葉錫恩。（照片由慕光資料庫提供）

四、開辦夜校

五十年代香港經濟起飛，社會的快速發展需要大批勞動力支持，當時香港政府只為上流階層的子弟辦學，不打算為窮苦家庭的孩子提供教育。慕光學校創立初衷，正是為了使貧窮階層的學童都能得到學習機會。杜學魁這樣描述那些渴望上學讀書的孩子：

> 慕光學校的學生都是住在木屋區的苦孩子，家境貧困。雖然學校收的學費很低，可還是沒有辦法負擔，但是他們又是多麼渴望到學校裏讀書，多麼羨慕在校的同齡小伙伴們聽老師講故事、一起唱歌、做遊戲⋯⋯。他們經常跑到學校的鐵絲網的圍牆外面，把臉緊緊地貼在大門上，睜大了眼睛，專心致志地望着校園裏的學生們在做各種活動。一站就是半天，總是讓家長叫了回去。[75]

有一次，葉錫恩來到一個社區進行家訪，發現全區只有一位女性受過教育，她的孩子也被送到學校去讀書。大部分家庭的小孩，有的工作賺錢養家，有的則替代外出作工的父母在家中看管弟妹。當時附近的貧窮人口多來自汕頭，他們的小孩大多都要工作或在家看管孩子，甚少有機會上學讀書：

> 大部分家庭，父母都要出去工作以維持家計，因此家裏小孩子沒有人看管。有父無母，或有母無父的家庭，更不能靠社會福利的小額施捨來過活，那些小孩子當然也只好任由他們發展。有些可以替孩子找到一份工作，這樣小孩可能就不會變壞或無所事事。用童工是公開的秘密。我親眼見到只有四、五歲大的孩子，坐在骯髒的水槽旁邊，用一雙骯髒的手把餅乾裝袋，餅乾工廠的貨車就停在一旁等裝載這些包裝好的餅乾。[76]

這些因為生活所逼而要謀生賺錢的孩子，最需要教育機會。葉氏非常同情和惋惜這些不幸的孩子，她深知教育對一個孩子未來的重要性，然而當時教育制度的目的是為了培養上流社會精英，殖民政府並不重視低下階層的教

75　邢學智：〈第二十四章・興學濟民〉，《杜學魁傳》，頁109。

76　杜葉錫恩：〈第十八章・認識別人〉，《葉錫恩自傳》，頁152。

育水平：

> 很久以後，政府才發現到，在一個像香港這樣貧富共處的地方，要
> 不是為兒童提供教育，將來就得為他們提供監牢，無所事事的年輕人很
> 容易會走上犯罪之路。不管怎樣，有些年輕人的確已是如此。[77]

1957 年，為了讓日間工作的孩子得到讀書的機會，葉錫恩與杜學魁決定開設夜校課程，讓木屋區的孩子們免費到慕光讀書。[78] 白天，葉錫恩與杜學魁在慕光英文書院授課，處理校務；晚上則犧牲休息時間，免費舉辦夜學教導貧窮學童。除葉氏、杜氏負責晚間授課外，還有三位英籍教師 Medge Hudson、Mr. Len Lewis 和夏維太太，及教員周能常先生和劉如雨先生願意義務任教，周先生更兼任行政工作。[79] 早期來上夜學的孩子多來自汕頭，他們通常一家有孩子，因此不少學生都背着年紀更輕的弟妹上課。當時慕光夜校辦學並不容易，很多孩子因晚間無處可去，便把慕光夜校當成免費「玩樂」場地，幸好慕光教師非常有耐心，諄諄善誘，悉心指導他們。[80]

除了開設夜校，葉錫恩更會盡力照料窮困家庭。居住木屋區的人生活十分艱難，成年人勞動一天賺一元多港幣，童工則賺六七角錢，加起來只夠買一家人吃一頓飯。為了養活一家，就連四五歲大的孩子也要進行包裝餅乾食品等工作。當時港英政府尚未成立社會服務處，很多赤貧到難以糊口的人得不到救濟，在絕境中掙扎求存。[81] 因此，慕光學校在力所能及的條件下，盡力開辦慕光社會福利事業協會，展開社會工作，如開設了免費診所、牛奶站，為窮苦人士提供衣物、食品救濟等服務，並增設公眾圖書館。[82] 葉錫恩希望盡量照顧慕光學校的學生及木屋區的鄰居，減輕他們飢餓的痛苦，或免遭中途輟學的厄運。[83]

慕光能兼辦日校與夜校，有賴眾人無私付出。這段日子慕光在條件不足下營運，過程自是充滿困難及挑戰。如當時許多教員每月薪水不到港幣一百元，其中兩位外籍教師更願意免費任教。他們既受過專業的師資訓練，也有豐富的

77　同上註，頁 150。
78　同上註，頁 145。
79　見杜學魁：〈慕光曾經開辦夜校〉，《慕光校史》，頁 29。
80　見杜學魁：〈Medge Hudson 教學妙趣橫生〉，《慕光校史》，頁 30。
81　邢學智：〈第二十四章·興學濟民〉，《杜學魁傳》，頁 109。
82　〈慕光的成長〉，《華僑日報》，1990 年 3 月 14 日。
83　邢學智：〈第二十四章·興學濟民〉，《杜學魁傳》，頁 109。

教學經驗，卻毫無異志地為慕光的教育事業服務。[84] 為支持慕光的開支，葉錫恩利用課餘時間兼任政府僱員及到中學授課，補貼學校經費，上班前還要為慕光高年級學生補習英文。葉氏在 1958 年遷至衙前圍道後，仍會回憶起這三年來艱辛付出的經歷，不過她覺得讓孩子們用心學習，盡情快活嬉戲，「那些苦就是值得的」。[85]

84　邢學智：〈第二十四章‧興學濟民〉，《杜學魁傳》，頁 109。

85　有關報道稱呼當時的葉錫恩為「伊律太太」，詳見〈伊律夫婦犧牲小我　衙前圍造福難民〉，《工商晚報》，1958 年 6 月 8 日。

上：1958 年，葉錫恩在啟德新村設立醫療室。她在啟用儀式中致辭。

下：〈慕光的成長〉，《華僑日報》，1990 年 3 月 14 日。

明理愛光：杜葉錫恩的教育思想及實踐

第五章
帶領慕光成長
(1958-1971)

本章探討慕光復校後，葉錫恩與杜學魁如何實踐平民教育，甚至為顧及因日間工作而無法上學的貧窮孩子開辦夜校，犧牲個人晚間休息時間，提供免費教育。繼而探討葉、杜二人在啟德新村清拆後，重新開設、興辦新校舍以至開設中學分校前的發展歷程。此時期慕光得到良好發展，在觀塘區的影響力開始擴大，然而該區的治安等社區問題，對慕光學校的發展也有很大的影響。慕光教育事業發展過程中，葉氏不願行賄而多番受到政府部門留難，也因堅持批評政府而失去部分校董支持。另一方面，慕光得到不少善長的熱心支持，並有不少資深教員慕名加入慕光家庭，使學校發展規模日益壯大。此時期，慕光開始興辦小學及幼稚園，提供「一條龍」式教育服務，使更多觀塘區貧窮學子得到教育機會，也為慕光七十年代的發展高峰奠下重要根基。

一、慕光遷至衙前圍道樓宇

1958 年，因啟德新村木屋區經常發生火災，具有一定危險性，政府決定清拆，原來慕光校舍建築地就是政府臨時批准的，[1] 因此政府把用地改建為公共

1　見本書第四章，第二節。

屋邨時，校方只能配合，終於政府發出要求慕光停辦的通知書。

事實上，木屋區的火災既為天災造成，也有「人為因素」。當時黑社會在警方包庇下，非法霸佔土地，收取保護費，再縱火燒毀木屋，重新劃分地皮出售，不斷榨取錢財，甚至與政府及業主合作，非法破壞房子，趕走租戶，以便重建。[2] 慕光學校在此背景下被勒令拆卸，眾人數年的心血化為泡影，當離開這個慕光發源地和心血結晶時，均感到非常可惜！

因被政府逼遷，葉錫恩、杜學魁等人四出尋找新校址。一天葉錫恩坐巴士上途經九龍城時，看到其中一座大廈頂樓有一排如教室規格的房屋，葉氏馬上決定以這個地方作為新校舍。她前去打聽後，得知租用條件是先付一萬元「額外小費」，用來向屋宇署申請物業的佔用許可證（即俗稱「入伙紙」），葉氏當時的銀行戶口只有二十元左右，要一下子拿出一萬元，自是難若登天。誠然，支付這筆小費是不合法的，葉錫恩嘗試跟那位女房東討價還價，但房東表示不支付這筆錢日後租屋也會受到政府留難，無法再申請蓋建其他房子。葉錫恩在百般無奈下，為了學生有新校舍上學，只得想盡辦法籌錢。[3]

在杜學魁的建議下，葉錫恩向馬會的社會福利和教育計劃慈善基金申請資助，並得到馬會提供資金支持。[4] 然而，在申請辦校的過程中，卻處處受到政府刻意阻撓，葉氏深深感受到政府部門「官官相衛」、互相勾結的官僚腐敗制度，以及政府官員貪污受賄異常猖獗的現象。葉錫恩不願玷污它心中神聖的教育事業，堅持不向政府人員行賄，使她與政府官員交涉時困難重重。這些困難對於杜學魁這些華人而言，更是無法克服的屏障。儘管葉氏十分肯定杜學魁校長的能力，在公事上非常尊重杜校長，視他為自己的上級，遵從他的指揮，私人情感上也十分欣賞杜校長的才智、品格及領導能力，但也不得不承認，很多時因葉氏的英國人身份，可帶給慕光更多幫助。[5] 因杜校長有過人的決斷能力，

明理愛光：杜葉錫恩的教育思想及實踐

072

---

2 有關黑社會與官員勾結的情形，葉氏在其著作中有詳盡說明，見杜葉錫恩著、隋麗君譯：〈第6章·房屋政策刺激了貪污受賄〉，《我眼中的殖民時代香港》，頁48-49。杜學魁校長同樣懷疑木屋區火災有「人為因素」，見杜學魁：〈祝融一炬　政府收回帳篷地皮〉，《慕光校史》，頁20。

3 杜葉錫恩：〈第十八章·認識別人〉，《葉錫恩自傳》，頁152。

4 Elsie Tu, Andrew Tu, *Shouting at the Mountain*, p.142.

5 原文為 " It must have been hard for Andrew to accept the fact that, without my intervention as a British citizen, the school would have gone nowhere. But while he never raised the subject, others did. Time after time Chinese people came to see me with their problems, and they always said the same thing: 'Since you are British, you can help us. We are afraid to speak.' Only later did I discover that Andrew's feelings

配合葉氏身份上的便利及堅持正義的性格，二人處理慕光校務，形成了「一內一外」的共事模式。

從葉錫恩與教育司署的官員對話，足見當時港英政府輕視香港平民教育的態度。為跟進慕光學校的工作，葉錫恩經常要到教育司署與官員交涉。有一次，助理教育司竟向葉氏介紹一份教導歐籍小孩的工作，這份工作的待遇當然比在慕光好上不少，葉氏則說：「如要我要幹這種工作，老早就在英國做了，我之所以要來香港，就是要教育本地那些貧窮的小孩子。」那位助理教育司竟然回答：「我們已經給那些窮人建了房子，難道你還期望我們為他們提供教育的機會嗎？」葉氏告訴他，這正是她所希望教育司署做到的。[6]

葉氏與教育司署官員交涉期間，也不時向教育司反映香港的教育問題。例如葉氏提及慕光小學部有一個九歲大的孩子，因為他家裏需要他工作幫助養家而輟學。葉氏感到很難過，遂向教育司反映，[7] 想不到他的回應是：「這對他會更好。」葉氏聽後呆了一下，然後反唇相稽：「那當然了，假如他是你的孩子的話，你就不會這樣說。」從對話中可見，港英政府教育部門只有興趣為有錢子弟辦學，毫不關心貧困家庭孩子的教育需要。葉錫恩因而批評政府「用這樣的人來主管教育，難怪辦一間窮人子弟學校會處處受到阻撓，因為沒有人對此發生興趣」。[8]

葉錫恩與政府交涉，申請辦校過程中，曾向教育司署申請使用「尼森式」小屋作校舍，[9] 接見她的教育官卻以環境不適合為由拒絕申請，更說「為什麼你不學某某先生那樣呢？他辦私立學校，現在出入都是坐美國大房車。」暗指葉氏應該服務富人子弟，不該為貧窮學子辦學。葉氏的回應是：「很簡單，我並沒有興趣坐美國大房車出入，我只想教育那些貧苦的孩子。」後來，換了一位中國籍的衛生督察接見葉錫恩，他指尼森式小屋對小孩子的健康不好，故絕對不會批准葉氏的申請。諷刺的是，當時的孩子都住在密不通風的木屋內，政府

of inferiority were even reflected in his attitude towards me. While I remained totally unconscious of the fact, he struggled with the imbalance in our respective social positions. Ignorant of the fact that he should entertain such thoughts, I continued to view him as my superior, worthy of my deepest respect and admiration for his intellect, his probity, his wisdom and his skills in organisation and leadership. " 見 Elsie Tu, Andrew Tu, *Shouting at the Mountain*, p.142.

6　杜葉錫恩：〈第十八章‧認識別人〉，《葉錫恩自傳》，頁 149。

7　當時的教育司應為高詩雅（Douglas James Smyth Crozier），1950 年至 1961 年間任香港教育司。

8　詳見杜葉錫恩：〈第十八章‧認識別人〉，《葉錫恩自傳》，頁 150-151。

9　尼森小屋是由波紋鋼皮製成的圓柱體房子，在一戰時期被廣泛用作軍營。

對此不聞不問，尼森式小屋卻被軍隊用來作宿舍，甚至醫院。可是，該督察絲毫不願聽取葉氏的解釋，他堅持認為居住破舊的木屋總比孩子在尼森式小屋子裏上課好得多。葉氏帶着失望的眼淚離開，她認為自己實在無法跟這些人理論，因為他們根本就不願意聽別人的話。[10]

　　誠然，問題並非尼森式小屋衛生環境欠佳而不適合作校舍，而是當時的教育司署根本不願為基層孩子提供教育機會。葉氏認為當時政府根本有意拒絕為窮人辦學，政府提供的教育機會都是專屬於富有家庭的，從事教育的人也只是為有錢人服務，如果辦學的是外國人，更應該「出入都是坐美國大房車。」葉氏更提出，對當時的政府而言，拒絕為窮人提供教育不但可節省一大筆開支，更可保持低廉的勞動力，窮人的孩子成為當時資本家及政的謀利工具。至於當年以環境差為由而拒絕作校舍的尼森式小屋，在十年之後，被政府從亞皆老街和深水埗軍營中回收，成為因政府遷拆而無家可歸者的「最好臨時居所」，當中就有不少小孩。正如葉錫恩所言：「這就是所謂官僚主義的虛偽和固執的真面目。」[11]

　　因申請尼森式小屋作校舍失敗告終，葉錫恩只好為學校另覓校舍。要找一幢房屋既符合負荷規定，又符合防火安全設施和衛生標準，在當時並不容易。要註冊開辦一間私立學校，首先建築物要符合工務局的負荷標準，其次要符合消防局的防火設施規定，最後還得符合教育司署的教育標準。對於上述政府官員所說的規定，表面看來是為保護學童而設，實際上是他們向葉氏索取賄賂的借口。葉氏形容當時的政府部門「其實當時無論做什麼事，都免不了要向其中一個人或所有人行賄。」[12] 可見在她眼中，港英政府貪污腐敗問題非常嚴重，然而葉氏始終拒絕行賄，不向罪惡低頭，[13] 因此條件再苛刻，葉氏也都盡量適應。葉錫恩更因過程中與受政府部門多番阻撓而挫敗落淚。

　　　　跟政府部門交涉，雖然令人很沮喪，但也學到許多東西。我記不清
　　有過多少次，自己站在教育司署樓梯上面，忍不住讓那些失望的眼淚流
　　下來。真令人難以相信，每一次有人懷着好意為那些窮苦兒童提供教

10　詳見杜葉錫恩：〈第十八章・認識別人〉，《葉錫恩自傳》，頁149-158。

11　同上註，頁152。

12　杜葉錫恩：〈第十八章・認識別人〉，《葉錫恩自傳》，頁153。

13　葉錫恩後來更積極向英國政府反映香港貪污情況，最終成功爭取在香港成立廉政公署，葉氏反貪工作及爭取成立廉政公署過程，見氏著：《我眼中的殖民時代香港》一書，另見葉健民：〈警隊檢舉貪污組缺乏公信力〉，《靜默革命：香港廉政百年共業》，頁60-65。

育，總是給那班心胸狹小的政府高官百般阻挑，他們口口聲聲要依照法規行事，完全不顧這樣做以後會有什麼後果。[14]

在百般困難下，葉氏還是找到了新地方作為校舍，眾人在九龍衙前圍道租下了只有四間課室的新校址。然而，政府仍處處針對慕光辦校，例如消防部門刻意刁難，拒絕慕光的辦學要求。當時葉氏所租的課室位於大廈的頂樓，地下有幾家店舖。消防局來查看時，指房屋樓層太高，一旦發生火警，他們沒有長梯可以伸到頂樓，因此拒絕葉氏的辦校申請。[15]

後來，葉錫恩親自與消防局長討論，並指出政府設於廉租屋頂樓的學校，比慕光校舍的大廈更高，可是這些學校卻准許註冊。消防局長很同意葉氏的看法，而且對她深表同情，並說：「技術上說來，你們那座大廈實在太高，但既然政府學校不受到這些規定的限制，我又如何可以把這些規定加諸你們身上呢？」終於那位消防局長同意高度只計算到頂樓的地板，而不依照他應該做的計算到天花板。葉氏非常感激這位明白事理的官員。[16]

解決了消防安全問題，又出現了另一狀況。當時有一家賣煤油的商店申請在慕光學校附近開設，煤油容易燃燒，葉氏很擔心一旦發生火災會危及學生生命安全。為此，有一位官員特意前來視察，並向葉氏保證：「不用擔心，因為你們申請在先，我們一定會接受你們的申請，而拒絕這個賣煤油的申請」。然而，幾個月後，另一位官員衝進慕光學校說：「你們要把學校關閉，因為樓下那家商店在賣煤油，這對孩子們會有危險。」葉錫恩向他解釋這件事早已經安排好了，葉氏把他帶到學校，與戴中主任當面對證，戴主任卻冷冷的看著那個人說：「對，事情早就講妥了，你就是答應替我們安排的那個人。」於是那位官員難為情地說：「好吧，就把這件事忘了吧。」有關官員的應對方式，足可反映出當時政府部門的輕視及懶散態度。[17]

除了環境問題，當時校舍天台還有人吸毒，但因消防部門以安全為由再次刁難，令學校無法杜絕吸毒問題。那些「癮君子」經常由後樓梯爬上慕光校友舍屋頂吸毒。因此葉氏得到政府批准後，在屋頂上蓋了一間小屋，僱用了一位保安員，並在樓頂裝上鐵閘，再給大廈住客分發鐵閘鑰匙，以防火警。由於大

14　同上註，頁152。
15　杜葉錫恩：〈第十八章·認識別人〉，《葉錫恩自傳》，頁153。
16　同上註。
17　同上註，頁153-154。

廈前後共有兩道樓梯，因此在天台後門安裝鐵閘基本沒有危險性。可是消防局卻盲從規條，堅持把鐵閘拆掉，葉錫恩因此批評「他們寧願讓吸毒者利用屋頂來吸毒，而不願意用一點普通的常識去衡量一下。其實每一個地方，屋頂都有鎖着的鐵閘」。不過，慕光最後只能依照法規拆除鐵閘。[18]

事實上，政府部門的針對或漠視，不僅是因為政府漠視教育的施政方針，更是由於貪污風氣盛行，官員處處為難葉氏，就是因為她不肯行賄。這個情況並不是針對葉錫恩等人，而是整個社會的普遍現象。例如當時慕光附近有一所開辦數年的幼稚園，後來有人在樓下開設一家炮竹店，因這家店舖申請到售賣炮竹的許可證，結果那間學校反而被命令關閉。這明顯存在貪污舞弊，然而面對當時的社會環境，「像這種情形要講公道，根本沒有用」[19]。

五十至六十年代，香港社會行賄是非常普遍的現象，甚至有時是不可不為的手段，但葉錫恩堅持心中的原則，絕不行賄。當時資金緊絀，在事事被針對的情況下，家人成為了葉錫恩精神上的重要支撐，父親在葉錫恩小時候的教導，使她一直堅持下去：

> 我從學生那裏學到的第一件事情就是「金錢萬能」，我發現事實真的是如此，沒有錢，寸步難行，不是失望就是痛苦。不管進度怎樣慢，我們還是掙扎地活了下來，繼續地向前規進，背後好像有一股力量把我推着，使我有力量勇往直前。我常覺得那是父親給我的啟示，他一直都要我為社會的貧苦人們服務。[20]

慕光最終能成功遷至衙前圍道開辦，有賴一眾善長仁翁支持。當時辦校需要支付租金和建築費，也為慕光經營帶來沉重負擔。幸好葉錫恩為難民子弟、貧窮兒童興辦教育的事蹟受到媒體留意，因而不少熱心教育公益事業的人士，如周錫年先生、高露芝先生等慷慨解囊，捐款襄助，慕光英文書院校舍才得以在該年順利遷往衙前圍道 40-42 號樓宇。[21]

衙前圍道慕光校舍由四個單位打通，每兩個單位後面都有與後梯相連的小房間，後改建為廁所及辦公室，其中一個更成為校監的居所與辦公室。四層樓

18 同上註，頁 154。
19 同上註。
20 同上註，頁 158。
21 〈慕光難童學校　各界開始大力支持〉，《工商晚報》，1958 年 6 月 15 日。

改建成四個課室，並分為上、下午班，上午班是中學，從中一到中四；下午班是小學。

　　衙前圍道校舍最大的困擾是它極大的噪音。因新校舍鄰近啟德機場，每次飛機升降都會經過校舍的樓頂，對教學造成不少影響。校監居住在校舍樓後，則以木板遮蓋後樓梯口，以減少一點噪音。[22] 葉氏對這個環境卻漸漸習慣，甚至喜歡九龍城這個地方：

> 　　我很喜歡九龍城，雖然是嘈鬧一點，因為位於機場附近，而且又是飛機起落必經之路線。第一次飛機飛過大廈上空，我立刻俯伏在地上，因為戰爭空襲的時候我們習慣了聽到飛機聲就馬上伏下來。飛機就像要降落在我們大廈屋頂一樣，我真不敢想像，假如真的是這樣，伏在地上又有什麼用處呢？每次飛機飛過，我們都得停下來不教書。引擎聲整晚響個不停。可是久而久之我對這些飛機聲音都習以為常，不再覺得困擾了。[23]

　　慕光遷校後，深得家長、學生們青睞，收生情況十分樂觀。1958 年 8 月，衙前圍道慕光校舍更進行擴建，並擴充中文下午班一、二、三、四年級及夜校小學各年級學額等，前來投考的學生依然十分踴躍。[24]

　　隨着收生人數不斷增加，當時的收生限制也讓慕光十分苦惱。由於每間教室都有規定的學生限額，並由此限制每年的收生人數，雖然當時很多人以賄賂解決問題，但葉錫恩始終堅持不助長貪污。慕光在本來收生收入已不太能應付支出時，更因光源問題而被要求減少收生人數。原來的唐樓裝修只有前面有窗戶，儘管後來加了燈光，負責審批註冊的教育司署仍不滿意，因而減少每一個課室可容納學生的限額。慕光堅持低廉的學費，財政本來就已緊絀，減少收生額對慕光是很大的難題。

　　為了彌補學校的開支，葉氏更依賴在香港浸會學院授課的收入。本來她已經要替幾個學生私家補習英文，現在的課程更是密密麻麻，晚上還要批改學生的作業。這段日子葉錫恩每天都非常忙碌，更被日積月累的病痛所困擾：

22　杜校長後來這樣形容校監的居住及工作環境：「隆隆之聲刺耳欲聾……天曉得她怎能住下來？夜間得以安寢？但既來之則安之，我們於是很快的適應了那隆隆的聲音。（當年飛機白天不斷的起落，起落時行人和車輛都要暫停，因為飛機從錢子山（按：獅子山）頂衝下來，一定要經過我們的樓頂）」，見杜學魁：〈租用衙前圍道號樓宇〉，《慕光校史》，頁 17。

23　杜葉錫恩：〈第十九章・一間學校的成長〉，《葉錫恩自傳》，頁 161。

24　〈慕光書院擴建校舍〉，《香港工商日報》，1958 年 8 月 24 日。

二百元足夠我自己的生活綽綽有餘，因為我的生活非常簡單，也沒有什麼太多的需求。我很少上街，也沒有假期，根本不用花錢，唯一的問題就是如何安排自己的時間表，既可以在自己的學校任教，也不會和浸會學院上課的時間衝突。生活因此相當忙亂，再加上背部不時發痛。（這個毛病很可能是一九五六年和教會長老發生爭執時候留下來的後果。）其實當時我也需要動一次切除子宮的手術，多年來我一直都給這種病困擾着，常常流血，十九歲那一年幾乎因此而送命。[25]

為了照顧校監勞累的身體，學校特意聘請一位女工「亞群」，負責清潔學校和照顧校監的生活。亞群為人很好也很勤快，葉錫恩也很厚待亞群，二人相處十分融洽。二人就這樣相處了整整十年，直到亞群出嫁為止。[26] 葉錫恩待人向來一視同仁，不會因出身或階級而改變對人的態度，這種性格使她深受慕光師生、社會大眾的喜愛及敬仰。

〈慕光書院擴建校舍〉，
《香港工商日報》，1958
年 8 月 24 日。

25　杜葉錫恩：〈第十九章・一間學校的成長〉，《葉錫恩自傳》，頁 162。
26　見杜學魁：〈校舍租金昂貴　校監工作補貼〉，《慕光校史》，頁 24。

079

上：1959 年，政府清拆啟德新村，校方租用九龍城衙前圍道樓宇作校舍。（照片由慕光資料庫提供）

下左：〈慕光難童學校　各界開始大力支持〉，《工商晚報》，1958 年 6 月 15 日。

下右：〈啟德新村木屋火災　焚屋八間死傷慘重〉，《工商晚報》，1958 年 4 月 22 日。

明理愛光：杜葉錫恩的教育思想及實踐

上：衙前圍道慕光校舍大門。（照片由慕光資料庫提供）

下：衙前圍道校舍天台。近處為啟德機場跑道。（照片由慕光資料庫提供）

二、開辦慕光心如分校

遷至衙前圍道後，校舍的面積實在太小。即使後來教育司署官員視察後，為每班增加數個學額，仍無法應付很多希望前來慕光就讀的學生。杜學魁在朋友建議下，於 1961 年在九龍城獅子石道接辦了心如小學。這段期間，葉錫恩仍負責慕光及浸會的教職，為了確保新校財政穩健，晚上還須到一所夜校任教。[27]

1961 年，港英政府進行了戰後首次戶口普查，報告顯示學齡人口較教育司署的原來估計多出許多，加上當年教育界認為成績不及格的學生需要留級，導致學額需求大增，因而需要繼續增建校舍。[28] 為配合社會需要，慕光在六十年代也積極擴展規模，盡量提供更多學額，讓基層學生也能得到學習機會。

慕光心如分校的授課班級涵蓋幼稚園、小學及中學，慕光接辦心如小學後，保留了該校很受歡迎的幼稚園，並增設了小五至中一的班級。學生增加後，也增聘了教師及職工，這時期，學校聘請了尚重年先生、王哲夫先生、胡詠超先生、蘇慶彬先生、徐獻遊先生、李屏家先生等。當時戴中先生擔任兩校舍的總務主任，並有兩位助手協助，一位為退伍英軍，另一位為負責衙前圍道校舍的徐毅民先生，[29] 更有不少著名學者不時來幫忙任教，如馬文輝先生等。[30]

葉錫恩在慕光心如分校的首屆畢業典禮致辭時，提及當時慕光營運面臨兩大困難，其一是啟德新邨舊校校址的遷拆問題，其二是經費緊絀。馬文輝先生發表演說時，也肯定了慕光在沒有政府津貼及經濟情況欠佳的情況下，仍可持續營運，且表現優異，更讚揚葉錫恩以個人薪水補貼學校，造福社會的舉措。[31] 同年，慕光中學部合計共一千三百多位學童，並在該年擴大招收新生。[32]

27　Elsie Tu, Andrew Tu, *Shouting at the Mountain*, p.146.

28　有關當時對學額及教師的逼切需求，可見顧思滿、區志麒、方駿編：《教院口述歷史》（香港：香港教育學院，2002 年），頁 106-107。至六十年代末，小學學額的供應才逐步滿足需求。見 Anthony Sweeting, *Education in Hong Kong 1941 to 2001: Visions and Revisions*, pp.167-168.

29　除上述人士曾在慕光幫忙義教外，香港史學家許冠三教授亦可能曾在慕光任教，杜學魁所著的《慕光校史》曾提及「史學家許冠山」亦在慕光義教，筆者未敢確定是否手民之誤，故未在正文提及。見杜學魁：〈開辦慕光心如小學〉，《慕光校史》，頁 25。

30　馬文輝是香港知名企業家與社會運動人士，為先施百貨少東，早年曾在英國工作，認識不少英國國會議員等政界人物，因受西方民主思潮與制度影響，回港後論政敦促政治改革，如成立聯合國香港協會與香港民主自治黨等。馬氏對香港政治改革的論述，見氏著：《民主論壇》（香港：集興書店，1990 年）一書。

31　〈慕光書院〉，《華僑日報》，1961 年 7 月 17 日。

32　〈慕光英文書院　擴大招收新生〉，《香港工商日報》，1961 年 7 月 11 日。

葉錫恩對不公義的事情，不論是學校還是社會事務，總是挺身而出，葉氏敢於發聲，堅守公義的情操也導致她與慕光校董會發生磨擦。自慕光成立以來，慕光校董之一夏維少校已熱心慕光學校事務，如多次出席慕光畢業典禮並發表感言，[33] 更大力支持慕光社會福利事業協會的工作，公開呼籲人們向協會捐款。他在 1961 年曾表示若每月能找到最少五百人捐助兩元，籌得的一萬二千元就能很好地發展慕光心如分校，如購置科學儀器、應付新生所需等支出，並肯定葉氏對教育的貢獻。他讚揚「葉錫恩夫人勞苦墾植精神，以培養本校無數窮苦失學兒童，使彼等能得以接受完善教育及高深學問」。[34] 因夏維少校的協助，當時慕光更可在免費在尖沙咀的香港中華基督教青年會進行董事會會議，[35] 甚至曾借出該會室內運動場及禮堂舉行畢業典禮。[36]

　　這段時間，葉氏對社會事務參與愈來愈積極，原先她多在英文報章上控訴社會不公義現象，但這種方式往往未能有效向上層高官表達民間訴求。幸得杜學魁校長介紹下，馬文輝先生曾到慕光任教，而使葉氏與他結識。馬先生為本地團體「聯合國香港協會」主持人，該會目標以維護港人利益為首，不畏港英政府強權，此團體樂意幫助葉錫恩為社會不公而發聲，自此校監多了一個渠道為市民發聲，也更為關注社會的民生狀況。[37] 馬先生在葉氏從政後，仍與她保持合作關係，並給予很多支持，如 1965 年，二人同就政府的教育政策白皮書表達意見。[38]

33　〈慕光英文書院昨舉行畢業禮〉，《大公報》，1962 年 7 月 31 日。

34　〈慕光教育社會福利事業協會昨舉行　年會由夏維少校主持〉，《華僑日報》，1961 年 12 月 2 日。

35　見杜學魁：〈校監拒絕不批評政府〉，《慕光校史》，頁 28。

36　見〈慕光英文書院昨舉行畢業禮〉，《大公報》，1962 年 7 月 31 日；〈慕光英文書院　中小學畢業禮〉，《香港工商日報》，1967 年 7 月 17 日。

37　見杜學魁：〈開辦慕光心如小學〉，《慕光校史》，頁 24。

38　見〈白皮書通過後輿情初步反應　一片反對之聲〉，《華僑日報》，1965 年 7 月 3 日。另見本書第八章。

慕光書院

〈特訊〉慕光教育社會福利事業協會主辦下之慕光英文書院，週五晚在鑽于石道心如分校舉行小學六年級暨幼稚園畢業禮暨頒發典禮。

據該校監督E.ELLIOTT 夫人表示：刻有兩項不幸問題面臨該校，村齋校址之拆遷與經常費用之短拙等，聯合國香港協會主席馬文顯以來賓身份先後以中英語發表演說時，呼籲對該校百般不倦的致育事業，作全力支持。繼稱：儘管慕光並無政府津貼和經濟情況欠佳，但該校創始人與校監以其個人應得薪水貼補學校，而使此項造福社會尤其貧寒學生之事業得以持續。

該校本屆高小畢業生有廖躍娟、葉愛玲、伍建威、趙之璇、蔡冰開、張黎珍、黃妙瓊、曾偉俊、馬炳中、方煜明、趙輝南、林木興、鄭麗新、周炳華、周才寶、李德彝、謝日安等十七名。

幼稚園兩班生有陳玉瑩、鄒宗光、何炳楷、于玉蓮、伍大偉、梁子星、盧波芬、彭樹人、江顯遠、陳鑾芳、陳裕塤、洪潤輝、蕭振業、翁平容、周炳雄、蔡蒂儀、匡成、周巅才、曾鎮濟、張錦章、陳麗英、熊韻鑫、方金美、劉梅蘭、鄒波鳴等廿五名。（來）

上：五十年代心如學校外觀。（照片由慕光資料庫提供）

下：〈慕光書院〉，《華僑日報》，1961 年 7 月 17 日。

左：〈慕光英文書院　擴大招收新生〉，《香港工商日報》，1961 年 7 月 11 日。

右：〈慕光教育社會福利事業協會　昨舉行年會由夏維少校主持〉，《華僑日報》，1961 年 12 月 2 日。

三、開辦慕光樂富小學

　　1963 年，在何明華會督（Ronald Owen Hall，1895-1975）[39]、郭慎墀校董（1930-2012）[40] 的支持和幫助下，在老虎岩（樂富）開辦了慕光小學，這是慕光的第一所津貼小學（慕光第二所津貼小學於 1976 年開辦，為慕光荔景小學）。「津貼小學」的教育經費絕大部分來自政府，而其管理則由學校的校董

39　何明華會督曾為香港聖公會主教，1932 年至 1951 年任維多利亞教區主教及中華聖公會港粵教區會督（即主教），1951 年至 1967 年任聖公會港澳教區會督。何明華會督熱心推動香港宗教發展，更關心香港學童教育，如香港聖公會何明華會督中學、何明華會督銀禧中學等都是以他命名。何氏在中國內地及香港等地參與的宗教事務可參見他的著作，見 Ronald Owen Hall, *The Art of the Missionary: Fellow Workers with the Church in China.* (London: Student Christian Movement Press, 1942)；他對香港教育事業的貢獻，可見吳青：《何明華與戰後香港社會的重建》（北京：世界宗教研究，2013 年）一書。

40　郭慎墀當時為拔萃男書院校長，1969 年 2 月 26 日，獲委任為非官守太平紳士。郭氏在拔萃男書院的記載可見 Rev. W. T. Featherstone, *The Diocesan Boys School and Orphanage, Hong Kong: The History and Records 1869-1929.* (Hong Kong: Ye Olde Printerie Ltd, 1930). 另郭氏曾撰寫富具教育意味的短篇故事集著作，見 Lowcock, S. J, *Seven Grains of Rice.* (Singapore: Heinemann Asia, 1986)，足見郭氏對教育的心志。

會負責。[41]

　　何明華會督是一位仁慈的老先生，致力傳教及辦學事業。[42] 何會督與葉錫恩校監是英國紐卡斯爾的同鄉，二人也十分投契，何會督更曾在慕光畢業典禮上受邀致辭。[43] 聖公會為英國的國教，與港英政府關係密切，在香港社會具有重要影響力，更大力支持香港教育發展。[44] 何會督屬下的中小學多不勝數，當他了解到慕光因學生眾多，校舍空間不足的情況後，即主動提出願意協助解決，他將一所樂富村的資助小學分配給慕光學校，並請杜學魁擔任校長。[45] 在何會督的幫助下，慕光得以在老虎岩第二十座徙置大廈地下與天台辦學。[46]

41　「津貼小學」自 20 世紀初出現，當時政府有意推出以小學為主要對象的「津貼」（Subsidy）計劃，1921 年政府決定整頓原來以「補助計劃」為主的資助模式，推動「津貼小學」，得到宗教、地方團體響應，見 Hong Kong Education Department, *Report of the Director of Education for the Year 1922.* (Hong Kong: Government of Hong Kong, 1922)，戰後內地人來港，失學兒童急增，港英政府設法增加學校供應，尤其重視推動以中文教學為主的津貼學校。1946 年教育司署通過《津貼則例》（Subsidized Code），此例一共補助了一百二十所中文學校，見 Hong Kong Education Department, *Annual Report of Education Department, 1946-47.*(Hong Kong: Government,1947), p.18. 1948 年當局修訂《津貼則例》，讓津貼學校可以獲得經常性支出（recurrent expenditures）補助，見 Hong Kong Education Department, *Annual Report of Education Department, 1947-48.*(Hong Kong: Government of Hong Kong,1948), p.13. 至 1954 年政府宣布的小學擴建計劃，對教育機構的逼切需求，進一步鞏固津貼學校的地位。教育司此後不斷改善津貼學校的補助條件。如 1960 年再度修訂《津貼則例》，使津貼學校可以在更寬鬆的條件下獲得經常性支出補助；1961 年政府設立津貼學校公積金辦法，讓津貼學校教師也獲得退休保障等。香港早期津貼學校發展研究，見 Ng Lun Ngai-ha. *Interactions of East and West: Development of Public Education in Early Hong Kong.* (Hong Kong: Chinese University Press, 1984). 另見邱小金、梁潔玲、鄒兆麟：《百年樹人：香港教育發展》（香港：市政局，1993 年）；顧明遠、杜祖貽主編：《香港教育的過去與未來》（北京：人民教育出版社，2000 年）等書。

42　有關何明華在香港社會的事蹟與貢獻，見曾國華：《何明華會督（一八九五至一九七五）對香港之社會及教育之貢獻》（香港：香港大學出版社，1993 年）一書。

43　〈九龍慕光書院　後日行畢業禮〉，《大公報》，1962 年 7 月 28 日。

44　有關聖公會對香港教育的貢獻，見何偉俊：〈論戰後香港聖公會之教育〉（香港：香港中文大學哲學碩士論文，2008 年）。

45　見杜學魁：〈匯豐總裁夫人贊助　設立慕光樂富小學〉，《慕光校史》，頁 36-37。另見 Elsie Tu, Andrew Tu, *Shouting at the Mountain*, p.146.

46　當時香港大多徙置大廈都會撥出天台等空間用作辦學，以解決當時因內地移民潮、出生率上升等原因湧現的教育需求。徙置大廈的出現是為了安置 1953 年石硤尾大火的而無家可歸的居民，最早期的徙置大廈，建築呈「H」字形，樓高為 5 至 7 層，不設升降機，大小約為 10 至 20 平方米，徙置大廈的設施較簡陋，沒有獨立廁所和廚房，將連接兩翼中間的樓層作為公共廁所和廚房用地，並會在天台搭建小學予徙置區的學童提供基本教育。見陳友華、呂程：《香港房地產神話》（北京：中國發展出版社，2014 年），頁 43-44。官方文件可見香港房屋委員會：《檢討公屋住戶資助政策專責小組委員會諮詢檔案》（香港：香港房屋委員會，1992 年）。有關回歸前的香港房屋政策研究，見王于漸：《香港長遠房屋策略和港人港地》（香港：中華書局，2013 年）；梁美儀：《家──香港公屋四十五年》（香港：香港房屋委員會，1999 年）等。

而且，在何會督建議下，慕光主動註冊為有限公司，得以成為公認的非牟利辦學團體，對慕光日後發展意義深遠。[47]

學校註冊成功後，眾人開始了裝備課室及用品的工作。校舍內沒有標準的校園設施，但當時社會形勢急切需要解決大量兒童失學問題，因此葉錫恩與杜學魁都沒有苛求辦學場地。[48] 當年政府只提供地方作為校舍，而當時急需購置十八間課室的教學設備，以及其他必須用品。慕光多年來，全部盈餘多用作支援貧窮學生，長期僅能勉強維持收支平衡，於是葉、杜二人試圖向匯豐銀行借貸，因此當時慕光邀請了匯豐銀行端納爵士的夫人為主禮嘉賓。典禮開始後，慕光幼稚園小朋友表演的「節奏樂」等歌舞表演，深深吸引總裁夫人，二人乘機邀請她為慕光贊助人，夫人也欣然同意。[49]

徙置大廈的居民陸續遷入樂富，慕光樂富津貼小學也正式開學。學校先開上午班，一至六年級共三十六班，1964 年 12 月再開設下午班，杜學魁校長除了處理中學校務外，還負責下午班的課程，並另外聘請合資格老師負責上午班課程。[50] 樂富小學早在 1963 年春季，已開始聘請教師及招生工作，先後聘請鍾旭初、梁繼華、李永鴻、吳容、鄧慶鎏、王元洧、葉瑞麟、王澄清、李潔瑛、許宗澤等老師任教慕光樂富小學，他們投身慕光教育多年，對學校貢獻良多。鄧慶鎏老師更因教學表現出色，後來升任荔景小學校長。[51]

這時葉錫恩校監仍然相當忙碌，她仍在慕光英文書院任教，又在浸會繼續授課，很多時，每星期需要任教合共七十二節課。此外，葉氏還要與戴中先生一起處理老師合約、財務工作如簽發支票等。[52] 在葉錫恩、杜學魁及戴中三人共同努力下，學校漸漸步入正軌。1963 年，葉錫恩得到杜學魁鼓勵，以革新會候選人身份參與該年的市政局議會選舉，並最終當選，開展了她的從政生涯。[53] 當時市政局議員並沒有任何薪金或補貼，為了參與市政委員會等政府部門的會議和處理地區工作，葉錫恩辭去了待遇優厚的浸會教席，其餘時間，她則負責慕光校監職務及在慕光英文書院任教，以及管理慕光的校政，慕光每

47　Elsie Tu, Andrew Tu, *Shouting at the Mountain*, p.147.

48　當時社會對教育需求情況，詳見彭勝鐿：〈第六章 重建與昌盛時期的香港教育（1946-1979）〉，《香港教育史》（長沙：湖南人民出版社，2010 年），頁 260-353。

49　同上註。另參〈端納夫人返英前參觀慕光英文校〉，《華僑日報》，1962 年 3 月 11 日。

50　Elsie Tu, Andrew Tu, *Shouting at the Mountain*, p.148.

51　見杜學魁：〈樂富雜憶──風雨同舟賀校慶〉，《慕光校史》，頁 39。另見鄧慶鎏訪問稿。

52　Elsie Tu, Andrew Tu, *Shouting at the Mountain*, p.148.

53　同上註，有關葉氏從政過程，見本書第八章。

月僅可支付她一百元的生活費。[54] 即使如此，校監仍然樂意擔任市政局議員一職，決心改善香港社會問題。[55]

校監擔任議員後，需同時處理校務及政務，工作更為繁重。因此，慕光樂富津貼小學專門設有一個讓校監接見市民投訴的房間，許多有苦無處訴的市民，逢星期六下午便蜂擁而至，每次有近百人之多。[56] 當時議員親自接見市民實為校監首創。後來，徙置事務處在黃大仙社區特意為校監設立一個接見市民的特別辦公室，因校監親民作風，有市民更因此稱她為「黃大仙」。[57]

至於老虎岩 20 座的天台，空間相當寬敞，且環境優美。葉、杜二人欲在天台辦幼稚園，由於註冊手續複雜，遂申請為「兒童樂園」，後改稱「慕光樂富幼稚園」。於是在 1964 年開辦具教學性質的「樂園」，請柳少青先生負責管理，柳氏夫人祁寶瑞女士則在慕光樂富小學當暫准教師。祁女士在香港學過英語，任教初班英文工作。其他聘請的教師，多能歌善舞，如李惠英女士等，她們所教的歌舞，幾在慕光每一次慶祝晚會上演出，並參加全港的比賽，大獲好評。慕光樂富幼稚園每年均可招收大量學生，足以開辦八班幼稚園，每班均收足四十人。[58]

開設樂富小學後，慕光的教育事業發展蒸蒸日上。葉錫恩雖然工作行程更繁忙，但同時見證到慕光的茁壯成長：

> 終於得償所願辦一間完善的小學、幼兒園和夜校。學校要辦得好，當然要加倍工作，白天和晚上我都要教書，相信沒有人可以這樣長期挨下去，幸好我的身體還可以支持，把所有事情都弄到上了軌道。

慕光樂富津貼小學經營多年，與樂富居民相處非常融洽，每年均舉行聯歡晚會，由慕光師生表演歌舞話劇、器械操表演，供居民觀賞，為晚會助慶。[59]

54　Elsie Tu, Andrew Tu, *Shouting at the Mountain*, p.150.

55　有關葉氏的從政生涯點滴，見杜葉錫恩著、隋麗君譯：《我眼中的殖民時代香港》（香港：文匯出版社，2004 年）一書。

56　見杜學魁：〈校監是市民的「黃大仙」〉、〈出任多屆兩局議員　建樹良多獲授勳銜〉，《慕光校史》，頁 39、56。

57　同上註。

58　見杜學魁：〈「兒童樂園」誤作「幼稚園」　教育官員擺烏龍〉，《慕光校史》，頁 42。

59　同上註。

葉氏熱愛運動競技，[60] 慕光也同樣重視學生的體藝發展，學生不時在體操場獲得佳績。如 1967 年，慕光小學下午校在九龍區的校際小學器械體操男子組總決賽中，擊敗黃大仙小學和旺角勞校男子隊，奪得第一名，並得到旺角勞校同學的恭賀，[61] 慕光小學女子隊亦得到亞軍殊榮。[62] 賽後，慕光女子代表隊更聯同黃大仙小學及旺角勞校代表隊伍共同表演，深受觀眾歡迎。

　　葉錫恩對當年政府部門的貪污行為早已十分不滿，她擔任市政局議員後，對政府的猛烈批評也引起港英政府關注。於是政府透過慕光校董英軍夏維少校向校監施壓，夏少校提出：「如果你不再寫文章批評政府，我們保證會籌到經費，把慕光辦得更好，甚至於可以建造一間新校舍。」當時教育司署的高層負責人，也曾勸告校監：「你是一個英國註冊的教師，我們可以給你一個很好的位置，何必這樣辛苦的辦這樣的難民學校呢？」[63] 校監從不向強權屈服，她自然拒絕以上提議，以致使她與夏維少校等三位英籍校董關係惡化。[64] 夏維先生雖然沒有正式辭去董事職位，但事後已再沒有參與校董會議。而與葉錫恩關係很好的夏維太太則仍然保持交往，她是一位仁慈的女士，與葉氏有很深厚的友誼，因此願意繼續幫助慕光。葉錫恩本來為貧窮兒童辦學、對抗貪污行為，學校發展已不容易，如今失去校董的支持，營運慕光自是更見困難。通過這件事，也反映出葉錫恩在對抗社會不公的過程中，所作的付出和犧牲，更顯現出葉氏堅持正義的決心。

　　因葉錫恩於 1963 年起擔任的市政局議員等的公職，在社會上的知名度有所提高，此後慕光舉行的畢業典禮多能邀請政商界名人出席。這些政壇及商界人物在地區擁有一定的名氣與影響力，他們的出席與參與對提升慕光教育機構的知名度有一定的成效，無形中吸引更多學子前來就讀。如 1963 年，慕光英文書院畢業禮邀請到市政局官守議員沙莉士（Arnaldo de Oliveira Sales）；[65] 1964 年，慕光畢業禮有二千餘人參與，該年邀請到市政局主席景韓

60　見本書第二章，第三節。

61　〈勞校選手風格新　體操觀眾皆讚美〉，《大公報》，1967 年 4 月 13 日。

62　〈校際小學器械體育　男組慕光下午奪標〉，《華僑日報》，1967 年 4 月 13 日。

63　見杜學魁：〈校監拒絕不批評政府〉，《慕光校史》，頁 29。

64　有關記述可見 Elsie Tu, Andrew Tu, *Shouting at the Mountain*, p.150-151. 葉氏或因維護三人名聲，並沒有在書中提及各人姓名，但結合杜學魁先生在《慕光校史》中記載，可得知其中一人為早年積極支持慕光成立的夏維少校，見杜學魁：〈校監拒絕不批評政府〉，《慕光校史》，頁 29。

65　〈慕光英文書院　舉行畢業典禮〉，《香港工商日報》，1963 年 7 月 31 日。

（Kenneth Strathmore KINGHORN）頒發畢業證書，[66] 景韓夫人頒發獎狀，並有慕光幼稚園同學表演節奏樂助興。[67]

　　慕光學校名聲遠播，愈來愈多學童前來求學。當時衙前圍道正校、獅子石道心如分校、慕光樂富小學及兒童樂園等合計容納了逾三千名學生。[68] 樂富小學更定期舉行規模盛大之嘉年華會，與學生、家長及市民互動，增進感情，如 1978 年，邀得時任教育司署教育官主持亮燈儀式，當晚更有家長教師聯誼會、攤位遊戲、遊藝節目等活動，並展出學生的藝術作品。嘉年華當晚更籌組家長教師聯誼會，以籌備來年之活動，進一步鞏固家長與學校之關係。[69]

　　1979 年 6 月 4 日，葉錫恩向社團註冊主任申請註冊「慕光樂富小學家長教師聯誼會」，並在同年正式成立聯誼會，該會宗旨為使家長與教師「能更深入了解學生之學習與生活情況而加以施教」，[70] 可見慕光早在七、八十年代已留意到家庭與學校相互配合的教育方式，現今的中小學大多仿傚這種教學模式，並在校內成立「家長教師會」等組織。該會成立以後定期籌辦聯誼活動，更營辦了十四年，發展十分穩定。

　　慕光樂富小學自成立起，深受學生家長支持，長年收生十分穩定，在創校二十年間均能保持既定班級，歷屆畢業生人數更達五千餘人。學生畢業後仍然熱愛母校，更鼓勵其兒女選擇入讀慕光樂富小學，反映慕光與學生情誼深厚。慕光樂富小學多年屹立不倒，更見其深得大眾歡迎。[71]1982 年，慕光樂富小學同學會舉行了隆重的廿周年校慶慶典，在大專會堂舉行慶祝儀式，並邀請九龍城地域主管鄧恩主禮，到會嘉賓有市政局議員、區議員、各機關社團首長、校長等共五十餘人，加上四百多位家長及過千位學生參與。該晚更由慕光學生負責安排舞蹈表演等十二項節目助慶，場面十分盛大，隆重又熱鬧的慶典，更能鞏固慕光樂富同學之情誼。

66　〈中華中學畢業禮　昨在大會堂舉行　慕光英文書院亦有盛會〉，《大公報》，1964 年 7 月 19 日。
67　〈十五學校畢業禮〉，《華僑日報》，1964 年 7 月 21 日。
68　〈慕光英文書院 增設英文中學〉，《大公報》，1965 年 6 月 17 日。
69　〈九龍慕光小學今開嘉年華會〉，《大公報》，1978 年 3 月 4 日。
70　〈慕光樂富小學家長教師聯誼會申請文件記錄〉（慕光英文書院檔案編號 006）。
71　〈慕光小學同學會〉，《華僑日報》，1982 年 5 月 26 日。

上：1963 年，開辦慕光樂富小學。（照片由慕光資料庫提供）

下：葉錫恩、杜學魁與慕光樂富小學師生合照。（照片由慕光資料庫提供）

態度謙虛　待人平易　紀律良好

勞校選手風格新
體操觀眾皆讚美

男子慕光總決賽　慕光大仙勞校再包辦三名

上：慕光兒童樂園畢業證書。（照片由慕光資料庫提供）

下：〈勞校選手風格新　體操觀眾皆讚美〉，《大公報》，1967 年 4 月 13 日。

端納夫人返英前
參觀慕光英文校

（特訊）行將離港退休之上海匯豐銀行總經理端納爵士之夫人，於最近訪問九龍獅子會石道慕光英文學院，諸校員生為表歡迎，特於該校舉行歡迎會，會中有遊藝歌舞，如娛其資。按端納夫人為慕光教育及社會福利事業協會贊助人。
圖為：端納夫人於歡迎會中向該校員生致詞右為慕光英文學院校董會主席夏維少校。（來）

社團註冊主任

逕啟者：本校為加強家長與教師之聯繫起見，現擬組織「慕光樂富小學家長教師聯誼會」，其宗旨是使雙方能更深切了解學生之學習與生活情況而加以施教。該組織係經由校方同意而成立，現特具函證明，尚祈審查批准為荷。此致

慕光小學校監

一九七九年六月四日

慕光小學廿週年紀念日
九龍地域主管鄧恩主禮

（港訊）九龍樂富慕光小學廿週年創校紀念，二十九日假大專會堂舉行慶祝儀式，由教署九龍地域首席教育邨慕光小學主任鄧恩主禮，並頒贈廿年教師服務獎，到會嘉賓有市政局議員、區議員、各機關社團首長、校長五十餘人，家長四百餘及學生千人。由校監葉錫恩，校長杜學魁，王元洧分別接待，會後由該校學生表演醒獅等十二項節目助慶，該校是日並舉行嘉年華會及勞、美科開放。

上：〈端納夫人返英前參觀慕光英文校〉，《華僑日報》，1962 年 3 月 11 日。

下左：葉錫恩校監代表慕光小學申請成立聯誼會的信件，見〈慕光樂富小學家長教師聯誼會申請文件記錄〉。（由慕光資料庫提供）

下右：〈慕光小學廿周年紀念日　九龍地域主管鄧恩主禮〉，《華僑日報》，1983 年 5 月 2 日。

四、租用太子道唐樓

1965 年，慕光已發展成有三千餘學生的教育機構，校舍包括衙前圍道中學、慕光心如小學、慕光樂富小學（老虎岩津貼小學）及在徙置大廈天台設有兒童樂園。隨着小學畢業生眾多，加上衙前圍道和獅子石道校舍的規模及設施，已不能再容納更多希望入讀慕光校園的孩子，於是校方決定尋找新校舍，擴充英文中學。[72]

新校選址在太子道 214 至 216 號，座落於火車橋腳旁，有兩幢合適辦校的唐樓，裝修後可設置十餘間課室，地下作為實驗室，校門正對太子道。因交通方便，加上租金比較便宜，於是決定在太子道唐樓開設慕光分校，成為中學部。葉錫恩對這所新校非常滿意：

> 很快學校的地方又不夠用了，我們又得另找更大的地方。這一次我們在太子道租到一個更大的地方，這裏距離我們以前不獲准註冊辦學校的那幢建築物不遠。這座大廈一共有十三個房間。這是我離開教會以來最好的一個家了——自己有個一百五十平方呎的房間，還連着一間浴室，真是十分奢華。接下來的七年，這間房間既是我的飯廳，也是我的臥房、書房和辦公室。來探訪我的人，對我這樣的居住環境都感到驚訝，可是對我來說，這已經是非常奢華的了。[73]

在搬遷校舍的時候，葉錫恩再一次感受到殖民政府的貪腐無能。[74] 新校舍共有四層，樓梯兩旁各有一個單位，原來設計為住宅單位，所以各單位大門全往內打開，如果門往外開的話，就會阻塞樓梯通道。然而消防局檢查員來查看時，卻堅持所有學校的門都得向外打開。即使葉錫恩一再解釋，要是向外開可能會更危險，更會阻塞樓梯通道。該檢查員仍堅持依法行事不可。於是葉錫恩只好打電話去給消防局最高負責人處理。

消防部門人員一看到大廈裏面的情形，便說：「當然不可能把門向外開，因為這樣做會更危險。」他要求必須在上課時將所有門都打開，才同意慕光的

72　〈慕光英文書院增設英文中學〉，《大公報》，1965 年 6 月 17 日。

73　詳見杜葉錫恩：〈第十八章·認識別人〉，《葉錫恩自傳》，頁 154-158。另見 Elsie Tu, Andrew Tu, *Shouting at the Mountain*, p.153.

74　詳見杜葉錫恩：〈第十八章·認識別人〉，《葉錫恩自傳》，頁 154-158。

註冊申請。消防局部門與教育司署官員檢查也一樣苛刻，令慕光申請及搬遷校舍過程更添困難。

　　葉錫恩與杜學魁辦校時都非常遵守政府的規定，就算沒有明文法律規定，也會為孩子的安全着想。無可否認，許多私人物業並不適合用作學校，可是當時失學兒童眾多，校舍又十分短缺的社會狀態下，葉錫恩認為有些地方實在不宜墨守成規，「應該放寬處理」。[75]

　　當時不少辦學團體用「貪污」手段輯免以上規管。據葉氏指出，這些辦學團體在申請註冊時，沒有遵守法規，就已經錄取學生，進行教學活動，以下兩個例子可說明當時情況。[76]

　　首先，每一課室的學生容納數量問題。新校舍的教室，原則上可容納四十多名學生，可是法規規定只可容納二十六人，結果規定收生人數不足以繳付房租和教師工資的支出費用。然而，隔壁那所未經註冊的學校，租用同樣大小的面積，卻分隔為兩個教室，每間課室各有六十名學生。葉錫恩曾問相關政府部門，得到的答覆是：「因為他們沒有註冊，所以不受到這些法規的限制。」葉錫恩如此形容當時的社會情況：

　　　　理論上，沒有註冊的學校是不合法的，應該受到檢控。然而這條法律實際上很少有人用。非法做事，往往比服從法律做事容易得多，當時香港許多情形就是這個樣子。[77]

　　另一例子是學校的採光要求。法律明文規定假如窗口光線不從學生左方照射進來的話，就可以用「日光燈」來代替。在葉錫恩與杜學魁所租的一幢房子裏，已安裝了所需要的日光燈，並通過申請獲得批准。後來他們決定在同一幢大廈開辦夜校，可是檢查官員來查看的時候，卻拒絕註冊，理由是光線不是從學生的左邊照射進來。葉錫恩對此指出說：「這是夜校，根本沒有陽光從任何角度照進來，為此我們特地安裝了日光燈。」他還是堅決拒絕，並指出需要特別申請，才可免除有關陽光問題的規定。但事實上，有關當局已經批准日校白天用日光燈了，辦夜校也根本沒有「陽光」照入。當局卻始終堅持以「沒有這份記錄」為由，要求葉錫恩交出許可證，而有關職員的回覆則是「在我們的檔

75　同上註。
76　同上註。
77　杜葉錫恩：〈第十八章・認識別人〉，《葉錫恩自傳》，頁156。

明理愛光：杜葉錫恩的教育思想及實踐

案裏面，並沒有這張批准書的副本，請寄一張給我們吧」。在此之前，葉錫恩已多次要把公文副本寄給不同的政府部門。有位官員也承認，有些公務員並沒有保存記錄和檔案的習慣，因此每次替任人員接手處理時都與學校的負責人爭執，經常以給錢行賄方法了事。[78]

即使在搬遷校舍後，校方仍遇到政府部門的不少留難。學生們搬到新學校後，想建置一間小賣部，遂在天台上自行以磚砌成一所很小的房間，葉錫恩租房子時是連天台一併租的，因此她認為可在天台進行工程。學生花了好幾個星期才把小屋建好，準備開張之日，一位工務局督察下命令把小食部拆掉，指它為違例建築物。葉氏指出，這是工務局人員有意為之，他們通常在建築物將要建好時才干涉，以此逼使業主行賄。這一次葉錫恩據理力爭，因這房間不作居所用途，故並非違例建築物。[79]

然而，這位督察仍堅持將小屋拆掉，並指必須先請建築師，把圖則計劃呈交至有關方面，批准後才可以動工。葉錫恩站在天台上，察看附近天台的違例建築物，感到既無奈又可笑，並言「他們是否也都請了建築師畫圖？」那些建築物當然不是由建築師設計，葉氏以此暗指他們貪污，使那位督察感到不滿。在當局逼迫下，糖果店被迫拆卸。學生對這件事感到很傷心，他們還得像當初動手建築時那樣，一塊一塊磚頭把小屋拆掉。為了補償，葉錫恩買了一個食櫥，權充學生的糖果店。面對因貪污而造成的種種不公現象，葉錫恩無奈道：「在那段貪污舞弊的黑暗時期，辦一家學校並不是一件開玩笑的事」。[80]

新校開始營運後，亦展開了招生工作。開校時仍保留英文小學五、六年級，再發展至中一、中二，逐級辦到中四。首年因實驗器材不足等原因，未能開辦中五課程，故首年一班中四同學，無奈離開母校，轉入其他學校，成為杜學魁及葉錫恩二人的一點遺憾。

葉錫恩與杜學魁認為，教育不單只是傳授課本知識，學生更應該要多元學習，故新校設有國語室、英文教學室、自然科學室、美術室、社會科學室、體育室、手工藝室等，為鼓勵學生學習科學知識，在社會科學室中設有一台雨量測量機器，由學生利用該機器製作每天的天氣報告。[81]

慕光的教育目標從來都不只是為了培育成績優異的學生，更重要的是孩子

78　杜葉錫恩：〈第十八章・認識別人〉，《葉錫恩自傳》，頁 156。

79　同上註，頁 148-162。

80　同上註，頁 156。

81　〈慕光小學舉行開放日展出一年來教學成績〉，《工商晚報》，1966 年 11 月 20 日。

是否掌握真正的知識，然而這些教育成果不會顯示在他們的成績表上。杜學魁曾在《華僑日報》中發表過相同看法，他指會考成績並不表明學生之水準及程度，會考制度不良，影響學生「死讀書」不能理解消化。真正提升教學程度應是啟發學生思想，考試合格率並非表現學生程度之可靠方法[82]。

慕光學校猶如大家庭，葉錫恩與杜學魁與老師感情親密，遠超一般僱傭關係。以當時的英文老師為例，慕光重視英文的學習水平，除了由葉錫恩校監親自教授英文外，亦專門從英國聘請了 Miss Tane Ahutchings 為專任教師。聘請外籍教師在當時比較少見，尤其社會對教師的待遇並不理想。但葉錫恩與杜學魁二人對教師很親切，以致他們對慕光產生強烈的歸屬感，如這位老師在慕光任教了三年多，直至與後來的丈夫結婚後才選擇離開，她甚至邀請葉錫恩和杜學魁成為她的主婚人。[83]

葉氏當時為兼顧校務和社會事務，不得不時常四出奔走，然而慕光師生卻不會因而有所埋怨，學生不但非常體諒校監，更以葉錫恩為學校校監而驕傲。[84] 如 1966 年，校監赴英為港人表達訴求返港，一眾慕光師生設宴歡迎校監回港，為她洗塵，足見慕光上下對葉錫恩校監的敬愛之情。[85]

1965 年 7 月 20 日，慕光學校慶祝十周年校慶暨畢業禮，邀請到立法局非官守議員簡悅強（Sir Yuet-keung Kan）、教育司署體育總監高級教育官祁士維等政商界名人主禮，並由簡夫人頒發畢業證書。當日有赤柱兒童訓練所樂隊奏樂、遊藝體育表演等節目助興，參與師生及嘉賓等合共三千二百餘人。[86]

1966 年，慕光英文書院及各分校學生總數合共四千多人，過百位專業教師，並有七所校舍。同年中小學暨幼稚園畢業禮假伊利沙伯青年館（今麥花臣室內運動場館）舉行，邀請立法局、市政局非官守議員頒發畢業證書。[87] 杜學魁校長在畢業典禮致辭時，闡明了慕光的辦學理念，他言道，慕光「一貫教育宗旨，在培養『實學實用』與身體力行，尤其注意學生之品德訓練」。[88] 1967年，慕光中小學畢業禮在窩打老道之青年會室內運動場舉行，邀請到社會名流

82　〈教育司對英中會考成績低落之解釋　未獲滿意反應〉，《華僑日報》，1965 年 9 月 17 日。

83　杜學魁：〈校監主婚　外籍教師借連理〉，《慕光校史》，頁 45。

84　見吳賢發教授訪問稿。

85　〈慕光所屬各校今公宴葉錫恩〉，《華僑日報》，1966 年 6 月 19 日。

86　〈慕光各校昨祝校慶〉，《大公報》，1965 年 7 月 20 日。

87　〈慕光書院〉，《華僑日報》，1966 年 7 月 16 日。

88　〈慕光書院　畢業典禮〉，《香港工商日報》，1966 年 7 月 24 日。

及各界賢達觀禮，畢業生共六百餘人。[89]1968 年，慕光畢業典禮邀請助理教育司何雅明致辭，他對時下教育發展提出了個人看法。[90]1970 年，慕光畢業禮在九龍明愛中心舉行，邀請到工務司盧秉信（J. J. Robson）頒發畢業證書，杜校長在畢業禮上宣佈，將在是年秋天開展興建新校舍工程。[91]

1968 年，慕光出版了第一本畢業刊物，刊物包含了 1962 至 1967 年畢業同學名單，當中包括葉錫恩校訓及杜學魁校長的訓辭，杜校長在訓辭中言道「『畢』者『始』之初，中學『畢業』為諸君『深造』『就業』之開始」，以此勉勵學生再接再厲，更求精進。畢業冊中亦附有該年畢業生之存照，以及大量活動照片等，此刊物不僅為慕光第一本畢業名冊，更記錄了早年慕光太子道學校的面貌，極具歷史意義。

太子道慕光分校營運至 1972 年，至功樂道校舍落成後，因校方無法同時兼顧多所學校，遂於同年停止租用太子道中學。[92]葉、杜二人營運學校，並非為了貪圖名利，他們一心為香港平民家庭提供優質教育機會，而非為了個人利益而盲目擴充慕光規模，因此當七十年代港英政府大幅增加小學數目後，[93]二人毅然決定結束營辦太子道中學分校。

---

89 〈慕光英文書院　中小學畢業禮〉，《香港工商日報》，1967 年 7 月 17 日。

90 〈四間學校　畢業典禮〉，《華僑日報》，1968 年 7 月 19 日。

91 〈慕光書院畢業禮〉，《華僑日報》，1970 年 7 月 11 日。

92 Elsie Tu, Andrew Tu, *Shouting at the Mountain*, p.146.

93 至 1968 年底，政府成立官立小學共 102 所，提供九萬餘學位；津貼學校則達五百餘所，提供四十二萬餘學位，兩類學校學額合計超過 51.7 萬，有關該政策的發展及相關資料，見范育斐編：《歡送戴麟趾爵士紀念冊 1964-1971》（香港：評論出版社，1971 年），頁 172。

明
理
愛
光
：
杜
葉
錫
恩
的
教
育
思
想
及
實
踐

上：六十年代，葉錫恩校監仍不時親授英語課，拍攝於衙前圍道校舍。（照片由慕光資料庫提供）

中：〈慕光英文書院增設英文中學〉，《大公報》，1965 年 6 月 17 日。

下：〈慕光所屬各校今公宴葉錫恩〉，《華僑日報》，1966 年 6 月 19 日。

慕光創校十周年慶典，場面十分盛大。地點為九龍城馬頭涌道運動場。（照片由慕光料庫提供）

上：〈慕光書院　畢業典禮〉，《香港工商日報》，1966 年 7 月 24 日。

中：〈慕光英文書院　中小學畢業禮〉，《香港工商日報》，1967 年 7 月 17 日。

下：〈慕光書院畢業禮〉，《華僑日報》，1970 年 7 月 11 日。

慕光書院畢業典禮

【本報訊】九龍慕光書院及屬下各分校，昨午在旺角伊利沙伯青年館舉行一九六五年度聯合畢業典禮。

據該校校長杜學魁作校務報告時謂：該校創始於一九五四年秋，最初僅有蓮廠校舍一間，教師三人，經過十一年艱苦奮鬥，至今日已發展至校舍七間，教師百人，學生總數約逾四千人。

杜氏又謂：該校一貫教育宗旨，在培養「實學實用」與身體力行，尤其注意學生之品德訓練，蓋在今日之社會前途，如何能使青年思想行為踏約之正軌。實為目前香港教育工作之第一責任。

隨後並由該校校監杜葉錫恩主持頒發畢業證書及優異生獎狀。

慕光英文書院中小學畢業禮

慕光英文書院暨所屬各校中英文中小學一九六六年度照屆畢業典禮，定今日上午十時，在九龍窩打老道青年會室內運動場舉行，由該校監督樂錫誌主持，菲律賓此會名流及教育界先進觀禮。

該校本屆中小學畢業生，總計逾百餘人。

慕光書院畢業禮
工務司盧秉信傾證　該校今秋將建新舍

【特訊】慕光英文書院中小暨幼稚園昨（十日）上午十時，假九龍……一九六九年度畢業暨幼稚園畢業典禮，由工務司盧秉信監督良剛致辭，頒發畢業證書典禮及派發優異生獎狀、服務證書……

……致辭後，該校校長杜學魁致辭嘉賓致詞中透露：慕光新校舍不久將來便可動手興建，為一新型之現代化中學，性質為受政府津貼之助學令，在籌建過程中，多方協助，政府有關當局承家長及各官紳與該校員生教育界及各首長分別致開會詞……

該校校務報告，隨由工校務盧秉信致詞，中小學工……估計在今秋當可開工。（南）

葉錫恩校監進行頒發證書及頒獎儀式。(照片由慕光資料庫提供)

六十年代慕光師生大合照。（照片由慕光資料庫提供）

A MESSAGE TO MY STUDENTS

1st. July, 1968.

Dear Form Five Students.

You have just reached one of the most important signposts in your academic lives...

(letter text, partly illegible)

Yours sincerely,

Elsie Elliott.

校 長 訓 詞

在現行學制下，諸君十餘年之苦讀，中學階段已完成，特先爲諸君賀。

學無止境，學習爲生活之主要內容，年齡愈長，洞明事物亦應愈較深入，諸君已有良好之求知基礎，應在此基礎上更求精進，擴增認識，以豐富生活之內容。「畢」者「始」之初，中學「畢業」爲諸君「深造」「就業」之開始，尤應再接再勵再教育自己！世局紛擾，人心詭詐，天下屬於青年，處理今後之亂局，使成爲人類幸福之樂園，尤爲青年之職責，有恒有報，堅毅勤奮者有成；不斤斤計較於己，肯獻身眞理者有大成，其勉諸！

杜學魁

一九六八年七月

Mu Kuang English School

7TH FORM 5

GRADUATION CLASS MAGAZINE

慕光英文書院 中學部第七屆 畢業同學錄

一九六八年七月

1968 年慕光英文書院畢業冊部分內容。（由慕光資料庫提供）

第六章
推動慕光發展
(1972-1986)

本章探討慕光在太子道開設中學分校後，以至功樂道校舍擴建新翼的過程，這段時期，因應香港經濟騰飛、政府教育政策配合、慕光多年經營造就的名聲以及葉、杜二人的默默耕耘等因素下，慕光學校迎來事業發展的高峰。擴建校舍新翼後，奠定慕光今天校舍面貌，是近年慕光發展上重要的里程碑。

一、建成功樂道校舍

因應社會需要及慕光的發展，慕光多次向政府申請撥地，至 1968 年政府終於在觀塘功樂道撥了兩塊合計八萬平方尺的地皮給慕光興建校舍。雖然獲得了建校土地，但慕光並沒有足夠的資金興建新校，幸好早在 1966 年，慕光註冊為非牟利有限公司，因而有足夠資格向政府借貸，葉錫恩以建成的新校舍作抵押，向政府貸款了二十年期的興建費用。當時社會的貪污問題仍然嚴重，因葉錫恩一向拒絕所有賄賂行為，政府部門也有意拖延慕光的申請計劃，令建校工程歷時四年，至 1972 年慕光功樂道校舍才順利落成。[1]

新校甫建成時，因營運經費短缺，只能先在功樂道其中一塊地營建校舍，

1　Elsie Tu, Andrew Tu, *Shouting at the Mountain*, pp.174-175.

其餘地方暫時空置。儘管如此，慕光師生上下都十分期待新校舍建成，杜、葉二人更頻頻巡視工程的進展，為內部裝置提供意見。功樂道校舍得以建成，必須感謝建築師陳百強先生，他深知慕光為平民辦學，故幾乎以無償形式協助慕光建校，他的父親更捐贈了興建禮堂的資金及設備費用。[2] 而且，當時很多建設工程均以偷工減料方式賺取暴利，如在水泥中混入清水，或使用劣質金屬製作鋼根，雖減低了成本，卻大大降低建築物的壽命及增加危險性。這些建築物品質參差，必須在二十年內拆除，但功樂道校舍工程，聘請了具有專業操守的建築師及承包商，因此校舍建成至今，仍然屹立不倒。[3]

　　功樂道校舍於 1972 年 9 月正式落成啟用。校舍內部設施十分完備，設有課室、禮堂、實驗室、特別室、操場、雨操場、圖書館等等。校舍建成後，葉錫恩與杜學魁一同站在校舍天台上，百感交集，二人昔日創立慕光學校時，可以說幾乎一無所有，根本無法想像當天的帳篷學校會成為一所「美輪美奐的校舍」，杜校長對校舍更感到喜出望外：

　　　　我們正式步入校舍大門，已感到眼前一亮！及至巡察內部裝備完畢，我僅能用以下的文詞來形容我們的心情：這一幢校舍「彷彿是從天上掉下來的」！它的漂亮程度，大出我們意料之外。由一個帳篷校舍演進至美輪美奐的校舍，簡直令人不可置信！[4]

　　葉錫恩校監為帳篷學校進行招生工作時，曾半開玩笑道，終有一天二人會擁有「一所很大的學校」，[5] 而功樂道校舍建成後，仿如實現昔日夢想一樣，葉氏更從此搬入慕光校舍居住。葉氏過去的居住空間十分狹窄，生活條件也相當惡劣，功樂道校舍居住環境則比從前改善不少，更成為她的終生居所。[6]

　　為慶祝新校舍落成，慕光學子在 1971 至 1972 學年的校運日進行「千人大會操」活動，由慕光全體中一及中二級同學負責演出，同學們在演出前已多次在預定擴建校舍新翼之地皮進行多次操練，在原定校運日演出之際，卻因天雨關係改至康寧道運動場舉行，並再次安排上演千人大會操，學子們隨着音樂

2　〈慕光的成長〉，《華僑日報》，1990 年 3 月 14 日。

3　Elsie Tu, Andrew Tu, *Shouting at the Mountain*, p.175.

4　見杜學魁：〈校舍彷彿是「從天上掉下來的」〉，《慕光校史》，頁 61。

5　見本書第四章，第二節。

6　有關葉氏對自己居住環境的描述，見 Elsie Tu, Andrew Tu, *Shouting at the Mountain*, p.177.

節拍，整齊一致地表演大會操，場面十分壯觀。[7]

　　1972 年 9 月 1 日新學年開始，正式啟用功樂道校舍，並在 1972 年 11 月 28 日校慶日舉行慶祝儀式。[8] 校慶當日邀請到時任教育司簡寧（John Canning）蒞臨，主持校舍落成儀式。葉錫恩校監在當天作開幕致辭，感謝所有推動新校建成的參與者，包括建築師陳百強先生、建築新校的承辦商、捐獻設備的香港婦女會等，並提到慕光多年來的辦學目標：為基層孩子提供教育以及建立一所具規模的校舍讓孩子安心地學習。[9]

　　簡寧爵士與校監一同為裝嵌在校門左面的「校舍落成紀念碑」主持揭幕儀式——碑上的文字為中英對照，直至今天，校方仍定期以金色漆油翻新，字體清晰可見。揭幕儀式完畢，即在禮堂舉行歡迎典禮，校監及簡寧先後致辭，欣喜校舍落成，也分享個人對慕光未來教育事業規劃的看法。禮堂典禮結束後，校監與眾嘉賓一同參觀校舍設備及同學們精心製成的習作。[10]

　　1972 至 86 年慕光的上午班為中三至中七，下午班為中一及中二。此段期間，葉錫恩、杜學魁及戴中保持緊密的合作關係。葉錫恩校監負責中學的授課及大部分行政工作；杜學魁校長負責慕光新校舍及分校的校務；戴中先生則負責所有學校的財務及文書工作。新校落成後，首要任務就是招募新生及招聘教師。因慕光為平民學校，財政一直十分緊絀，加上興建新校需支付巨額貸款，因此慕光招聘老師多為應屆畢業生，而支付給他們的薪金則為 1000 元，比當時官立學校老師為少。[11] 此情形一直延續至 1978 年，政府開始實行普及教育，並引入按額津貼制度為止。[12]

　　功樂道校舍設有圖書館，供許多基層慕光學生進行溫習、閱報、借參考書，或是預備考試等。此時的慕光學生已有學生證，學校收取學費後就會在證上蓋印，為慕光學生身份的確認基準。

　　遷至功樂道校舍後，慕光小學在體操賽場上仍保持良好表現，不時獲得佳

7　見杜學魁：〈千人大會操場面極壯觀〉，《慕光校史》，頁 65。

8　〈慕光新校落成〉，《大公報》，1972 年 11 月 28 日。

9　演講稿中修改字跡為校監的親筆筆跡，見 "Opening of Mu Kuang New Building, 28th November, 1972."（慕光英文書院檔案編號 004）。

10　〈慕光書院新校舍落成開幕〉，《華僑日報》，1972 年 11 月 27 日；〈慕光書院新校舍落成　教育司主持開幕禮〉，《華僑日報》，1972 年 11 月 29 日。

11　Elsie Tu, Andrew Tu, *Shouting at the Mountain*, p.177. 有關當時私校老師與官校老師薪金不平等待遇問題，詳見本書第八章。

12　Elsie Tu, Andrew Tu, *Shouting at the Mountain*, p.178.

績。如 1974 年慕光上午校及下午校分別在全港小學校際體操比賽中包辦冠軍及亞軍，該賽事由教育司署、香港學體會及新界體會合辦，為全港公開賽事，更見慕光學子體操場上的出色表現。[13] 翌年，校方更邀請到時任教育司陶健（Mr. Kenneth Topley）主持慕光第二十屆運動大會，他對慕光學生加以勉勵，鼓勵時下年輕學子經常運動保持健康，並讚揚葉錫恩校監與一眾慕光老師，努力利用競技，提倡體育的成果。[14]

　　1976 年 6 月，因慕光畢業生人數日益增加，在游紹永等學生的組織下，慕光校友會正式成立。[15] 慕光校友會早在 1975 年 11 月已開始籌備，並在翌年 3 月初公選出首屆幹事委員會，成員共有二十一人，幹事會於同年 6 月向政府申請將校友會註冊為社團，申請者有游紹永、譚慧玲、黃少基等人，據估計，當時慕光校友會會員可達一千三百多人。[16]

「萬丈高樓從地起」，功樂道校舍仍是地皮時的面貌。（照片由慕光資料庫提供）

13　〈小學校際體育賽　慕光上午校奪標〉，《香港工商日報》，1974 年 3 月 29 日。

14　〈教育司勉中學生　常運動保持健康〉，《華僑日報》，1975 年 12 月 11 日。

15　有關游紹永校友介紹以及他與慕光的往事，見本書第十章。

16　見〈第一屆學生會申請文件記錄〉（慕光英文書院檔案編號 005）。

上：1972 年，功樂道校舍落成。（照片由慕光資料庫提供）

下：新校舍開幕當天，杜葉錫恩校監與同學揮手。（照片由慕光資料庫提供）

場面盛大的千人操表演，地點為花墟運動場。
（照片由慕光資料庫提供）

上左：1972 年 11 月 28 日，功樂道校舍落成慶典，杜學魁（左三）與眾嘉賓合照。（照片由慕光資料庫提供）

上右：教育司簡寧主持校舍落成紀念碑揭幕儀式。（照片由慕光資料庫提供）

下：教育司簡寧主持校舍落成紀念碑揭幕儀式，左一為葉錫恩校監，右一為簡寧司憲。（照片由慕光資料庫提供）

Opening of Mu Kuang New Building, 28th. November, 1972

Mr. Canning, Honourable Guests, Parents, Teachers, and Students:

Today is called our school opening day and graduation
ceremony, but it might equally be called our Thanksgiving Day,
as we are so full of gratitude for what we have here today
in this new school building.

When this educational work first began about 18 years ago,
the founders had two hopes:

1. They hoped to provide education for less privileged children
                        and

2. They hoped to erect a building where students could study
   peacefully and quietly.

Both these aims were frustrated for many years. There were
plenty of underprivileged children, but it was almost impossible
to offer them education within the financial means of their
families, without subsidy and without a proper building.
We had neither subsidy nor building, and had to manage in
unsatisfactory rented premises.

-2-

But today shows that sometimes dreams can come true, though
I believe that real fulfilment can only come from hard work -
and we did have to work hard. And now we have a school even
beyond our dreams, which we are able to run for a great number
of children who would otherwise be unable to continue their
education.

I now want to express thanks to those who have helped to make
this hope a reality.

1. First I want to thank the Director of Education and his staff,
   not only for their presence here today, but also for giving us
   their help and guidance during the building of the school.

2. I wish to thank all the other Government Departments that had
   any part in the planning and other work connected with the
   building and registration of the school.

3. My special thanks go to our architect, Mr. P.K. Chan, who has done everything in his power to produce the maximum architectural beauty at the minimum of cost. Mr. Chan would feel rewarded if he could read the appreciation of our students expressed in their compositions, and how they love this building, so spacious and lovely.

I should like to have been able to express my thanks to the father of our Architect, Mr. Chan Nam Cheong, but unfortunately he passed away before the building was completed. Mr. Chan Nam Cheong gave a generous donation to the building, and you will see his memorial tablet at the entrance to this Assembly Hall.

4. I also wish to thank Mr. Tam Cheng Wai and Mr. Tam Pak Wah of the Hoover Construction Company, and all their sub-contractors and workers, who laboured hard throughout the hot and wet July and August weather to complete the building in time for this school term. I was especially moved to see the workers laying

stones with one hand and holding umbrellas in the other. That made me realise the hardships of the building trade in the summer.

5. I wish to thank the American Women's Assoication of Hong Kong, for their handsome donation to purchase Physical Education equipment. Physical Education is a favourite subject with most of our students, and I am sure that the American ladies would be delighted to see how much pleasure they have provided for our children.

To turn to the subject of education, I was myself fortunate in having been educated in a fine new school in beautiful surroundings, and perhaps I never realised until now what a difference that can make in a person's life; in Hong Kong I have seen how little beauty there is in most of the areas where our children live and study. But since we came here to this new building, our students seem to be different people: they can run about to their heart's content; they can walk in the garden and look at the flowers, or help to plant them; they can sit in their free study room and think quietly,

演講稿 "Opening of Mu Kuang New Building, 28th November, 1972" 摘錄。
(慕光英文書院檔案編號 004)

明理愛光：杜葉錫恩的教育思想及實踐

上：葉錫恩校監為紀念碑揭幕演講。（照片由慕光資料庫提供）

中：「百年樹人」紀念碑。（照片由慕光資料庫提供）

下：教育司簡寧頒發畢業證書。（照片由慕光資料庫提供）

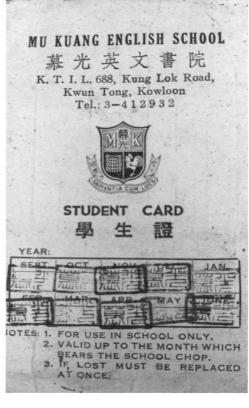

上：〈慕光書院新校舍落成開
幕〉,《華僑日報》,1972 年
11 月 27 日。

下左：七十年代功樂道校舍圖
書館。(照片由慕光資料庫提
供)

下右：七十年代慕光英文書院
學生證。(照片由慕光資料庫
提供)

小學校際體操賽
慕光上午校奪標
女子天光道警察校冠軍

【本報訊】由教育司署，香港學會及新界體育會聯合舉辦之全港小學校際體操比賽，昨日在九龍文福道新法書院體育館舉行，獲得全場冠軍者：男子組慕光上午校，女子組天光道警察上午校。

（女子組）
冠軍：天光道警察上午校
亞軍：大坑東宜道小學
季軍：陳維周夫人紀念上午校

（男子組）
冠軍：陶秀上午校
亞軍：大坑東宜道小學
季軍：元朗紀念上午校

（香港新界團體操比賽）

（女子組）
冠軍：天光道警察上午校
亞軍：慕光下午校
季軍：陳維周夫人紀念上午校

（男子組）
冠軍：慕光上午校
亞軍：慕光下午校
季軍：陳維周夫人紀念上午校

（全場團體操總冠軍）
季軍：陳維周夫人紀念上午校

協進會主席張校長繼頒獎，賽後由新界學界體育，茲錄各組成績如下：

學校
亞軍：旺角勞工子弟
季軍：慕光下午校

（九龍團體操比賽）

〈小學校際體育賽　慕光上午校奪標〉，《香港工商日報》，1974 年 3 月 29 日。

二、開辦慕光荔景小學

慕光荔景津貼小學於 1976 年 9 月開辦，初期學生人數較少，其後荔景屋村的居民漸多，學生人數也增加至一千多人，校方共聘請五十多位教職員。1978 年，政府推行九年免費教育政策。教育司署署長陶建（Kenneth Topley）上任後，一改以往主要靠加建官校發展中學學位的方式，轉而向私校大量「買位」，資助中一至中三級學童就讀私校，使原定 1979 年推出的九年免費教育政策可提早實施。[17] 同年，慕光荔景小學暫借嶺南鍾榮光博士紀念中學辦學，因該年九月尚未落成校舍，遂暫借荔景小學開辦十二班中一級課程，並在翌年

17　見《香港未來十年內之中等教育白皮書》（香港：香港政府印務局，1974 年）［缺頁碼］；英文版本見 Adult Education: A Proposal for the Next Decade.(Hong Kong: Hong Kong Government Printing Bureau, 1978). 有關陶建向私校「買位」政策的始末及評價，見李金鐘、黃潔玲：〈建校：階段性的完善〉，《教育首腦話當年》（香港：香港教育圖書公司，2017 年），頁 29-30。

校舍建成後遷到現址上課。1978 年後，慕光遂申請為按額津貼中學，[18] 慕光的教學編制亦改為半日制，改半日制有助慕光充分使用校舍，確保有充裕的學位提供本區學子入讀。同年，政府免除了慕光餘下未償還的貸款，並跟從公立學校教師的福利，以學歷決定教師的薪金。[19]

慕光在這段時間推行多元學習理念，除了採取傳統的教學模式外，還特意在每星期六設有「週末康樂活動」[20]，全校學生均可自由選擇參加適合自己興趣之活動小組，藉以培養良好之愛好，此教育理念亦為歷任慕光校長所沿用。[21]

慕光荔景小學重視同學參與各種體育活動訓練，[22] 每年也會舉行校運會。因葉氏在政壇之地位，校運會常可邀請政界重要人物主持，如 1980 年慕光英文書院、慕光樂富小學、慕光荔景小學共五千人在旺角大球場舉行校運會，更邀請到民政署署長華樂庭主持頒獎儀式。[23] 當日校運會下着滂沱大雨，但學子們不懼風雨，堅持完成比賽，其他同學也在觀眾席上為健兒吶喊助威，見證慕光上下團結一致。[24]

1983 年 1 月，慕光荔景小學學生參與第十九屆學校舞蹈節，憑演出「英國舞」獲得小學高年級組西方舞優異獎。[25] 舞蹈節在荃灣大會堂舉行，共三十六隊參賽，荔景小學學生以「舞蹈結構優良，排練純熟」、「自然輕鬆活潑風格」，得到高度評價，[26] 在多所學校中脫穎而出，取得佳績。同年 4 月，荔景小學學生再次表演「英國舞」，並在《華僑日報》中刊登演出照片。[27]

18 「按額津貼中學」（Caput Secondary Schools）為津貼學校模式之一，政府依照每年學校收生人數決定發放的資助金額，慕光長期以來都是按額津貼中學，直至 2013 年轉為直資學校，從此香港僅存三所按額津貼中學變為兩所，其餘兩所學校為聖公會諸聖中學及匯基書院，有關香港按額津貼中學等教育制度的發展演變，詳見 Anthony Sweeting, *Education in Hong Kong 1941 to 2001: Visions and Revisions.* (Hong Kong: Hong Kong University Press, 2004); 另見見邱小金、梁潔玲、鄒兆麟：《百年樹人：香港教育發展》（香港：市政局，1993 年）；顧明遠、杜祖貽主編：《香港教育的過去與未來》（北京：人民教育出版社，2000 年）等書。

19 Elsie Tu, Andrew Tu, *Shouting at the Mountain*, p.178.

20 見杜學魁：〈開設慕光荔景小學及多間幼稚園〉，《慕光校史》，頁 47。

21 詳見本書第七章。

22 同上註。

23 〈慕光校運今舉行　華樂庭主持頒獎〉，《華僑日報》，1980 年 5 月 30 日。

24 〈慕光校運會　各項比賽冒雨完成〉，《華僑日報》，1980 年 5 月 31 日。

25 〈學校舞蹈節昨舉行　西方舞聖安當及慕光荔景獲獎〉，《大公報》，1983 年 1 月 18 日。

26 〈十九屆舞蹈節昨揭幕　同學演來活潑天真惹人喜愛〉，《華僑日報》，1983 年 1 月 18 日。

27 〈慕光荔景小學上午校表演「英國舞」〉，《華僑日報》，1983 年 4 月 17 日。

上：1976 年，開辦慕光荔景小學。（照片由慕光資料庫提供）

下：慕光荔景小學教職員大合照。（照片由慕光資料庫提供）

慕光校運今舉行
華樂庭主持頒獎

慕光英文書院、慕
光樂富小學、慕光荔景
小學三校於五月三十日
（星期五）假旺角大球
場舉行校運會。該校校
監為葉錫恩議員，有學
生五千人，此次參賽者

五百，項目四十七，到
場協助者皆為體育界先
進，下午三時午敦請民
政署署長華樂庭主持頒
獎儀式，屆時必有一番
盛況。

上：〈慕光校運今舉行　華樂庭主持頒獎〉，《華僑日報》，1980 年 5 月 30 日。
下：〈慕光荔景小學上午校表演「英國舞」〉，《華僑日報》，1983 年 4 月 17 日。

三、擴建校舍新翼

　　1984 年，慕光在條件許可下，開展擴建校舍新翼地皮工程。是次工程進展順利，至 1986 年初落成。米黃色外牆中，有淡藍色的六層教學主樓，在校園中聳立各具特色的建築群，典雅肅穆。三十年來，慕光已由一頂帳篷發展為具規模的教育機構，慕光先後開辦兩所中學：慕光衙前圍道中學、慕光太子道分校；三所小學：慕光心如小學、慕光樂富小學、慕光荔景小學；四所幼稚園：慕光樂富幼稚園、慕光順天幼稚園、慕光沙田幼稚園、慕光澤安幼稚園。這時慕光能為學生提供幼稚園、小學、中學的「一條龍」式教學規格及服務，慕光每年中學收生數以千計，小學收生更平均在五千名以上，[28] 一躍成為全港大型教育機構之一。

　　為配合新校擴建大功告成，三十周年校慶慶典延至 1986 年 2 月 28 日及 3 月 1 日兩天舉行。香港布政司鍾逸傑爵士、新華社香港分社副社長李儲文先生為大會主禮。社會賢達、文教同仁、各界友好及商界社團多來慶賀，盛況空前。典禮上，校董會主席杜學魁作了名為〈三十莫道好功名〉的精彩演講，得到與會者雷鳴般掌聲。他洗練的結束語，給人以啟迪，激人以奮進：

> 　　「十年樹木，百年樹人。」慕光今天用三十出頭，放在有涯的人生歷程中，也只不過是而立之年，何況教育事業是永久的，而教育工作又任重道遠，未來的美好歲月，下一代的幸福前途，仍有待我們不斷地努力去創造。所以，我願用兩句話和同事們共勉：三十莫道好功名，更涉天峰抱日月。[29]

　　杜學魁的演講，使他身旁的葉錫恩十分感動，慕光是兩人的心血結晶，也把他們的命運緊緊聯結在一起。校慶活動的高潮，乃由幾千名學童齊聲高唱校歌，杜學魁、葉錫恩與應邀參加校慶的來賓，頓時精神振奮，並隨着孩子們一起昂首高歌。三十年來，二人為共同的理想、事業，奮力拼搏。二人望着大會主席台下幾千名中小學生和幼稚園兒童的歡快笑臉，感到十分欣慰。全校各學科及課外活動組別都提供學生習作展覽。當日新舊校舍嘉賓絡繹不絕，場面十

28　邢學智：〈好事多磨〉，《杜學魁傳》，頁 101。

29　邢學智：〈附錄十五‧三十莫道好功名〉，《杜學魁傳》，頁 290。

分熱鬧。[30]

　　慕光新校舍落成後，設備得到很大的改善，為了方便特殊需要的學生，更在新翼特設升降機。新翼得以順利擴充，必須感謝曹誠淵先生的慷慨捐助。曹誠淵父親為黃大仙天虹中學創辦人、著名工業家曹立安先生，曹老先生是杜學魁校長的好朋友，他所創辦的天虹中學因政府教育政策轉變而被逼結束，而曹老先生育才興學的心志則通過慕光學校承傳，曹氏將原校許多圖書、儀器、枱椅、銀樂隊全套樂器轉贈給慕光新翼校舍。[31] 葉錫恩與杜學魁商量後更決定將校舍新翼命名為「曹立安紀念大樓」，以表謝意。[32]

　　八十年代起，慕光先後在不同地方興辦多所幼稚園，葉氏選擇在此時期開辦幼稚園，反映出她辦學的心志。當時社會形勢並不利幼兒教育行業的發展，開辦新幼稚園勢必要面對種種困難及挑戰。[33] 如果慕光以牟利為目的，實在不應在這個時間投入資源在當時競爭激烈、師資良莠不齊、制度混亂的環境中。慕光為了配合社會教育政策發展，為學童提供優質的學前教育，在 1982 至 1984 年間先後開辦了慕光順天幼稚園、慕光沙田幼稚園、慕光澤安幼稚園，加上在 1964 年開辦的慕光樂富幼稚園，共有四所幼兒機構。[34] 葉錫恩決心扭轉幼稚園之間惡性競爭的不良風氣，讓孩子盡量在無壓力環境下成長，而且慕光幼稚園與坊間大多幼稚園不同，均以平民辦學形式開辦，統一收取低廉學費，使本身無法負擔昂貴學費的基層家庭孩子可以得到優質的學前教育，這種營運模式也使慕光幼稚園長年收支緊絀，因此她開辦的地點選擇分別在順天村、沙田臨時房屋區、深水涉澤安村，這些地區的共通點是都不屬於昂貴地段，更多以天台學校形式開辦，以節省租金開支。慕光眾人盡力興辦幼兒教學，希望提升香港社會的教學質素，反映葉錫恩辦學不為私利的心志。

30　邢學智：〈好事多磨〉，《杜學魁傳》，頁 102。

31　天虹中學的結束與九年免費教育政策改革有很大關係。天虹中學為私立學校，因港英政府持續撥款建新校提供學額，欲減少向私立中學「買位」，遂改為興建更多津貼中學，或讓私立中學轉為津貼中學，大部分私立學校也因而受到重創。曹誠淵先生如此講述天虹中學與當時教育政策之關係：「三、四十年前的黃大仙區雖然是以著名的黃大仙廟得名，可周圍環境並不理想，住的都是貧困人家，更是香港犯罪率最重的區域，天虹中學的出現，給區內孩子們提供了讀書的機會，獲得許多家長和教育界人士的肯定。天虹中學一直堅持了十八年，直到 1984 年香港政府正式提供九年免費教育，確認所有生活在香港的孩子們都有機會讀書之後，天虹中學才完成了它的歷史任務，結束營業。」詳見黃啟華、林光泰：〈談 20 世紀 70 至 80 年代私立中學的貢獻〉，載梁操雅、羅天佑主編：《教育與承傳：歷史文化的視角》（香港：香港教育圖書公司，2011 年），頁 171。

32　見杜學魁：〈1986 年──校舍新翼落成啟用〉，《慕光校史》，頁 67。

33　詳見第八章。

34　見杜學魁：〈開設慕光荔景小學及多間幼稚園〉，《慕光校史》，頁 47。

慕光學校是葉錫恩校監畢生最大的教育成就，她生活於慕光校舍，一生大部分時間均為香港教育工作奉獻。葉錫恩校監畢生志願是為弱勢群體謀求一席之地，她不以年紀漸長而倦怠，而是盡心盡力處理慕光事務，關心港人福祉。慕光這所校園，不獨承載了千千萬萬慕光莘莘學子的美滿回憶，也是葉錫恩校監留給香港教育事業最美好的禮物。

上：1986 年 2 月 28 日，功樂道校舍第二幢大樓建成，鍾逸傑爵士蒞臨主持慶典揭幕儀式。

下：1986 年 2 月 29 日，杜學魁校董在校舍新翼落成啟用慶典中致辭。
（照片由慕光資料庫提供）

上：1986 年 2 月 29 日，校舍新翼落成啟用慶典揭幕禮。

下：1986 年校舍新翼建成。校舍主樓及新翼連成一體。

上：為感謝曹立安先生向慕光英
文書院捐贈物資，校舍新翼命名
為「曹立安紀念大樓」。（照片
由慕光資料庫提供）

下：1996 年 5 月 14 日教育署
長余黎青萍女士巡視慕光，杜葉
錫恩陪同參觀針織室。

第七章
見證慕光變革
(1986-2015)

　　九十年代以後，香港的普及教育發展已相當全面及成熟，社會對私立學校需求已大不如前，[1] 在此背景下，慕光極需進行變革以配合社會發展。這段時期，亦為慕光新舊交替的過渡階段，杜學魁校長、戴中校董在此期間不幸辭世，經歷溫國權、吳道邦、李逸樵、梁超然四任校長，眾人帶領慕光不斷變革創新，力求進步，使慕光屹立至今，聲名遠播。

一、改革課程、出版《火炬》

　　為了培育全面的人材、迎合社會的需求，慕光在教學編制和學科上均作出了改革。慕光教學編制因應社會發展，逐步改為全日制。1986 年 9 月起，中一、中四及中六級首先推行全日制，至 1989 年，更全面實施全日制制度。學科方面，先後開設了打字、商業、會計、數學與統計、普通話、電腦等科目。[2]

　　1987 年慕光樂富、順天、沙田及澤安四間幼稚園聯合舉行畢業典禮，邀請到時任旺角區政務專員馮余梅芬、旺角區議會主席仇振輝、立法局議員陳濟

1　有關資料見楊奇主編：《香港概論：續編》（北京：中國社會科學出版社，1993 年），頁 236。
2　杜學魁：〈課程設施　緊貼時代步伐〉，《慕光校史》，頁 67-69。

強等出席，場面十分盛大，馮余梅芬女士更稱頌慕光以不牟利形式辦學的社會精神。[3] 1988 年，四所幼稚園畢業典禮邀請到教育署高級教育主任梁家駒，立法局議員陳濟強主禮，並列舉了該年的畢業班數目：樂富邨兩班、順天邨兩班、沙田校四班、澤安校四班。[4]

1988 年，慕光出版了第一期校報，取名《火炬》，其意義與校名「慕光」配合，且有「薪火相傳」之深義，校報《火炬》的編輯為中文科黃威雄老師，他率領中六級同學組成「編輯小組」展開工作。《火炬》內容包羅萬象，包括：校政運作情況、教師培訓活動、家長教師會活動、學科活動、學生會活動、校園慶典、人物專訪、國家地理知識等等。出版《火炬》能有效訓練同學採訪新聞、撰寫稿件及設計刊物等技巧，為同學進行出版工作的重要經驗，《火炬》更記錄每一年的重點活動，讓日後老師及同學可閱讀此書得知昔日慕光校園點滴。1998 年，慕光成功向優質教育基金申請資助，出版《慕光文圃》創刊號，作為內容豐富的師生文集，收集慕光眾多師生佳作。刊物之出版不只陶冶性情，更可培養學生的寫作興趣。2001 年 4 月，慕光得到教育署撥款，再度出版《慕光文圃》第二期。出版《慕光文圃》，大大激勵了同學的寫作風氣，至2012 年，《慕光文圃》已出版至第五期。[5]

1990 年，《華僑日報》專門為慕光英文書院製作全版特輯，囊括了慕光校長、老師、學生的文章，包括有：杜學魁校長的〈慕光的成長〉、課外活動委員會主任譚兆權的〈我校的課外活動〉、中文科主任黃威雄的〈中文科的學藝活動〉、學生陳燕雲的〈一個難忘的人物〉、學生楊靜妹的〈我悔改了〉、學生黃錦堅的〈一次難忘的經歷〉、學生梁淑儀的〈我看越南船民問題〉、學生何惠珠的〈學生會的回顧與前瞻〉及學生姚婉珊的〈論今日香港青年的困擾〉。慕光師生的文章既有講述慕光學校發展及特色，也有講述對社會議題的看法，亦有講述對個人成長的歷程，各篇文章的主題不一，卻匯集了師生、校長的作品，反映全校上下均有良好的寫作風氣。

3　〈慕光教育機構　四間幼稚園舉行畢業　政務專員議員等主禮〉，《華僑日報》，1987 年 7 月 17日。

4　〈慕光幼稚園畢業禮　梁家駒陳濟強授憑〉，《華僑日報》，1988 年 7 月 7 日。

5　杜學魁：〈《火炬》、《慕光文圃》相繼出版〉，《慕光校史》，頁 76。

〈慕光英文書院專號〉,《華僑日報》,1990 年 3 月 14 日。

〈慕光幼稚園畢業禮　梁家駒陳濟強授憑〉，《華僑日報》，1988 年 7 月 7 日。

二、提高教師待遇、推動中文教育

　　自 1990 年 4 月 1 日起，慕光教師薪金調整為與津貼學校相等，調整薪金後，大大減少慕光教師的流動性，讓教師更全情投入教學工作。過往因慕光堅持為平民辦學的宗旨，僅向學童收取低廉學費。以致教師的待遇相對較差，薪金及津貼僅得津貼、官立學校的三分之一至三分之二，亦沒有公積金福利。慕光自 1978 年申請為津貼學校，得到政府的資助，減輕財政壓力，遂於 1985年起，慕光開始提高教師待遇，提高月薪以及增設公積金供款。至九十年代後，慕光教師待遇和官立津貼學校大致看齊，教師對教學熱誠亦更為提高，自發推出多元教學模式及改革輔導措施等。[6]

　　九十年代，因應社會發展，慕光相繼結束了兩所小學及四所幼稚園。1990年，全港學校有 82.5% 屬官立和資助學校，為全港 79.7% 的中小學生提供學位，[7] 私立學校的生存空間被壓縮，加上慕光的小學和幼稚園多在屋村營辦，但不少原在舊型屋村的青少年長大後選擇離開屋村，於是這些舊式屋村只剩下老人居住，使招生工作更為困難。[8] 慕光在 1964 年及八十年代所創建的四所幼稚

6　杜學魁：〈勗勉師長與學子　自強不息又日新〉，《慕光校史》，頁83。

7　楊奇主編：《香港概論：續編》，頁236。

8　杜學魁：〈香江人口老化　屋村學校相繼結束〉，《慕光校史》，頁79。

園，全以自費方式營辦，加上慕光堅持為平民辦學，故財政長期處於緊絀狀態，甚至一度因欠租被媒體報道。[9] 為縮減開支，幼稚園往往不得不以低廉的工資聘用未經受訓的教師，葉氏對此一直感到愧疚。[10] 九十年代後，政府加強關注幼稚園老師的師資及幼兒教育質素，社會對私立幼稚園需求減少，慕光遂停止招生，直至招收的學童陸續畢業以後，慕光便在九十年代起全面結束上述各所幼稚園。[11] 樂富小學及荔景小學也在九十年代相繼結束，樂富小學因為該地區進行重建而不得不關閉；荔景小學因政府推行普及教育政策而導致私校收生不足，故也隨之結束，完成其歷史任務。[12]

1991 年，慕光響應政府推動中文教育改革，採用母語教學。香港自五十年代開始，因政府實行以少數制為主的精英教育，社會上以出現大量英文中學。[13] 1986 年起，香港政府鼓勵中學採用母語教學，得到部分英文中學響應，然而大多中學均擔心改為中文中學後，會影響收生情況，從而多採觀望態度。杜葉錫恩與杜學魁了解慕光學校學生實際情況後，決定響應政府的政策，於1991 年 9 月新學年開始全面採用母語教學：除了英文科之外，所有學科都以中文授課。[14]

為加強在學子女與家長溝通，慕光家長教師會於 1996 年 10 月正式成立，參照其他學校的家教會模式製訂章程，每年 10 月改選一次委員。整個委員會有 16 名成員 —— 教師委員 7 名及家長委員 9 名。主席由家長委員擔任，副主席由教師擔任。各委員定期召開會議，擬定工作活動，歷年由家教會主辦的活動計有：聖誕節自助餐會，嘉賓主講座談會（討論家長協助子女成長方法）郊遊及品嘗菜式等等。每一次聚會，都達成學校與家長溝通交流，以及促進親子關係的目標。[15]

杜學魁一生熱愛祖國，直至晚年他仍十分關注日本侵華戰爭事件，尤其日軍對中國造成的戰爭罪行。[16] 1999 年 7 月 7 日，已屆高齡的杜學魁校長仍舉辦

9　〈房署明開會討論　慕光幼園欠租事〉，《香港工商日報》，1979 年 12 月 12 日。

10　Elsie Tu, Andrew Tu, *Shouting at the Mountain*, p.180.

11　同上註。

12　有關普及教育政策對私立學校的衝擊，見本書第八章。

13　戰後，港英政府雖有加強對中文教育的關注，但推行力度並不積極，有關分析見黃庭康：〈無心插柳的霸權效應：戰後香港中文學校的組織吸納〉，《思想香港》，2015 年第 6 期。

14　編輯委員會編著：〈「名雖不正」「事則可成」——「英文書院」以母語教學〉，《慕光校史（續篇）》（香港：自刊稿，2015 年），頁 6。

15　杜學魁：〈課程設施　緊貼時代步伐〉，《慕光校史》，頁 70。

16　詳見邢學智：〈討還公道〉，《杜學魁傳》，頁 167-177。

「慕光師生紀念七七事變——西貢抗日英烈碑前獻花」活動，杜學魁以「紀念抗日受難同胞聯合會」主席身份，帶領一眾慕光師生出席活動，二十多位中六同學將「無忘七七」、「打倒日本軍國主義」、「前事不忘，後事之師」等標語貼在校車車窗，車身也圍上車帶，貼上小花圈，儀式莊嚴肅穆，使新一代的慕光學子認識到日本侵華歷史。[17] 同日，杜校長更為《我認識的鬼子兵》一書主持發行儀式。[18] 2000 年 12 月 12 日，杜學魁帶領慕光師生共約一百二十人，參與中環遮打花園晚會，內容圍繞「日本必須對大屠殺作出道歉、賠償」等。翌日下午，杜學魁更與全體中七近七十位同學到中環和平紀念碑，參加「南京大屠殺 63 周年紀念活動」，杜公致辭時表示期待年青一輩要為大屠殺中的遇難同胞討回公道。[19] 在杜學魁的感染下，2001 年 4 月 25 日，慕光英文書院全體中六 B 班學生聯同抗日聯會等二十二個團體，到日本領事館示威抗議，杜學魁更在活動完結後發表講話。[20] 杜學魁的愛國情懷，實在使人敬佩。

1998 年冬季，杜學魁校長與同學合照。（照片由慕光資料庫提供）

17　〈慕光師生紀念七七事變——西貢抗日英烈碑前獻花紀念〉，《火炬》，1998 年 9 月，第 16 期。

18　詳見方軍：《我認識的鬼子兵》（濟南：山東畫報出版社，2009 年）一書。

19　《火炬》，2001 年 4 月，第 26 期。

20　〈日本侵華史實不容否認　三項活動促使世人反思〉，《火炬》，2001 年 6 月，第 27 期。

三、杜學魁榮休、慕光薪火相傳

　　杜學魁自創校以後，一直為慕光英文書院盡心奉獻，至晚年仍然積極參與學校的活動。1999 年，杜學魁出席了 98-99 年度的「中七惜別茶會」，由中七馬俊江等同學代表全體中七同學致送感謝卡，杜校長勉勵同學要積極踏上求學之路，更要學習做人的道理，「活到老，做到老」。[21] 2000 年 3 月，杜校長出席了 98-99 年度中五及中七畢業典禮，並負責頒發畢業證書。[22] 同年 6 月，杜學魁校長參與了該年的教師培訓日「校園 Fun 多多」，負責致開幕辭及擔任活動評判，並出席了該年的「中七惜別茶會」，校長鼓勵同學「要勇於承擔責任，做個頂天立地凡人」。[23] 6 月下旬，他推動了教師電腦培訓活動，慕光教師一連三天在學校學習電腦技能，課程包括文件處理、電子簡報、電子郵件、互聯網相關技術、軟件知識等，老師們需將電腦知識應用在教學之上，實踐多媒體教學。[24] 2000 年 8 月 31 日，杜學魁正式卸任慕光英文書院校長一職，由溫國權主任接任。杜公的榮休儀式在 9 月 29 日假座鯉魚門港龍酒家舉行，繼任校長溫國權代表慕光向杜公致送「立學興德、光裕杏壇」的金牌，香港女青年會樂華中心江耀華主任致送書寫有「學貫中西，魁甲北斗」的紀念狀，並對杜學魁多年來在慕光的貢獻表示崇高的敬意。[25]

　　2000 年 4 月 14 日，杜葉錫恩捐出其從事香港各項公職服務的首批珍藏記錄，該批文獻經整理後現於浸大圖書館特藏組公開予各界人士閱覽。現時公開的檔案資料共有三十五箱，主要內容為杜葉錫恩在過往五十年於香港市政局及立法局在任期間的工作，以及其參與的社會事務資料。是次捐助之文獻中包括書信、研究報告、手稿、剪報及書刊等，其中更包括她與歷任港督及英國官員的函件。相關資料有助學界研究當年政治、社會問題及民生事務，是珍貴的一手資料。杜葉錫恩表示，捐出這批歷史文獻檔案，目的是希望年輕一代有機會認識本港過去的歷史及轉變，正因這重要的責任，她奉獻出陪伴其半個世紀的珍貴檔案。[26]

21　馬俊江現為中華傳道會呂明才小學校長，有關馬氏參與中七告別茶聚活動，見〈依依惜別訴心聲——中七告別茶聚〉，《火炬》，1999 年 6 月，第 19 期。

22　〈畢業禮校慶日隆重舉行〉，《火炬》，2000 年 3 月，第 22 期。

23　見《火炬》，2000 年 6 月，第 23 期。

24　〈掌握資訊科技教學竅門　全體教師完成電腦培訓〉，《火炬》，2000 年 9 月，第 24 期。

25　杜學魁：〈退居幕後　教職員設宴惜別〉，《慕光校史》（香港：自刊稿，2015 年），頁 81。

26　〈杜葉錫恩珍藏捐贈浸大歷史文獻見證社會變遷〉，《基督教週報》，2000 年，第 1862 期。

杜學魁在 2000 年 9 月榮休校長一職,成為慕光校董,此後杜葉錫恩與多位新任校長展開合作,共同為慕光英文書院發展而努力。杜校長在 2000 年 9 月 1 日退休後,由溫國權主任暫代署理校長一職,[27] 溫氏自 1972 年加入慕光,為功樂道校舍落成後首批聘任的教師,負責教授數學科和附加數學科,並出任教務主任多年,累積豐富的行政經驗。溫氏工作勤奮,做事專注投入,更長時間留校工作,深得杜葉錫恩和杜學魁器重。2000 年至 9 月至 2002 年 8 月,慕光董事局任命溫國權主任為署理校長,至 2001 年 11 月 27 日,杜學魁校長因病與世長辭,溫國權在 2002 年 9 月正式接任校長之位,他秉承杜學魁定下的運作模式管治學校,使校政不斷有正面的發展。[28] 溫氏在任期間,熱心校政,推動校內學習風氣。如在 2003 年 12 月學校圖書館與閱讀學會合辦「悅讀週」活動,活動推展後,學生反應熱烈,校園洋溢濃烈的閱讀氣氛。[29] 在溫國權帶領下,慕光同學亦表現出色,如 2003 年 10 月,慕光同學更在觀塘聯校徵文比賽中獲得五個獎項,其中更囊括了高級組的三甲。[30]

2004 年 8 月,溫國權因年事已高而珍惜進修機會,遂辭去校長一職,校長之位由吳道邦接任。吳道邦自 1980 年入職,在慕光英文書院工作多年,經驗非常豐富。他在上任校長前已十分關心學生的學習情況,例如在 1999 年,為鼓勵學生學習,時任訓導處主任的吳道邦與教務處主任姚學敏帶領容達君、莫翠嫻、周潔瑛等老師,舉辦「開心學習計劃」,該計劃招收了四十位中一同學,且取得了很好的成效。[31] 吳道邦亦關注教師的培訓,如在同年舉辦「團隊精神的建立講座」,鼓勵教師之間增進友誼,加強溝通。[32] 2001 年,推行一連串「學習計劃」,包括於課日三、六進行早讀、分班授課的英文加強班。[33] 吳道邦上任校長後,作出多項行政改革,包括重整人事架構,按照學校實際情況而設立多個組別,開設嶄新而緊貼時代需求的新科目,加強學校與社區及學術界的聯繫等。吳氏的改革令學生校內成績及活動表現得到顯著提升。吳道邦在任期間,因校政改革成功,校內環境得到很大的優化,大大提升慕光學校在區

27　杜學魁:〈退居幕後　教職員設宴惜別〉,《慕光校史》,頁 81。

28　編輯委員會編著:〈溫國權老師繼任為校長　主導慕光向前發展(2000 至 2004)〉,《慕光校史(續篇)》,頁 2。

29　〈閱讀週五天活動反應熱烈　李景憲臨校演說旅遊見聞〉,《火炬》,2004 年 5 月,第 35 期。

30　〈觀塘聯校徵文比賽傳捷報　慕光囊括高級組三甲獎項〉,《火炬》,2004 年 5 月,第 35 期。

31　〈開心學習在慕光〉,《火炬》,1999 年 1 月,第 17 期。

32　〈眾志成城:記教師培訓活動〉,《火炬》,1999 年 3 月,第 18 期。

33　〈你們關心的,我們都關注〉,《火炬》,2001 年 9 月,第 28 期。

內的知名度。

　　杜葉錫恩十分關注學校的發展，淡出政壇後，繼續主導學校多方面的事務，深受師生敬重與愛戴。作為學校事務的最高督導者，學校所有重大決策必須經她的同意。她會審閱學校所有行政文件，若發現問題即會與校長商議，每一學年的財政預算亦要經過校監的慎密考慮才批核。[34] 吳道邦校長曾提及他出任校長時杜葉錫恩在各方面仍堅持親力親為。在吳校長任內的每個周一，他都要親身到校監寓所開會至少兩小時，報告學校最近的發展和政策的執行情況。此外，校監亦會自行記錄慕光所有的支票來往，杜校監對行政事務的細心程度令吳校長十分敬佩。而且，作為處理校政的最高行政人員，很多信件來往如與教育局的斡旋、其他機構的聯絡都會由她撰稿。杜葉錫恩重視工作效率，通常在聆聽校長意見並商討之後，校監就會立即親手撰信回覆。[35]

　　杜葉錫恩關愛慕光的老師及同學，即使到百歲高齡仍堅持參與學校的重要活動並與師生進行交流。每年的畢業典禮她必定會到堂觀禮；一年一度的校運會，她必然出席，並頒發重要獎項。每年 11 月 28 日校慶日，她亦會巡視校園或進入禮堂觀賞「才藝 show」，與同學共享活動喜悅。此外，中學巡禮、家長教師會周年晚會等活動，她亦不時參與。杜葉錫恩對教育的熱誠與辦學心志，多年來貫徹如一。[36]

　　杜葉錫恩重視學生的學習表現，尤其是英語能力。她在晚年時，仍然持續為中六及中七同學補習英語。她在家居客廳（校監居於慕光）設補習班，每次補習以五至六名同學一組，大約個多小時。教學形式活潑生動，參與補習的同學均感到趣味盎然。凡參與杜葉錫恩英語補習班的同學，在高級程度會考「應用英語」的會話卷別中均取得理想成績。[37] 校監更曾出版英文書籍以提升學生的英語水平，因校監每天都會閱讀《南華早報》，遇到合適主題更會撰寫六百至八百字給報社。至 2006 年，《明報》邀請杜葉錫恩能撰寫一些有趣的英文文章，讓香港年輕人用以練習英語。這些文章定期刊登在《明報》星期一的專欄上，2007 年結集成 *Lessons in Life : essays in English for secondary school*

34　編輯委員會編著：〈教育雄心久彌著——杜葉錫恩校監繼續主導校政〉，《慕光校史（續篇）》，頁 3。

35　參見附錄吳道邦先生訪問稿。

36　編輯委員會編著：〈教育雄心久彌著——杜葉錫恩校監繼續主導校政〉，《慕光校史（續篇）》，頁 3。

37　同上註。

students 一書，為慕光及全港中學生自學或作為課堂進修的讀物。[38]

2001 至 2002 學年開始，慕光增設家政科及設計與工藝科，男女生均需修讀。此外，為了加強德育教育成效，實行訓導與輔導工作兩者並進，多名老師分別擔當訓導及輔導職務。此制度強化了學校的品德教育工作，對提升學生的品格甚具成效。[39]

2003 年為慕光創校五十周年，校方於該年 11 月 28 日及 29 日舉行「創校五十周年金禧大慶典」。慶典當日，邀請到李麗娟太平紳士、教育統籌局總學校發展主任陳永強先生等名人擔任揭幕儀式主禮嘉賓。儀式先由杜葉錫恩校監、李麗娟太平紳士及溫國權校長先後致辭，及後李麗娟太平紳士頒發「長期服務獎」予在慕光任職 20 年或以上的教職員，再由溫國權校長致送紀念品予主禮及剪綵嘉賓。金禧慶典活動設多個豐富節目，與眾人同樂，如慕光同學連續兩天（28 日及 29 日）在學校禮堂上演由容達君副校長編撰的英語話劇《德蘭修女》；操場及雨操場，由同學及老師上演「才藝 SHOW」，並設有八個有獎遊戲攤位，供同學遊樂。校內更開放十多個課室及特別室，另有學科展覽及校史室，供公眾參觀。校慶一連兩天舉行，吸引很多校友回母校參與，校內氣氛歡騰洋溢。[40]

2004 年，杜葉錫恩將檔案捐贈予香港浸會大學。（照片由慕光資料庫提供）

38　見 Elsie Tu. *Lessons in life : essays in English for secondary school students.* (Hong Kong: Chameleon Press, 2008) 一書。

39　杜學魁：〈課程設施　緊貼時代步伐〉，《慕光校史》，頁 67-69。

40　編輯委員會編著：〈創校金禧大慶典　歡騰氣象銘心田〉，《慕光校史（續篇）》，頁 38。

上：2000 年 9 月 29 日，杜學魁校長的榮休晚宴，氣氛輕鬆，儀式簡單而隆重。（照片由慕光資料庫提供）

下：陳月華老師代表家長教師會致贈銀碟。（照片由慕光資料庫提供）

上：校長一職由溫國權主任接任。（照片由慕光資料庫提供）

下：2003 年 11 月 28 日，「創校五十周年金禧大慶典」剪綵揭幕儀式中，杜葉錫恩發表講辭。（照片由慕光資料庫提供）

上：「創校五十周年金禧大慶典」剪綵揭幕儀式。（照片由慕光資料庫提供）

下：李麗娟太平紳士（中）與杜葉錫恩校監（右）、溫國權校長（左）合照。（照片由慕光資料庫提供）

四、成立教育基金、慕光轉制直資

在杜葉錫恩倡導下，2003 年成立了「杜學魁教育基金」，基金會由校內老師組成委員會負責運作，基金以四個途徑籌集善款：一、善長仁翁的捐獻；二、校慶日及其他籌款活動；三、家長教師會的捐獻；四、畢業班的捐款。基金設立目的為協助家境清貧而又希望取得資助的同學，經審核批准之後，受惠同學每月均可獲得津貼，以繳付學費及應付其他學習開支。「杜學魁教育基金」基金成立至今，受惠學生數以百計。[41]

在杜葉錫恩及吳道邦的帶領下，積極推展課外活動，慕光同學在學術、體藝表現上屢創佳績。2004 年，慕光同學在觀塘區家長教師會聯會主辦之徵文比賽中囊括了高級組三甲獎項[42]；2005 年「米、茶、鹽」專題展覽徵文比賽中獲高級組冠軍，[43] 同年慕光足球隊在學界足球比賽中取得九龍區亞軍[44]；2006 年更有同學在會考取得 25 分理想佳績，並向慕光同學們分享學習心得[45]；2007 年有同學在會考中取得 23 分佳績，[46] 同年慕光籃球隊在港島及九龍區學界籃球比賽中取得亞軍[47]；2010 年在全城抗毒徵文比賽中有共十二名同學獲獎，初中組更取得一等獎。[48] 2013 年慕光英文書院已設有超過四十項課外活動，劃分為學術、體育、興趣及服務四大類別，包括綜合演出、歌唱比賽及多項球類比賽等。慕光同學亦積極參與校外活動，除社會服務及賣旗活動外，並參與各種賽事，包括香港學校音樂節、朗誦節、學界體育賽事、香港學校戲劇節、數學比賽、作文比賽等，更在多項比賽中獲得佳績，如 2013 年田徑校隊獲學界女子田徑冠軍[49] 及乙組籃球隊學界冠軍[50]、2014 年獲學界男子乙組冠軍[51]。隨着時代

41　編輯委員會編著：〈清貧學生廣受益——成立「杜學魁教育基金」及「杜葉錫恩教育基金」〉，《慕光校史（續篇）》，頁 22。

42　〈課外活動校外比賽屢獲冠獎項〉，《火炬》，2004 年 11 月，第 36 期。

43　〈「米、茶、鹽」專題展覽徵文比賽獲獎作品〉，《火炬》，2005 年 6 月，第 38 期。

44　〈學子積極參與社區課外活動　足球籃球比賽獲冠亞季獎項〉，《火炬》，2005 年 3 月，第 37 期。

45　〈6B 何嘉欣中學會考獲 25 分佳績　專注學業平衡各科溫習恆毅有成〉，《火炬》，2006 年 3 月，第 40 期。

46　〈6B 班關代秀中學會考獲 23 分暢談學習心得〉，《火炬》，2008 年 3 月，第 46 期。

47　〈慕光籃球校隊奮戰不懈力拼勁旅賽果輝煌〉，《火炬》，2008 年 3 月，第 46 期。

48　〈我校同學參加全城抗毒徵文比賽賽果輝煌〉，《火炬》，2010 年 5 月，第 53 期。

49　編輯委員會編著：〈課外活動　組別繁多　獎項豐盈　喝采歡歌〉，《慕光校史（續篇）》，頁 29。

50　〈慕光男子乙組籃球再度榮獲學界冠軍〉，《火炬》，2014 年 5 月，第 64 期。

51　編輯委員會編著：〈課外活動　組別繁多　獎項豐盈　喝采歡歌〉，《慕光校史（續篇）》，頁 29。

進步，加上政府加強對學校的津貼支援，慕光為同學投放的資源亦有所增加。2012－13 學年開始在中一級推展「一人一體藝」計劃，提供多個選項包括欖球、花式跳繩、足球、爵士鼓、大提琴或話劇等。希望同學在體育活動中強身健「體」或在美育薰陶中培養「藝」術才華。[52]

2013 年 1 月 10 日，為增進對香港特色學校作多方面的了解，時任教育局局長吳克儉到訪慕光。吳局長抵達後，先與杜葉錫恩校監問好，再由校監代表學校向吳局長致送錦旗。及後，吳局長與吳道邦校長及老師深入交流，吳局長了解學校的課程設計後，認同慕光的校本課程迎合青少年的心智發展及需要。此外，吳局長認為開設多元化高中科目及慕光學生經常參與的港外交流活動，能夠擴闊師生視野，對學生升學及就業有一定的幫助。吳局長之後巡視學校，參觀了課室上課情況，對慕光英文書院作出高度評價，並就學校的發展提供寶貴建議。[53]

2013 年 6 月 2 日，為杜葉錫恩百歲大壽，慕光老師、學生、校友，為了表達對她的敬愛之情，並彰顯她對教育和社會的貢獻，誠意籌備盛大的祝壽活動。活動由慕光校友會、杜葉錫恩教育基金及慕光英文書院聯合舉辦，並特意為此組成委員會進行策劃及籌備工作。慶祝活動名稱定為「百子薈」，有象徵校友回歸母校為校監祝壽之意。「百子薈」在 5 月 31 日舉行，宴會地點為九龍灣國際展貿中心 2 號展覽室，另專門印製《杜葉錫思博士百子薈壽宴特刊》及英文書冊 An Autobiography of Elsie Tu 贈予與會嘉賓。[54]

壽宴於晚上七時正式開始，當晚有過千人參與，筵開八十席。晚會邀請到時任香港特別行政區行政長官梁振英先生、行政會議召集人林煥光先生、立法會主席曾鈺成先生、中聯辦辦公室主任張曉明先生、基本法委員會副主任梁愛詩女士、觀塘區議會主席陳振彬先生、觀塘區民政事務專員區慶源先生、教育局總課程發展主任關伯強先生、教育局常務秘書長謝凌潔貞女士、教育局首席發展主任（九龍）徐啟祥先生、教育局總學校發展主任李愛蘭女士、香港直接資助學校議會主席、慕光英文書院校董會主席魏俊梅先生及「百子薈」執委主席吳賢發先生等人為晚宴主禮嘉賓。晚會由金禮賢老師、周敏珊老師擔任司儀。百子薈活動程序先後為：一、杜葉錫恩校監及主禮嘉賓進場，二、切餅儀

52　編輯委員會編著：〈初中一人一體藝　美育效能盡發揮〉，《慕光校史（續篇）》，頁 28。

53　編輯委員會編著：〈努力耕耘收獲成——吳克儉局長巡視慕光多方讚賞〉，《慕光校史（續篇）》，頁 42-45。

54　編輯委員會編著：〈祝賀校監百歲華誕　百子薈萃溫馨璀璨〉，《慕光校史（續篇）》，頁 46。

式，三、主禮嘉賓致辭，四、杜葉錫恩校監生平簡介，五、慕光英文書院學生舞蹈：香江慕恩，六、嘉賓分享，七、百子薈，八、杜葉錫恩校監致辭，九、慕光英文書院校歌獻唱，十、慕光英文書院校史分享，十一、祝酒，十二、慕光英文書院啦啦隊表演，十三、那些年我們在慕光一起走過的日子，十四、百子薈執委致謝。[55] 席間第一屆慕光學校畢業生唐冬明校友特意遠道自美國回港，為杜葉錫恩祝壽，並分享慕光創校經過。唐校友更在舞台上展示他親筆撰寫讚揚杜葉錫恩對貢獻社會的詩歌。

其後，還有多位校友分享，憶述在母校時的往事。此外，慕光同學安掛多為晚宴助慶，包括演出名為「香江慕恩」之舞蹈，主題是表揚杜葉錫恩為協助貧苦大眾的經歷、慕光舞蹈組進行啦啦隊花式表演、武術隊表演功夫等等。當中講述校監事蹟、獻唱校歌、校史分享等環節，使眾多校友重拾往昔的校園情懷之餘，再一次體會杜葉錫恩創辦慕光及協助社會大眾的熱誠，使宴會氣氛洋溢溫馨。[56]

杜葉錫恩更在百歲壽辰晚宴上成立「杜葉錫恩教育基金會」。[57] 有感於不少學生因資源缺乏而失去接觸社會的機會，使其潛能因未受啟蒙而被埋沒，杜葉錫恩特意成立基金專門幫助本地貧困學生。基金會致力資助香港基層教育事業，幫助全部有經濟需要的學生，令他們可以專心求學。透過資助活動，讓他們擴闊眼界，強化自我形象，啟發潛能，增強自信心，從而建立正確的人生觀，迎接未來的競爭。[58] 杜葉錫恩重視學生的學習機會，故十分關心基金的運作與發展，到晚年仍不忘交代教育基金中的最佳進步獎要繼續頒發下去，以鼓勵更多小朋友有上進的動力。[59]

吳道邦因應學校發展，2013 年 9 月，將慕光由按額資助中學轉為直資中

55 〈百子薈萃　祝蝦稱觴　溫馨熱鬧　樂韻飛揚〉，《火炬》，2013 年 11 月，第 63 期。

56 編輯委員會編著：〈祝賀校監百歲華誕　百子薈萃溫馨璀璨〉，《慕光校史（續篇）》，頁 47-48。

57 有關杜葉錫恩教育基金會介紹，見〈杜葉錫恩教育基金〉，《青新時代》，擷取自：http://nyhk.org/%E9%97%9C%E6%96%BC%E6%88%91%E5%80%91/%E6%9D%9C%E8%91%89%E9%8C%AB%E6%81%A9%E6%95%8E%E8%82%B2%E5%9F%BA%E9%87%91/，瀏覽日期：2020 年 6 月 2 日。

58 編輯委員會編著：〈清貧學生廣受益——成立「杜學魁教育基金」及「杜葉錫恩教育基金」〉，《慕光校史（續篇）》，頁 22。

59 參見屈小潔老師訪問稿。

學，[60] 帶領慕光進行重大改革，使校政運作得到更大空間及優化。[61] 慕光自 1978 年起申請為按額資助學校，這類型學校以實際學生人數計算資助。每年由政府按學校批准開支及學額計算資助金額，且津貼額規定不能超過官津中學的學生單位成本中位數。[62] 轉制之前，慕光已為全港僅有的三所按額津貼中學之一，因此時任校長吳道邦稱，上世紀七十年代為應付公營中學學位不足而設的按額津貼制度，迄今已不合時宜，對學校造成收支壓力之餘，亦變相削弱學生資源。吳校長舉例指「比如校方要撥用其他資源，補貼年資較長的教師薪酬，其他教師增薪也要訂立門檻，打擊歸屬感之餘，亦影響教學質素。」有見及此，慕光選擇在 2013 年轉為直資學校，直資學校同樣可得到政府資助，而且資助金額以「收生人數」計算。[63] 在新制度下，慕光需增加開班數目，吳校長更計劃將中一學額由一百七十個增至二百零五個，即開設五班，每班取錄四十一人，吳校長認為新制度有助慕光長遠發展。[64]

慕光轉制之路並不平坦，慕光英文書院與坊間直資學校不同，慕光堅持平民辦學路線。轉為直資學校以後，在杜葉錫恩校監的堅持下，仍只向學生收取每年二千元的學費。[65] 儘管學費遠比其他直資學校低廉，慕光仍設有學費減免計劃幫助有需要家庭。[66] 慕光一直為基層學童辦學，本來就不具充足的財政儲

60 編輯委員會編著：〈吳道邦老師繼任校長　領導慕光進入新紀元（2004 至 2014）〉，《慕光校史（續篇）》，頁 3。

61 直資學校的資助模式最早是為了支援私立學校及愛國學校，教育司署所設的資助模式使上述學校既能獲得等同一般資助學校的政府補貼，又在制度上給予直資學校更大靈活性。具體來說，直資學校在管理方面，包括收生、學費、設備和課程設計都有更高程度的靈活性。除了課程設計外，直資學校現在已有更多元化的運作方式，包括嚴格和更具選擇性的招生政策，普遍收較高的學費以及有較高標準的設施等。直資學校計劃推出後，更有部分津、補助學校參與計劃，這種情況延續至今天，足見直資計劃的吸引力。參見李金鐘、黃潔玲：〈學校多元化　管理鬆綁〉，《教育首腦話當年》（香港：香港教育圖書公司，2017 年），頁 19-20。

62 〈慕光擬明年轉型平民直資〉，《星島日報》，擷取自：https://hk.news.yahoo.com/%E6%85%95%E5%85%89%E6%93%AC%E6%98%8E%E5%B9%B4%E8%BD%89%E5%9E%8B%E5%B9%B3%E6%B0%91%E7%9B%B4%E8%B3%87-223000886.html，瀏覽日期：2020 年 6 月 2 日。

63 有關直資計劃內容，見教育局：〈一般資料〉，《直接資助計劃》，擷取自：https://www.edb.gov.hk/tc/edu-system/primary-secondary/applicable-to-primary-secondary/direct-subsidy-scheme/index/info-sch.html，瀏覽日期：2020 年 6 月 2 日。

64 〈慕光擬明年轉型平民直資〉，《星島日報》，擷取自：https://hk.news.yahoo.com/%E6%85%95%E5%85%89%E6%93%AC%E6%98%8E%E5%B9%B4%E8%BD%89%E5%9E%8B%E5%B9%B3%E6%B0%91%E7%9B%B4%E8%B3%87-223000886.html，瀏覽日期：2020 年 6 月 2 日。

65 編輯委員會編著：〈2013 年 9 月——成功轉制直資中學　優化校政優化運作〉，《慕光校史（續篇）》，頁 18。

66 申焉：〈慕光英文書院：無畏困難　堅持到底〉，《紫荊雜誌》，擷取自：https://bau.com.hk/2018/01/34214，瀏覽日期：2020 年 6 月 2 日。

備，加上改制首年收生未如理想，導致學校陷入了財困。[67] 吳校長不以學校財政壓力為由，而將部分教師由全職轉為半職，以削減財赤。[68] 更可貴的是，慕光教師不因學校艱難而選擇離棄，慕光上下團結一心，願與學校共渡難關。[69]

　　吳校長在任期間，得到杜葉錫恩校監的信賴，使他得以全力發展慕光學校，展開慕光的新里程，包括美化校園設施、提高課程質素等。自 2013－2014 學年起，慕光在中一級開設全英語授課班，除了中國語文、普通話及中國歷史三科以中文授課外，英文科、數學科、綜合人文科及綜合科學科等皆以英語授課。[70] 為確保教學質素，任教該班老師均為碩士以上學歷。全英語授課班要求學生提問、發言均必須使用英語。教師要求學生多讀課外讀物，上課以活動為主，讓學生透過實用英語引發學生學習的興趣。此外，課業以多元化形式為主，目的為培養學生創意及靈活運用語言。教師更會在假期率領同學走出校園，到校外進行英語研習活動，如英語營、「Halloween 中環遊」、英語國家遊學團、觀賞英語音樂劇、與外籍人士交友計劃等。學生經過訓練後，普遍已可運用英語作日常交談及閱讀英文報刊，而且同學在交流期間，透過英語學習到不同國家的文化，如加拿大、美國、英國、澳洲等，擴闊視野與見識，不少同學更立志完成文憑試後到英語國家升讀大學。[71] 因杜葉錫恩校監相當強調學生的英語水平訓練，更不時親身授課，歷屆校長亦同樣重視英語學習，每年更舉辦不少英語主題活動，包括英語週、英語探索之旅、英語烹飪課程、早會英語短講、英語話劇表演、節日慶祝活動、課後支援計劃以及境外學習之旅等，[72] 藉此引領同學走向國際，期望同學能與世界順利接軌，可見慕光發展英文教育不遺餘力。

　　吳道邦在任十年，均與杜葉錫恩校監保持緊密合作，更會定期向校監匯報

67　〈慕光赤字 700 萬　拖薪陷財困〉，《星島日報》，擷取自：https://hk.news.yahoo.com/%E6%85%95%E5%85%89%E8%B5%A4%E5%AD%97700%E8%90%AC-%E6%8B%96%E8%96%AA%E9%99%B7%E8%B2%A1%E5%9B%B0-220005584.html，瀏覽日期：2020 年 6 月 2 日。

68　〈慕光財赤疑逼資深老師轉半職〉，《太陽報》，擷取自：http://the-sun.on.cc/cnt/news/20140701/00407_072.html，瀏覽日期：2020 年 6 月 2 日。

69　吳校長曾在報道中指出，慕光在首年財赤後，教師流失率不足百分之五，見〈財赤慕光　校監年薪120 萬〉，《東方日報》，擷取自：https://orientaldaily.on.cc/cnt/news/20140622/00176_037.html，瀏覽日期：2020 年 6 月 2 日。

70　〈迎合社會需求　貫徹教育理念　慕光中一級推行嶄新教學模式綻放姿彩〉，《火炬》，2013 年 11月，第 63 期。

71　編輯委員會編著：〈2013 年 9 月——成功轉制直資中學　優化校政優化運作〉，《慕光校史（續篇）》，頁 18。

72　見梁超然：〈香港的「生命教育」及「校史教育」：以慕光英文書院為例〉〔未刊稿〕。

每週學校狀況，使慕光學校發展蒸蒸日上，[73] 直至 2014 年 9 月榮休。吳道邦榮休後，先後歷任者有容達君副校長署任校長及李逸樵校長。2014 年，李逸樵校長接任後，改善財困情況。更於 2018 年轉虧為盈。[74] 2018 年，梁超然校長接任慕光校長一職，勤勞工作，推動慕光發展，重視基層學生的學習機會，成績顯著。[75] 與三位校長共事時間，慕光雖亦曾出現短暫財政、收生困難，但在數位校長與校監共同努力下，慕光積極進行改革，發展日益完善，收生情況也更為穩定。[76] 杜葉錫恩因年紀漸大，體魄與精神均漸不如前，但她一直心繫慕光，從不言休。

這段期間，社會對杜葉錫恩校監每年領取的高薪略有微言，吳校長已即時承認問題並作出解釋。他指出慕光學校與大多直資學校不同，慕光本身經歷多次轉制，由私營轉為按額津貼再轉型直資辦學，校方一來為保留傳統，加上杜葉錫恩的工作範圍亦比一般學校校監更為廣泛，她除了處理校監的日常職務，本身還是認可的註冊教師，在晚年仍有任教英文科與擔任行政秘書，於是仍然保留向杜校監支薪。[77] 回顧今天，我們得知杜葉錫恩在世時已將她的薪金撥捐給慕光基金用於學校營運，她辭世以後更沒有把個人財產轉交親友，而是全數捐予慕光學校，[78] 這可謂對當初的質疑者的最好回應。

2015 年，杜葉錫恩教育基金舉辦「全港青少年進步獎」，嘉獎有顯著進步的學生，鼓勵學生發揮潛能，貢獻社會。至 2019 年，該獎項已頒發至第五

73　編輯委員會編著：〈教育雄心久彌著——杜葉錫恩校監繼續主導校政〉，《慕光校史（續篇）》，頁 3。

74　申雋：〈慕光英文書院：無畏困難　堅持到底〉，《紫荊雜誌》，擷取自 https://bau.com.hk/2018/01/34214，瀏覽日期：2020 年 6 月 2 日。

75　〈貧苦經歷成就一生　慕光英文書院校長梁超然：千金難買少年窮〉，《香港經濟日報》，擷取自：https://topick.hket.com/article/2705188/%E3%80%90%E6%A0%A1%E9%95%B7%E8%A8%AA%E8%AB%87%E3%80%91%E8%B2%A7%E8%8B%A6%E7%B6%93%E6%AD%B7%E6%88%90%E5%B0%B1%E4%B8%80%E7%94%9F%E3%80%80%E6%85%95%E5%85%89%E8%8B%B1%E6%96%87%E6%9B%B8%E9%99%A2%E6%A0%A1%E9%95%B7%E6%A2%81%E8%B6%85%E7%84%B6%EF%B8%B0%E5%8D%83%E9%87%91%E9%9B%A3%E8%B2%B7%E5%B0%91%E5%B9%B4%E7%AA%AE，瀏覽日期：2020 年 8 月 21 日。

76　詳見本書第十章，黃華康校監、張雅麗主席、梁超然校長等訪問摘錄。

77　〈財赤慕光　校監年薪 120 萬〉，《東方日報》，擷取自：https://orientaldaily.on.cc/cnt/news/20140622/00176_037.html，瀏覽日期：2020 年 6 月 2 日。

78　〈慕光英文書院新校長　堅守杜葉錫恩教育理念〉，《信報》，2018 年 8 月 27 日。

屆，[79] 杜葉錫恩教育基金設立的「全港青少年進步獎」，強調表現學生的進步，而非只留意名列前茅的尖子。此獎項激勵了那些成績未達頂尖的學生，都有獲得獎項的機會，更鼓舞了很多學子在他們人生道路中奮發上進，如有學生因情緒困擾，一度陷入自殺邊緣，最後成功克服心魔，發奮向上，取得「全港青少年進步獎」，締造勵志故事。[80]

為使學生有更多空間進行學習活動，杜葉錫恩晚年決定捐出故居作自修室。因此她多次叮囑在她身故後要把居所捐給學校，並撥出一部分給學生溫習自修，[81] 現時杜葉錫恩的故居改裝工程已在進行中，除了將其改建為紀念館以外，亦有一部分已確定為自修室空間。

杜葉錫恩在晚年未如往昔般勞碌，但她仍盡心盡力為慕光作出貢獻。在吳道邦出任校長時期，配合吳道邦進行校政改革，使慕光發展更臻完善。杜葉錫恩對慕光的貢獻不只反映在校務績效之上，她本人已是慕光的精神象徵，杜葉錫恩的為人處事、待人接物早已深受慕光師生尊敬。在杜學魁辭世後多年，杜葉錫恩成為慕光師生上下最重要的精神支柱，眾人無不敬愛且信賴杜葉錫恩，謹遵她的教育理念發展慕光，延續慕光精神。

明理愛光：杜葉錫恩的教育思想及實踐

79 〈2019 第五屆全港青少年進步獎頒獎典禮〉，《青新時代》，擷取自：http://nyhk.org/2019%E7%AC%AC%E4%BA%94%E5%B1%86%E5%85%A8%E6%B8%AF%E9%9D%92%E5%B0%91%E5%B9%B4%E9%80%B2%E6%AD%A5%E7%8D%8E%E9%A0%92%E7%8D%8E%E5%85%B8%E7%A6%AE/，瀏覽日期：2020 年 6 月 2 日。

80 〈曾徘徊自殺邊緣　反叛少女蛻變領袖生　獲杜葉錫恩基金進步獎〉，《HK01》，擷取自：https://www.hk01.com/%E7%A4%BE%E6%9C%83%E6%96%B0%E8%81%9E/60108/%E6%9B%BE%E5%BE%98%E5%BE%8A%E8%87%AA%E6%AE%BA%E9%82%8A%E7%B7%A3-%E5%8F%8D%E5%8F%9B%E5%B0%91%E5%A5%B3%E9%8A%B3%E8%AE%8A%E9%A0%98%E8%A2%96%E7%94%9F-%E7%8D%B2%E6%9D%9C%E8%91%89%E9%8C%AB%E6%81%A9%E5%9F%BA%E9%87%91%E9%80%B2%E6%AD%A5%E7%8D%8E，瀏覽日期：2020 年 7 月 2 日。

81 參見魏俊梅先生訪問稿。

上：2008 年 11 月 28 日，慕光英文書院五十五周年校慶。（照片由慕光資料庫提供）

下：2012 年 1 月，慕光師生在杜葉錫恩家居與杜葉錫恩校監慶祝新年。（照片由慕光資料庫提供）

上：2013年1月10日，杜葉錫恩校監（右）與吳道邦校長（左）代表慕光向吳克儉局長（中）贈送錦旗。（照片由慕光資料庫提供）

下：吳局長參觀校園，與吳道邦校長及一眾慕光老師深入交流。（照片由慕光資料庫提供）

上：「百子薈」當晚專門印製《杜
葉錫博士百子薈壽宴特刊》及英
文書冊 *An Autobiography of
Elsie Tu* 贈予來賓。（照片由慕光
資料庫提供）

下：唐冬明校友手持自撰文辭分享
校史。（照片由慕光資料庫提供）

上：行政長官梁振英陪同杜
葉錫恩校監進場

下：主禮嘉賓大合照

明理愛光：杜葉錫恩的教育思想及實踐

上：遠在英國的親友，
透過科技網絡祝賀。

下：大家乾杯。

明理愛光：杜葉錫恩的教育思想及實踐

上：獻唱校歌

下：校友高歌一曲

上：功夫表演

下：校友大合照

百子薈當晚場面盛大，節目豐富。（照片由慕光資料庫提供）

上：2014 年 3 月，同學們往校監居所探望杜校監，場面充滿歡樂，杜校監精神十足，「生龍活虎」！（照片由慕光資料庫提供）

下：2015 年 6 月，是杜校監的一百零二歲壽辰，一眾慕光師生為她慶祝。（照片由慕光資料庫提供）

2015 年 2 月，慕光師生、校友回校與杜校監一同慶祝新年。（照片由慕光資料庫提供）

上：2015 年 8 月 29 日，慕光學生與校監分享文憑試成績，並贈送錦旗予杜校監。（照片由慕光資料庫提供）

下：2015 年 8 月 29 日，慕光師生一同探望杜校監。（照片由慕光資料庫提供）

上：2004 年 2 月 16 日，校內中文科及中史料合辦「時光隧道遊香江」展覽。杜校監、嘉賓及老師合照。（地點：慕光禮堂）

下：2006 年，杜校監在家居與老師及 6B 班學生合照。（照片由慕光資料庫提供）

第八章
對整個香港教育界的貢獻

　　1962 年，在一位朋友遊說下，葉錫恩加入革新會（Reform Club），革新會招她為會員的原因，是因為希望找一位在教育界中的女性候選人參選市政局。[1] 葉錫恩本來並無擔任議員的想法，她當時已註冊為選民，一心準備投票支持革新會。後來，得到革新會邀請她代表參選，葉錫恩亦覺得當時香港社會太黑暗，貪污風氣嚴重，她希望通過議員身份，在更大的平台為香港市民爭取權益。而且她十分欣賞革新會的創辦人貝納祺（Brook Antony Bernacchi），他關注貧窮階層的生活狀況，也有志建設更民主和公正的體制，與葉氏一直的努力的方向契合，故同意出選。[2]

　　當年革新會及公民協會（Civic Association）為當時較具聲望的團體，以往多次選舉中革新會與公民協會是競爭對手，1963 年市政局直選，雙方決定改為合作，聯手出擊，組成「革新公民聯合陣線」，[3] 葉錫恩成為兩會聯合派出的四位候選人之一。該年市政局選民從六名候選人中選出四人，結果葉錫恩獲

1　杜葉錫恩著、隋麗君譯：〈第 3 章・香港的兩個市政局〉，《我眼中的殖民時代香港》，頁 15。

2　見杜學魁：〈代表革新會角逐市政局議員　校監勝出〉，《慕光校史》，頁 49。

3　香港革新會及香港公民協會是戰後香港最主要的兩個政黨，他們積極爭取政治、經濟及社會改革，為政府與市民之間的橋樑，並特別關注香港的城市發展、房屋政策、醫療保障、經濟發展、教育普及、治安及小販等問題。兩個政黨的活躍成員除葉錫恩外，還包括前文提及的貝納祺（見本書第四章，第四節），此外，還有簡悅強、胡鴻烈、張有興、鄒偉雄、陳子鈞等人，在當年香港社會和政壇甚有影響力。有關兩個政黨在背景、發展及影響，見曾奕文：《香港最早期政黨及民主門士：革新會及公民協會》（香港：中華書局，2019 年）一書。

2,287 票排名第四當選。[4]

　　葉氏從政後，杜學魁自是需要承擔更多校政工作，但杜校長不僅鼓勵葉錫恩參選，願意擔任葉氏的選舉代理人，為她拉票，給予葉錫恩很大的支持與鼓勵。[5] 葉錫恩最終勝出，慕光全體師生均喜不自勝，與有榮焉。葉氏從政後，保持關注香港的教育發展，並積極就不同教育議題發聲。慕光校監之身份，不僅使她更切身了解教育界辦學困難，慕光學校也協助葉氏在社會上發揮更大的作用。本章闡述杜太如何以她的影響力，為香港教育界發聲。

1983 年，杜葉錫恩在市政局辦公室工作。（照片由慕光資料庫提供）

4　其餘三位為李有璇醫生（爭取連任的革新會秘書）、張永賢律師（香港屋宇建設委員會委員）、吳頌堯。最終，陳樹垣得票最多，兩會的李有璇和張永賢亦當選，吳頌堯落選。見〈市政局議員選舉　今晨二時揭曉　陳樹垣、李有璇、張永賢、葉錫恩當選〉，《華僑日報》，1974 年 5 月 17 日。

5　Elsie Tu, Andrew Tu, *Shouting at the Mountain*, p.149.

上：葉錫恩（右一）十分欣賞革新會主席貝納祺（左一）的政治理念，照片中為葉錫恩在市政局會議上發言。（照片由慕光資料庫提供）

下：葉錫恩（左一）當選市政局議員。〈市政局議員選舉今晨二時揭曉　陳樹垣、李有璇、張永賢、葉錫恩當選〉，《華僑日報》，1974年5月17日。

報日

第五頁　農曆癸卯年二月十三日

市政局議員選舉
今晨二時揭曉
陳樹垣、李有璇、張永賢、葉錫恩當選。

四位當選議員
今晨發表談話

王逸鵬

葉錫恩　張永賢　李有璇　陳樹垣

一、關注私校發展前景

　　七十年代以前，官立和資助學校，跟私立學校為兩大壁壘分明的系統，兩者在學生來源、師資水平、校舍設備等方面都有很大差別。因應時代發展與社會需要，時任教育司簡寧（John Canning）曾承諾會在 1971 年會為學童提供免費小學教育，此後政府採取津貼辦學方法，每年增加數萬個津貼小學學位，他認為所有學童均「渴求」免費學校的教育機會。杜葉錫恩雖不反對政府推行免費教育，卻對簡寧的說法提出質疑。她認為政府忽略了私立學校的處境及香港教育發展的真正需要，葉錫恩更指教育局此舉無疑是差別對待私立學校與資助學校，單方面以為學生及家長必然「渴求」免費教育，無視當時二十四萬正在私立學校就學的小學學童、廣大學生家長及一眾在任教師的利益。[6]

　　葉錫恩身為慕光英文學校的創辦者之一，比一般的從政者更能切身體會到私立學校發展的困難。葉氏通過報章撰文，向教育局反映對廣設資助學校的憂慮，[7] 她先指出，共有三種類型的小學會因被視為私立小學而不納入政府資助或津貼學校的範圍內，包括本身具有良好聲譽與師資的學校 —— 這些學校的發展雖不會太差，但仍因與資助學校的待遇不平等而有所影響；二是在遍遠地區的私立小學 —— 這些學校因位置偏僻，即使師資情況未如理想，仍有一定的生存價值，政府似乎沒有為它們提供任何形式的幫助；三是當時十分普遍的天台學校，香港自五十年代起，因石硤尾大火廣置徙置大廈，加上戰後人口膨脹等因素，徙置大廈多在天台開辦學校，慕光在 1964 年開設的慕光樂富幼稚園等均屬天台學校。高峰時期，全港十二個徙置區合共有一百四十七所天台小學，學童數目更逾四萬。[8] 儘管天台小學環境大多參差，但在教育機會匱乏的時代下，貧窮的孩子能得到入讀機會已是十分難得，天台學校雖設備十分簡陋，但已成為當時常見的辦學形式。[9]

　　1971 年 3 月 10 日，葉錫恩藉着她市政局議員的身份，再次去信市政局成員，表達她對小學落實行免費普及教育的看法，並指出這項政策的不足，如全

6　"John Canning and childhood desires", *The China Mail,* 1970-08-19. 另見 "Education policy", *South China Morning Post*, 1970-08-13.

7　"A critical situation", *Hong Kong Standard,* 1970-08-23.

8　有關戰後的香港小學教育發展情況，詳見彭勝鏗：〈第六章．重建與昌盛時期的香港教育（1946-1979）〉，《香港教育史》（長沙：湖南人民出版社，2010 年），頁 260-353。

9　天台學校的辦校環境及情況，可參考《「從天台學校到後千禧學校：戰後香港學校建築的演變」展覽》（香港：香港教育學院，2012 年）一書。

民免費小學教育政策，忽視了全港佔 20-30% 的私立學校，且這些學校得不到任何形式的補助；該政策無法惠及那些因家庭貧困而必須工作或因父母工作而必須在家看管小孩而無法上學的孩子；實行義務教育必須面對最低生活工資及社會福利津貼等問題。此外，她也提到了現行教育政策的問題，如過分着重考試及過於強調英文等。[10]

政府推行免費小學教育改革，提高社會教育質素，是香港教育發展的必要舉措，但另一方面，這也為慕光等平民私立學校之營運帶來極大困難及負擔，更犧牲了廣大私立小學學生的利益。當時入讀慕光的學生太多來自貧窮家庭，部分家長難以負擔慕光學校每月二十元的學費，葉氏亦會設法為這些家庭提供一定的經濟援助讓學童得到教育機會。葉錫恩很希望能以盡量低廉的學費為這些孩子提供教育機會，這卻令慕光難以支付日常營運開支以及巨額的政府貸款。[11] 而且因收入緊絀，學校也難以用較高的薪金吸引優秀教師加入。儘管葉氏曾多次向教育署申請補助或津貼，但都以慕光的「收生情況良好」而拒絕。慕光的學生並非來自富裕家庭，他們若想轉校到資助學校就學亦是相當困難的。以上種種困難對當時承擔着一千一百多位慕光學子的葉錫恩帶來沉重壓力。葉氏認為政府所謂的免費教育政策不但無視私立學校的價值，也使那些私立學校中普通以至貧困的家庭陷入進退兩難的局面，該政策實際是犧牲了如慕光這種早期立志為低下階層提供教育機會的平民私立學校以及其就讀的學生，因此葉錫恩稱這個政策為「盲目的政策（blind policy）」。[12]

1973 年，港英政府發表《教育政策白皮書》，提出普及小學義務教育和擴大中學教育，確立通過資助學校以達到發展教育的原則。普及教育政策確能惠及廣大香港學童，但葉錫恩認為政府在政策推行上仍有很多地方需要檢討。她與馬文輝先生遂在《華僑日報》上公開批評當年政府推出的白皮書，指出當時社會仍有十多萬中國兒童無法上學，反映政府對教育投放的資源仍然不足，也沒有重視中國學童的教育需要。[13] 葉錫恩所屬的革新會更指這是一份「以商業

10　"Point to be raised in a letter to Mr. K. Marks and Mr. B. T. Ford, at the Urban Council, 10th March, 1971"（慕光英文書院檔案編號 001）。

11　見 "Blind policy", *South China Morning Post,* 1970-08-25.

12　Ibid.

13　有關 1965 年《教育政策白皮書》原文，見 Anthony Sweeting, *Education in Hong Kong, 1941 to 2001,* pp.237-287. 該文件以資助學校以達到發展教育的原則，提出普及小學義務教育和擴大中學教育，有關該政策的發展及相關數據，見范育斐編：《歡送戴麟趾爵士紀念冊 1964-1971》（香港：評論出版社，1971 年），頁 172。

角度處理教育問題」的白皮書。[14] 為了向政府表達教育政策的訴求，葉錫恩身為慕光校監也不惜呼籲教師們以罷工手段，為學童爭取權益。[15]

　　港督麥理浩、教育司陶建在 1978 年推行九年免費教育之前，貧窮家庭的孩子一直很難得到教育機會，僅有如慕光等以平民辦學為目的之學校為這些孩子提供教育。葉氏早在五、六十年代，已十分關切貧窮學童的教育需要，她除了經營慕光學校，更以議員身份，代表廣大市民發聲。誠然，實踐免費普及教育是教育制度向前發展的必然階段，葉錫恩對此制度有所質疑甚至批評，並非因為免費小學教育損害到她的利益。她真正緊張的是在私立學校任教的老師福祉以及學生的前景，慕光等私立學校的師生們不應成為香港普及教育發展的犧牲品。

Education policy

Sir,—In a statement issued on August 5, the Director of Education is reported to have said (inter alia):

"The new aim for the post-primary sector receiving assistance from Government is as follows:—

"(1) In the full expectation that it will be possible to offer, by 1971, an aided primary education to all children desiring it...."

Now I have no objection to universal free primary education or post-primary education, but one phrase in the Director's statement worries met he says, "... an aided primary education to all children DESIRING it."

The statement is too vague, too subjective. I would therefore like to ask the Director to give direct answers to these questions:

1. Does the Director know for certain which children desire and which do not desire free education?

2. Does the Director know how many students are likely to be displaced from private non-subsidised schools because of the rent spiral, thus increasing the demand for subsidised schooling?

3. Has the Director estimated the number of places that may be required for children studying in resettlement roof-top schools, should the latter be forced to close due to depleted numbers caused by lack of subsidy?

4. Can the Director guarantee that there are places for about 240,000 children studying in private non-subsidised primary schools, should they all "desire" those free education, or should those schools close through financial difficulties? (Note: in the year 1968-1969, the number of new primary school places provided was about 60,000, against a quarter of a million studying in private non-subsidised schools).

5. Has the Director asked the large number (possibly as many as 100,000) of young children running the streets, working in teashops and factories, or helping to look after the babies while their mothers go to work, whether they "desire" free education?

6. Is a child's "desire" a suitable principle upon which to base an education-opportunity policy?

My reason for asking these questions is this: statements from the Education Department paint too optimistic a picture and ignore the problems of private schools and the underprivileged conditions under which their children study and their teachers teach.

No complacency can be tolerated until equal chances are given to all, children and their teachers.

Eliminating fees in Government and subsidised schools can only serve to widen the gap between the privileged and underprivileged students in these types of school, the subsidised and the non-subsidised.

E. ELLIOTT.

"Education policy", *South China Morning Post*, 1970-08-13.

第八章　對整個香港教育界的貢獻

161

14　*South China Momng Post*, 1965-06-20。

15　〈白皮書通過後輿情初步反應　一片反對之聲〉，《華僑日報》，1965 年 7 月 3 日。

Points to be raised in a letter to Mr. K. Marks and Mr. B.T. Ford, at the Urban Council, 10th. March, 1971.

1. Provision of "free education for all" does not include 20 - 30% in private schools that receive no subsidy.

2. No provision is made for an unknown number of children not able to go to school at all because they must work, or look after babies while the parents work.

3. Compulsory education must face the question of either a living wage or social welfare assistance.

4. Inequalities in the teaching profession:

   (a) Government teachers with fringe benefits, pensions, housing schemes, free medical treatment.

   (b) Subsidized school teachers with the same pay as (a) but no fringe benefits.

   (c) Private non-subsidized school teachers who have to work two jobs to live.

   (d) Permitted teachers in subsidized schools, doing the same work as their colleagues for half the salary. These teachers cannot get into the In-Service Training course unless they have a school certificate pass in English - even if they want to teach Chinese!

   (e) The wonderful new plan to introduce another class, starting at $150 less but rising higher, ironing out some inequalities but creating others.

   How can morale be high with five different sets of working conditions for the same job - not to mentions sex discrimination!

5. The heavy emphasis on examinations - at Primary 6, then the "civil service examination".

6. The unreasonable emphasis on English, even for those who want to teach science or other subjects, even Chinese. A child not good at English loses interest and may become a gang member, or may even commit suicide if pressures are too high.

The choice of the subject of education is due to the interest the M.P.s said they had in education.

E. Elliott

Tel K-801315

"Point to be raised in a letter to Mr. K. Marks and Mr. B. T. Ford, at the Urban Council, 10th March, 1971"（由慕光資料庫提供）

Blind policy

Sir,—The letter from the Director of Education, Mr Canning (SCM Post, Aug. 17) in regard to free and aided primary education is very interesting, though misleading to most of the general public. It's interesting to me because I am the superviser of two large Chinese primary school — according to the Education Department, "very good schools". Each has over 1,100 children studying in two sessions, each filled to capacity.

Though both long ago applied for a subsidy it has been refused us in both instances because, "there are sufficient seats in the area for every child who wants a subsidised school place". Though our students would like to have a good, free (or cheap) education they are denied it because, "there are sufficient subsidised primary school places". What nonsense!

The most serious of the situations is at the school adjoining an old resettlement estate. The total income of most families does not exceed HK$450 per month, but the parents must pay over $20 for each of their children who studies in our school. Needless to say our school gives financial aid to countless numbers of them who cannot afford such fees and would otherwise not be able to attend a school.

Our school gives this aid in spite of the fact that our income is already barely sufficient to meet operating expenses and the huge annual loan repayment (to Government)!

The true situation then is this (in this school and no doubt in other private schools):

— over 1,100 children whose parents wish they could attend a subsidised school with low fees but who are denied the opportunity, often because they cannot pass the ("illegal") entrance examinations.

— families whose income is already insufficient to support their regular expenses trying to scrimp and save to send them to our "expensive school".

— income of the school hardly sufficient to both pay good salaries to hire good teachers and repay the Government for their generous building loan.

— a hopeless future — loan repayment responsibility continuing, teachers' salaries rising and income continuing the same or less.

Wouldn't it be "strange" if schools such as these, built with Education Department encouragement and Government financial help were to close their doors because of policies of the same Education Department and Government?

Wouldn't the words of the men in high places ring a strange echo? — "free primary education for all who want it by 1970; there are enough aided seats for those who want them; it seems the assessment. of .the. public demand for Government and aided seats is about right"

The assessment of the public demand is not about right. Such statements tempt me to urge 1,100 parents to go register at the local subsidised schools and see what they would be told!) There are not enough aided seats! There is no free education for those who want it!

Mr Canning, why not get accurate figures concerning the number of children in the various areas? Why not ask if parents would prefer a $2-3 school fee for their children in our school? Or else, why not tell the whole truth when you speak of "free primary education": say, free education for the 80 per cent (approx.) who are most intelligent...expensive education for the 4-5 per cent who are wealthy and prefer expensive private education . . . and expensive education ((or none) for the 15 per cent (approx.) who can't get their children into aided schools and yet can hardly afford high fees.

It's to be hoped that the many fine things the Education Department has achieved in HK will not be overshadowed by this unfair, blind policy.

A CONCERNED EDUCATOR.

"Blind policy",
*South China
Morning Post*, 1970-08-25.

第八章　對整個香港教育界的貢獻

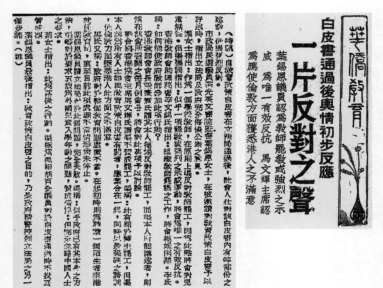

白皮書通過後與情初步反應

一片反對之聲

葉錫恩議員認為教師罷教或強烈之示
威 為唯一有效反抗 馬文輝主席認
為應使倫敦方面獲悉港人之不滿

（專訊）自皮書昨日決策在立法局通過後，社會人士對該白皮書內有關部份之評估時，紛紛表示反對意見。

市政局民選議員黎光朱文藝提院聖保羅學女士，在被邀徵詢對教育政策白皮書子以滿征：

黎女士指出：作為一個罷教教師，在原則上退反對教師罷工，因為此舉將會對受害之兒童有不良影響，但是，如政府當局仍不接納教育界意見，則她本人亦願意參加罷教行列。

香港教師會亦表示：組織教師罷教係之工作，將會根據困難之標準而行動？

（中略）

本人認為所有人士如欲採用罷教為反抗方法之者，應集合在一起，同時以勞資硬之論調效仿照政府，直至目前社會民眾對此教育政策白皮書有相當之不滿之感次。

葉女士指出：此為決策之待動，政府應及早採取行動以解決積壓，乃是政府稅務解決制立法局之為一個步驟。（班）

二、為文憑教師爭取權益

葉錫恩除了關心慕光校務外，對教育同仁福祉亦甚關注。1972 年，政府推動中學教育發展，大幅增加中一至中三的學位，以及新增四所中學。[16] 此後，香港逐步實現普及教育。然而，教師的待遇卻沒有得到相應提升。當時的教育司陶建代表港府，更醞釀改革教師薪級制政策。當中包括起薪點由原來的 1,044 元大幅降至 889 元，減少晉升機會，並嘗試取消過往文憑教師薪酬與護士掛勾的做法，使教育界十分不滿。[17]

教師對政府的積怨早在五、六十年代已經形成，港英政府因有「借來時間、借來地方」的心態，對香港發展缺乏長遠打算。政府雖在戰後大量擴充學額，卻為了極力節省民生開支，寧願低稅率及累積巨額儲備，也不打算增加教育經費。教師們對港英政府的「斂財」作風日益不滿，在小學普及教育目標基本完成時，政府卻在極需進一步發展教育的時間選擇降低教師薪金，此舉終於引發教師們的抗爭行動。[18]

葉錫恩遂在報章中批評港英政府的做法，她指出政府一方面希望增加學額，卻又不願意提高財政預算，因而選擇削減教師的薪金，這對教師不公平也不合理。[19] 而且，為了迎合 1975 年全面推行的九年免費教育政策，教育司署自七十年代起才逐漸提出教學改革的建議，並有意提高教師的專業資格，因而開始推行「職員培訓」（Staff Development）。[20] 社會對教師的專業要求提升，政府卻有意削減教師工資，自然引起教育界不滿，葉氏更指出最合理的做法，應該是將「政府高級官員高薪略為削減」。[21]

再者，葉氏早於 1970 年已去信市政局議員反映當時的教師薪酬問題，她

---

16 〈為十二至十四歲兒童提供三年資助中學教育〉，《華僑日報》，1972 年 11 月 27 日。

17 顏明仁：〈香港教育七十年的轉變：從學校擴展到教師超額〉，載郭康健、陳城禮主編：《香港教育七十年》（香港：香港教師會，2004 年），頁 36；另見 D.G. Jeaffreson, "A reply from the government"（浸會檔案 14-2）。

18 見陸鴻基：〈五、新的社會運動濫觴〉，《坐看雲起時》（香港：香港城市大學出版社，2016 年），頁 267-281。

19 〈教師減薪的後患〉，《工人周報》，1971 年 4 月 19 日。

20 七十年代教育司署在小學提倡活動教學，教育司署為配合推行新教學理念及方式，舉辦不少講座，以推廣新理念，亦與當時試行此方案的先導學校舉辦研討會及教材展覽會。見林碧霞：〈第五章「院校合作」作為學校專業發展的策略〉，《課程統整的實踐：院校合作的發展計劃》（香港：香港教育學院，2009 年），頁 97-118。

21 〈教師減薪的後患〉，《工人周報》，1971 年 4 月 19 日。

在信中明確表達對教師因任教不同類型學校而受到不平等待遇問題的關注。葉氏指出官立學校教師（Government teachers）的待遇最為優厚，他們除了得到較高的薪酬，更享有福利津貼、退休金、房屋津貼、免費醫療補貼等；資助學校教師（Subsidized school teachers）與官立學校教師有相同薪酬，卻沒有上述的津貼；私立學校（Private non-subsidized school teachers）的老師如要維持足夠的生活開支則需要同時任教上午及下午班[22]；准用教員（Permitted teachers）因他們的英語水平不達標，很多時只有標準教師的一半薪金，這對任教中文、中國歷史等科目的老師並不公平。而且，更有男女教師薪酬待遇不平等的情況。[23] 可惜有關建議並未得到重視，引發「文憑教師薪酬事件」。

對於私校面對的困難，葉錫恩更是感同身受。她指私校教師的薪酬十分微薄，且私校在極大的困難下營運，他們沒有充裕的資源及時間給予老師接受師資培訓，即使老師受過訓練後，私校也難以支付受訓教師的薪金，在這種惡性循環下，愈來愈多優秀的教師傾向離開原校任教。另一方面，私校教師不但沒有政府學校老師所享有的房屋津貼、醫療津貼、退休金等福利，他們繳交的部分稅項更要負責支付這些福利開支，對他們十分不公平。[24]

此外，政府學校教師與私立、津貼學校教師在細微的地方上亦存在很多不公平的待遇。例如在重大節日中，政府學校教師可提前領取薪金，但私校及津貼學校往往因財政緊絀，通常要待月底才會支付薪金。葉錫恩呼籲必須馬上禁止這種不平等現象。[25]

經過多次與政府部門角力，眾人都意識到需要成立一個團體，以領導成員和綜合意見。1972 年 8 月，十八個教育團體組成「香港教育團體聯合秘書處」，並由時任小學校長的司徒華出任主席與港府集體談判文憑教師薪酬。香

22　因校舍供應緊張，當時香港多數學校為半日制，即在同一所學校中分別開設「上午校」和「下午校」課程。而且對上課時間有明確規定，如學生每天上課 7 節，每節 35 分鐘，共 4 個半小時。半日制學校每週上課 38 節，全日制上課 40 節，隔周星期六則不上課。有關當時學校的上課情形，見邱小金、梁潔玲、鄒兆麟：《百年樹人：香港教育發展》（香港：市政局，1993 年）；顧明遠、杜祖貽主編：《香港教育的過去與未來》（北京：人民教育出版社，2000 年）等書。

23　見 E. Elliott, "Reply J. Canning at 19th Aug, 1970"（浸會檔案 14-2）；"Point to be raised in a letter to Mr. K. Marks and Mr. B. T. Ford, at the Urban Council, 10th March, 1971"（浸會檔案 14-2）；"Reflections on the Teachers 'Review' Salary Scales"（浸會檔案 14-2）；"Higher Starting Salaries For Student Teachers"（浸會檔案 14-2）.

24　〈香港教師的差別〉，《葉錫恩專欄》（缺出版社），1971 年 4 月 26 日（慕光英文書院檔案編號 003）。

25　同上註。

港教育團體聯合秘書處先後在 1973 年 2 月 21 日和 2 月 25 日召開文憑教師大會，均以大比數投票通過策動三輪教師罷工。[26]

教師在長期積怨下，終爆發了 1973 年的「文憑教師薪酬事件」，教師為表達對薪酬待遇不合理，以舉行大罷課[27]、不參與公開試閱卷等形式進行抗爭，[28] 挑戰殖民地政府對教學上的箝制。葉錫恩當時為市政局議員、教師及辦學機構負責人，在事件中積極為教育界發聲，為教師爭取應得的權益，更主動借出慕光書院作為大會場地，以支持文憑教師大會順利舉辦。當年教育司曾揚言，借出場地召開會議的學校會被吊銷牌照，[29] 讓司徒華在物色開會場地上遇到很大困難。司徒華遂向葉錫恩求助，葉氏義無反顧借出校舍，協助教協在慕光禮堂成功召開會議。[30]

除教協以外，慕光亦在 1977 年 9 月借出場地予官立學校非學位教師職工會（下稱官非會）舉行特別大會。[31] 官非會積極就各種教育政策發聲，如 1975 年 4 月對教育署削減教育經費極表遺憾，認為外借教師要先徵得其本人同意。[32] 1977 年 3 月也公開表示中三淘汰試摧殘青少年身心，妨礙正常教育工作等。[33] 慕光願意向他們借出會議場地，對教協、官非會等教育同工的支援可見一斑。

此外，葉錫恩尤其重視教師的培訓，並曾多次促請政府關注教育培訓問題。本書訪問嘉賓之一扈小潔老師亦曾在葉錫恩的鼓勵與慕光的協助下得到前往英國進修的機會。[34] 七十年代，葉錫恩已留意到私立學校老師的培訓情況並不樂觀，[35] 她指出香港的私立中學大概有五千名獲准教學的准用教員

26　顏明仁：〈香港教育七十年的轉變：從學校擴展到教師超額〉，載郭康健、陳城禮主編：《香港教育七十年》（香港：香港教師會，2004 年），頁 36。

27　〈文憑教師大罷課　教育司署公佈有半數學生返校〉，《工商晚報》，1973 年 4 月 4 日。

28　〈文憑教師大會通過取銷杯葛升中試〉，《香港工商日報》，1973 年 4 月 30 日。

29　顏明仁：〈香港教育七十年的轉變：從學校擴展到教師超額〉，載郭康健、陳城禮主編：《香港教育七十年》，頁 109。

30　司徒華：《大江東去：司徒華回憶錄》（香港：牛津大學出版社，2011 年），頁 151。

31　〈官非會特別會員大會　週日在慕光書院舉行〉，《華僑日報》，1977 年 9 月 22 日。

32　〈官非會致函教育司　提出教師外調意見〉，《華僑日報》，1975 年 4 月 22 日。

33　〈官非會反對中三試認為接受更多更好教育為任何人基本權利〉，《華僑日報》，1977 年 3 月 10 日。

34　詳見扈小潔老師訪問稿。

35　"Teachers set training exercise", *South China Morning Post*, 1977-04-22. 另見 "Educational queries", *Hong Kong Standard*, 1977-04-23.

（permitted teacher），但每年得到師範課程取錄，成為註冊教師（Registered Teacher）的平均卻只有約一百八十位。由於這五千名暫准教學的教師中，大多數在學歷上符合入學資格，但取錄的人數異常地少，不禁令葉錫恩質疑，是否除了基本資格外，還有其他的取錄準則。

葉氏根據當時香港一所教育學院的講師陳述，所有類型的師範學院都按一定的比例分配近一千個學校老師名額：小學約佔四百六十；中文中學約佔二百五十；英文中學約佔二百五十，當時的教育環境下，英文中學教師人數為中文中學教師的三倍；受過培訓的小學教師是曾受培訓的中學教師的三倍，顯然以上數據不符合社會的實際需求。因此，葉錫恩對當時的取錄比例提出提議，宜將比例調整為小學佔二百五十；中文中學佔二百五十；英文中學佔五百。[36]

即使在私立學校老師培訓工作取得進展，私立學校的師資卻沒有得到明顯改善。原因在於過去私立學校是在未經政府許可的情況下由未經培訓的教師開展教學，私立學校通常沒有足夠的註冊老師，學校也負擔不起聘請註冊老師的費用，因而令這些老師為了政府提供的「金飯碗」而離開私立學校。此外，私立學校的條件比不上政府學校，入職的臨時教師只視私立學校為晉身註冊教師的途徑，而非目的地。

在這種體系之下，私立學校成為了培養優秀註冊教師的溫床，而且要為此犧牲學校資源及教學質素。為了讓老師有時間進行培訓，學校不得不調整上課時間表以遷就師範學院的課程，並且必須配合老師的培訓需要，直至兩年培訓時間結束。培訓一旦完成，大部分老師都會離開私立學校擔任政府職位，導致私立學校長年缺乏穩定的師資，令學生的學習質素大受影響。

葉錫恩認為私立老師的師資問題不在於教師或學校本身，而在於教育體系簡單地利用私立學校為他們提供培訓的教師人材，卻又歸咎於他們沒有僱用過培訓的教師。[37] 她進而指出，政府長期忽視私立學校的師資培訓，犧牲私立學校的利益。教師培訓制度未完善時，私立學校填補了教育體系中的空白，因此政府有義務及責任協助私立學校及老師完成角色過渡。[38]

36　Ibid.

37　"Teachers -training: flaws in system", *South China Morning Post*, 1977-05-25. 另見 "Don't condemn the private schools", *Hong Kong Standard*, 1977-05-25.

38　Ibid.

香港教師的差別

葉錫恩專欄

許多時香港的制度，使教師們有若干種不公平。私校教師是最慘的，由於私校在極大的困難下從事教育，他們是不收入比上一個女傭，他們會去師範學院受訓的，即使教師們受了訓練，這些學校也付不起一個受訓教師的薪金。所以教師受訓後，只有離校他去，於是私校的就愈來愈難找教師。

私校教師亦有不公平的現象——房屋津貼、要負責醫藥治療、退休金等等。另外還有一些小小的不公平——私校教師要交稅來給予政府。薪金是一樣，但所獲得的利益則有其他一種現象。

但政府學校與津貼學校，所以就出現有其他一種現象。到月底才有糧出。這類差別必須馬上禁止，政府就分派。

在師任新學界的問題就則更要。有十二間課室以上的學校，政府應該每兩間學校分配一個但津貼的工作。對於那些小學校，就沒有文員了。但事實上，只有管一個學室如何小，但文件工作都是一樣。教師和校長就做文員的工作。

在政府部門，有特殊責任的公務員都有特別的優待——薪金會高些。但在政府裡，校長與教師都需要額外的責任，教師們都沒有額外的利益，目前的制度，使不同的教師們避免了有種負的責任。在英國的，的差別在英國的，的確損害及我們加教師對教書的熱心，其結果是損害及香港受教育的兒童。

(手寫標註：Workers' Weekly 26/4/71)

上：〈香港教師的差別〉，《工人周報》，1971 年 4 月 26 日。

下：葉錫恩和司徒華在後來雖然因政治理念而有競爭，但二人同樣熱愛香港，熱心教育，關心市民。左一為司徒華，右一為葉錫恩。（照片由慕光資料庫提供）

LETTERS to the Editor

Educational queries

RECENTLY I have been given a number of questions and proposals by a group of teachers who, although they themselves are trained and have teaching posts, are interested in the educational programme in general, as it affects both pupils and teachers.

As these questions are of vital interest in educational circles, I am asking them publicly, so that the Education Department will be given the opportunity of answering publicly and thereby informing all interested persons. The questions and proposals are:

1. There are probably 5,000 permitted teachers teaching in private secondary schools in Hongkong. Yearly intake to teachers in-service training courses average about 180. Since most of these 5,000 permitted teachers are academically qualified for entry, and eager to obey the department's request to become qualified, what keeps the intake so low and the entrance failure so high? What other criteria besides basic qualifications guide the selection?

2. If most of the applicants fulfil the criteria, what provision does the department make for accepting all successful applicants? Or does the department fix a quota and count all outside that quota as failures?

3. If the permitted teachers who fail to gain entry are considered unsuitable, why are they still permitted to teach at all?

4. Is the department responsible to the permitted teachers to offer them the training they need, and is it responsible to the students to ensure that their teachers are trained? The concern or otherwise of the department for the quality of education will be shown in its reply to this question.

5. A lecturer of a college of education in Hongkong is reported to have said that the nearly 1,000 places in all types of teacher training colleges will be allocated in the following ratio: 460 (Primary): 250 (Chinese Secondary): 250 (English Secondary) school teachers.

If this is true, the department should consider again the following facts:

(i) There are twice as many secondary as primary school teachers in need of training;

(ii) There are three times as many English secondary as Chinese secondary school teachers required under the present system of education;

(iii) There are three times as many trained primary as trained secondary school teachers, yet all primary school children are to proceed to secondary school from 1978. The ratio should surely be reversed to: 250 (Primary) : 250 (Chinese Secondary): 500 (English Secondary).

One way of saving on teacher training would be recognition, with equal pay, of all teachers holding non-Commonwealth degrees, after they have completed a certain number of years of teaching.

It would be gratifying to know if the present system of teacher training has been adjusted to meet the requirements of the new system of secondary school opportunity for all children so soon to be introduced.

ELSIE ELLIOTT

Teachers set training exercise

RECENTLY I have been given a number of questions and proposals by a group of teachers who, although they themselves are trained and have teaching posts, are interested in the educational programme in general, as it affects both pupils and teachers.

As these questions are of vital interest in educational circles, I am asking them publicly, so that the Education Department will be given the opportunity of answering publicly and thereby informing all interested persons.

The questions and proposals are:

● There are probably 5,000 permitted teachers teaching in private secondary schools in Hongkong. Yearly intake to teachers in-service training courses, average about 180. Since most of these 5,000 permitted teachers are academically qualified for entry, and eager to obey the department's request to become qualified, what keeps the intake so low and the entrance failure so high? What other criteria besides basic qualifications guide the selection?

● If most of the applicants fulfil the criteria, what provision does the department make for accepting all successful applicants? Or does the department fix a quota and count all outside that quota as failures?

● If the permitted teachers who fail to gain entry are considered unsuitable, why are they still permitted to teach at all?

● Is the department responsible to the permitted teachers to offer them the training they need, and is it responsible to the students to ensure that their teachers are trained? The concern or otherwise of the department for the quality of education will be shown in its reply to this question.

● A lecturer of a College of Education in Hongkong is reported to have said that the nearly 1,000 places in all types of teacher training colleges will be allocated in the following ratio: 460 (primary): 250 (Chinese secondary): 250 (English secondary) school teachers.

If this is true, the department should consider again the following facts:

● There are twice as many secondary as primary school teachers in need of training.

● There are three times as many English secondary as Chinese secondary school teachers required under the present system of education.

● There are three times as many trained primary as trained secondary school teachers, yet all primary school children are to proceed to secondary school from 1978. The ratio should surely be reversed to: 250 (primary): 250 (Chinese secondary): 500 (English secondary). One way of saving on teacher training would be recognition, with equal pay, of all teachers holding non-Commonwealth degrees, after they have completed a certain number of years of teaching.

It would be gratifying to know if the present system of teacher training has been adjusted to meet the requirements of the new system of secondary school opportunity for all children so soon to be introduced.

ELSIE ELLIOTT (Mrs)

Teacher–training: flaws in system

I WRITE in support of the proposals made by the Hongkong Private Anglo-Chinese Schools Association, concerning teacher training opportunities for permitted teachers in service.

It is commendable that the Education Department should, as it has done though all too slowly, improve the quality of education by encouraging more and more schools to employ only trained teachers. In making progress, however, the Government should ensure that it does not discard the schools and teachers it has been using for over 20 years, as one discards a dirty old dishcloth.

If the private schools have not improved their standards as much as could be hoped for the sake of the children, the fault has often been with the Government department concerned. Private schools have for decades filled in the gaps in our educational system. If some of these schools were "bad," as a Government official recently implied, the Government must take responsibility for allowing their operation, but it must not condemn all private schools, in its efforts to cover up its own shortcomings of the past.

Private schools have in the past operated with untrained teachers with Government permits to teach simply because there was no alternative. There were not enough registered teachers, the schools could not afford to pay registered teachers, and in cases where a school could afford to pay registered teachers, these teachers were usually offered the Government's golden rice-bowl, leaving the private schools in a constant state of turmoil caused by sudden resignations.

Moreover, private schools were used by the Government as a constant source of supply for teachers for the in-service training courses, a chore that the Government schools never had to take on. For the doubtful privilege of sending a teacher for training, the school had to mess up its timetable to accommodate the programme and timetables of the Teachers Training Colleges, and was morally obliged to keep the teacher in its service until the end of the two-year training period, knowing perfectly well that as soon as the training was completed the teacher would leave and take a Government post. For this reason, some schools refused to employ teachers in training, and many teachers in service were discouraged from applying.

The fault lay, not with the teachers or the schools, but with the system that simply used the private schools, and then blamed them for not employing trained teachers.

The proposals made by the Hongkong Private Anglo-Chinese Schools Association would be a reasonable token of appreciation to the better private schools which have been attempting to provide education under almost insuperable handicaps.

Teacher training at hours convenient to most school timetables, with TV courses to fill in the gaps, and a chance for all unregistered but experienced and suitable teachers to qualify, seem to be the minimum one might expect if the Government wishes to show itself both fair and concerned about schools and teachers. No one is asking to continue to use bad teachers, but simply to recognise good ones.

ELSIE ELLIOTT (Mrs)

Don't condemn the private schools

E. ELLIOTT writes:

I WRITE in support of the proposals made by the Hongkong Private Anglo-Chinese Schools' Association, concerning teacher training opportunities for permitted teachers in service.

It is commendable that the Education Department should, as it has done though all too slowly, improve the quality of education by encouraging more and more schools to employ only trained teachers.

In making progress, however, the government should ensure that it does not discard the schools and teachers it has been using for more than 20 years, as one discards a dirty old dishcloth.

If the private schools have not improved their standards as much as could be hoped for the sake of the children, the fault has often been with the government department concerned.

Private schools have for decades filled in the gaps in our educational system.

If some of these schools were "bad," as a government official recently implied, the government must take responsibility for allowing their operation, but it must not condemn all private schools, in its efforts to cover up its own shortcomings of the past.

Private schools have in the past operated with untrained teachers with government permits to teach simply because there was no alternative.

There were not enough registered teachers, the schools could not afford to pay registered teachers, and in cases where a school could afford to pay registered teachers, these teachers were usually offered the government's golden rice-bowl, leaving the private schools in a constant state of turmoil caused by sudden resignations.

Moreover, private schools were used by the government as a constant source of supply for teachers for the in-service training courses, a chore that the government schools never had to take on.

For the doubtful privilege of sending a teacher for training, the school had to mess up its timetable to accommodate the programme and timetables of the teachers training colleges, and was morally obliged to keep the teacher in its service until the end of the two-year training period, knowing perfectly well that as soon as the training was completed the teacher would leave and take a government post.

For this reason, some schools refused to employ teachers in training, and many teachers in service were discouraged from applying.

The fault lay, not with the teachers or the schools but with the system that simply used the private schools and then blamed them for not employing trained teachers.

The proposals made by the Hongkong Private Anglo-Chinese Schools' Association would be a reasonable token of appreciation to the better private schools which have been attempting to provide education under almost insuperable handicaps.

Teachers training at hours convenient to most school timetables, with TV courses to fill in the gaps, and a chance for all unregistered but suitable teachers to qualify, seem to be the minimum one might expect if the government wishes to show itself both fair and concerned about schools and teachers.

No one is asking to continue to use bad teachers, but simply to recognise good ones.

上："Teachers set training exercise", *South China Morning Post*, 1977-04-22.

中："Teacher -training: flaws in system", *South China Morning Post*, 1977-05-25.

下："Don't condemn the private schools", *Hong Kong Standard,* 1977-05-25.

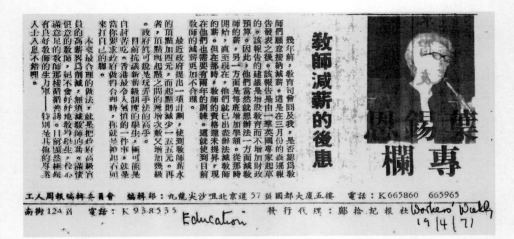

〈教師減薪的後患〉,《工人周報》,1971 年 4 月 19 日。

三、改革教學語言制度

1974 年,港英政府發表《香港未來十年內之中等教育白皮書》,闡明了推行普及教育的決心,[39] 一旦推行普及教育,意味教育制度不再為培育精英而度身訂造,因而在教學語言上,出現要求使用中文教學的呼聲。[40] 同年政府通過立法,把法定語言由英文改為中文,與英文均享有同等的法律地位,學生的成績證書因應當時政策而改為同設中文與英文。葉錫恩在法例未通過前就已表達她對這次改革的肯定,她也留意到學生日後在學習、考試上可減少英語的框架限制,得到使用母語的選擇權。[41]

要了解改革法定語言的意義,必先知道當時推行的「第一次中文運動」。

39 如在該報告中指出「政府之主要目標,厥為至一九七九年時,使所有兒童均能接九年資助教育:即六年小學教育及三年中學教育。」見《香港未來十年內之中等教育白皮書》(香港:香港政府印務局,1974 年)[缺頁碼];英文版本見 *Adult Education: A Proposal for the Next Decade* (Hong Kong: Hong Kong Government Printing Bureau, 1978).

40 學者蕭炳基進而指出,政府推出《香港未來十年內之中等教育白皮書》實為香港語言政策改革的第一階段,因普及教育令英語教學成效問題被放大,此後政府對教學語言的放任態度有所改善。見蕭炳基:〈香港語文教育政策的回顧與前瞻〉,《中國語文通訊》,1990 年第 7 期。

41 "A SINGLE CERTIFICATE IN TWO LANGUAGES", *South China Morning Post*, 1972-02-26.

中文運動可追溯至 1964 年，由香港革新會首先建議將中文設為法定語言，1964 至 1966 年間，時任市政局議員胡鴻烈早已多次提出要把中文列為官方語文，並要求在市政局會議中使用中文；香港大學的學生報《學苑》亦曾發文支持。[42] 及至 1967 年 5 月「六七暴動」發生之後，中文運動的呼聲達至高峰，更有聲音表示任何與政府有關的文書亦必須以英文書寫，但當時市民教育水平甚低，很多人都不諳英語或只懂得基本英語，造成政府與一般市民之間溝通的隔閡，此後，提高中文地位的呼聲日隆。[43]

　　對於把中文設為與英文享有同樣的法定語言地位的方案，葉錫恩同意之餘，在具體落實上對方案感到疑慮。首先，證書會否顯示學生使用中文或英文進行考試？假如方案落實，此「新」證書與原來分開兩種語言的證書有什麼實質的區別？這種新制度是否意味學校要將所有科目作中、英文教學的劃分，如藝術科及科學科分為中、英文藝術和中、英文科學？如果劃分語言進行教學，使用單一語言的學校是否要分成中、英兩個部門來為該科工作？考慮到以上所有因素後，新系統會賦予兩種語言以平等性，還是依舊強調兩者之間的區別？葉錫恩認為如表明使用英語必定更受青睞，這令學生仍然害怕參與中文課程，最終那些參加中文考試的人仍是水平較低的學生。這種情形下，學校在社會對歧視中文的情況也得不到任何明顯的改善。[44] 作為英國人，葉錫恩卻十分肯定中文在香港社會中的地位。她認為僱主即使以英語能力作為聘用條件，也能參考英語科目上獲得的等級。至於其他科目例如數學科，學生用英語還是中文學習並不十分重要。[45]

　　葉錫恩亦肯定當時有關中六語文政策的修訂建議，推進中學語文課程改革。1977 年 1 月 29 日，時任教育署署長 Kenneth Topley 組成的「香港預科教育檢討」非正式工作委員會發表了《香港中學六年級教育》報告書（Sixth Form Education in Hong Kong）。為了完善中六的課程質素，他成立了非正

42　例如 1967 年 11 月 1 日《學苑》的「編者隨筆」言道：「最近的動亂，主要的因素，無疑是一小撮有政治背景的不法分子在搞亂，但這同時也反映了香港社會裏官民的隔膜，因而使左派分子有機可乘。……遺憾的是，政府對於將中文列為官方語言的建議，並沒有任何具體而積極的表示，……假如政府不盡快在這件事上表明態度，無疑將會引起極大的惡果」，有關《學苑》對中文運動的文章發表，詳見羅永生：〈冷戰中的解殖：香港「爭取中文成為法定語文運動」評析〉，《思想香港》，2015 年第 6 期，頁 2-3。

43　有關香港第一次中文運動的發展及時代意義，參見羅永生：〈冷戰中的解殖：香港「爭取中文成為法定語文運動」評析〉一文。

44　"A SINGLE CERTIFICATE IN TWO LANGUAGES",South China Morning Post, 1972-02-26.

45　Ibid.

式工作委員會，目的是修訂中學六年級課程使其符合當前的實際需求。報告認為應將英語和漢語的使用同時作為必修科目，而且建議入學考試同時提供中文及英文版本。此外，報告建議將中六預科一律改為兩年制，取消過往的「香港中學入學考試」（即俗稱「升中試」），統一為大學入學試。葉錫恩與其所屬的「教育行動組」（Education Action Group）成員均十分認同上述建議，表示 "absolutely agreed"。[46]

對於教學語言的改革，葉錫恩的看法極具前瞻性。1988 年 12 月，香港教育署留意到母語教學的重要性，成立了檢討教育語言的工作小組，並在翌年 10 月發表《檢討提高語文能力報告書》，報告書認為香港兒童在使用英文學習其他科目時，遇到不少困難。而中文作為教學語言的價值卻被社會人士所低估。1990 年 11 月 22 日教委會發表《第四號報告書》，重申在中小學推廣母語教學的重要性，及後的教育語言改革政策都在一定程度上參照此計劃書而推展。[47] 香港主權回歸後，「兩文三語」的政策更得到全面落實。總而言之，葉錫恩由衷希望學生能擺脫英語的框架而學習，她為了試圖說服政府所作出的努力是值得肯定的。

1981 年 6 月 18 日，時任教育司陶建宣佈按經濟合作與發展組織（OECD）提名，委任 4 人顧問團，對本港教育制度作全面檢討。至 1982 年 11 月，以英國的呂衛倫爵士（Sir John Llewellyn）、澳洲的韓格理博士（Dr. Greg Hancock）、美國的郭邁高教授（Professor Michael Kirst）和西德的雷嘉樂博士（Dr. Karl Roeloffs）等組成的國際顧問團開展了對香港教育制度的考察，並發表了長達 144 頁的《香港教育透視》報告書，提出一系列教育改革意見。其中在第三部分對當時的教育語言作出了探討，報告指出過去的教育是為培育精英而設立，因而以所有學生都要精通英文為教學目標，但實行普及教育後能力較弱的學生在學習英語上顯得極為吃力，令所有科目的學習效率也大為降低，報告認為「母語是教與學的最佳語言」[48]，故建議「兩種語言」的政策。

改革教學語言，引起當時社會，尤其學術界的廣泛討論。時任香港教育署

46　"Elsie, EAG back one-exam policy", *Hong Kong Standard*, 1977-01-29.

47　有關《第四號報告書》的內容及對香港推行母語教學的影響力，見區志堅、彭淑敏、蔡思行著：〈香港推行母語教學——《教育統籌委員會第四號報告書》〉，《改變香港歷史的六十篇文獻》（香港：中華書局，2011 年），頁 358-366。有關回歸前香港語文教育之發展及研究，可參見黃坤堯：〈香港語文教育的思考〉，《中國語文通訊》，1994 年第 29 期；回歸之後的教學語言政策檢討，可參曾榮光：〈香港中學教學語言政策改革：檢討與批判〉，《教育學報》，2006 年第 33 期。

48　見 John Llewellyn、Greg Hancock、Michael Kirst、Karl Roeloffs：《香港教育透視國際顧問團報告書》（香港：香港政務局，1982 年），頁 32。

署長許瑜（Colvyn Haye）承諾會進行研究，以香港的教育系統為基礎制定語言政策。當時迦密中學校長張子江也曾撰文附和，支持加入中文作為教育語言。[49]

　　葉錫恩認為外語學習阻礙了大部分華人學子學習自己的語言和文化，她支持實行「兩種語言」政策，將教學語言由全英語教學改為中英雙軌制。葉氏指出，全英語教學政策是導致青少年犯罪問題嚴重的原因之一，有許多孩子在小學時仍幾乎無法書寫全部字母。政府制定的教育制度，卻要求他們使用英語教科書進入中學教育，使這些孩子更難學習教科書上的科學概念，亦無法掌握公民責任等知識，失去接受正確教育的機會，這導致他們容易染指不良行為。[50]她堅信，只要不斷進行改革，以英語為第二語言的良好漢語中文教育能產生更好的效果。

49　"Time education, language policy changed course", *South China Morning Post*, 1982-12-03.

50　原文為 "…… I would go a little further than Mr Cheung and say that the English language policy is one of the causes of juvenile delinquency, which, in spite of official denials, is a fast- growing threat. Many children enter secondary education using English textbooks when they can scarcely write the letters of the alphabet. How can they learn about scientific concepts, civic responsibilities, and modern mathematics when they cannot read a word of their textbooks? Bad behavior is a natural sequence. and without an English school leaving certificate a child has little hope for the future. " 見 "Take a long, hard look at the education policy", *South China Morning Post*, 1982-12-10. 原稿見杜葉錫恩：〈"Take a long, hard look at the education policy" 原稿〉，1982 年 12 月 6 日。（慕光英文書院檔案編號 002）。

e Editor

A SINGLE CERTIFICATE IN TWO LANGUAGES

No one was happier than I to hear that the burden of our students was going to be lightened in 1974 by the introduction of a single certificate of Education, doing away with former discrimination between the Chinese and English languages. It was perhaps too much to hope that this move was intended for the good of the people: changes of policy in recent years, supposed to be intended to bridge the gap between Government and people, have always turned out to be the reverse. And now the Government has done it again!

Just in case I have misunderstood (and I hope for the students' sake that I have) would some Government spokesman please answer the following questions:

1. Is it true that the new "single" certificate will still indicate whether the student took his examination in Chinese or English: in other words, will it show, not simply whether or not he passed in Civics, but whether he passed Civics in Chinese or English?

2. If this is true, in what way will this new certificate be different in effect from the two separate certificates for the two languages?

3. Does this new system mean that schools will now have to divide their upper classes not only into Arts and Science, but also into Chinese and English Arts and Chinese and English Science?

4. If this (No. 3) is the case, is it the Government's intention to combine their own Department's two examinations and certificates into one, but to divide a single-language school into two to do the work for the Department? How could such a division be avoided under the new system?

5. Taking all the above into account, will the new system really give equality to the two languages, or will it not rather emphasise discrimination between them, since mention of language would indicate that more value will be attached to one of them (undoubtedly English): students will still be afraid to take the Chinese courses for fear of discrimination, and ultimately those who take the Chinese Examinations will be those rejected from the English class: receiving a certificate marked "Chinese" would automatically indicate a student with low grade English.

In case the Department tries to justify the mention of language on the certificate on the grounds that the employers will want to know the standard of English for a post requiring English, may I just say that the Grade obtained in English language should be sufficient.

Does it matter whether the student studied his Mathematics in English or Chinese? Must our students forever be limited in their power to study by the heavy chain of the English language medium?

I look forward to hearing the

Elsie, EAG back one-exam policy

Standard 29/1/77

Education

URBAN Councillor Mrs Elsie Elliott and a spokesman of the Education Action Group "absolutely agreed" with a recommendation that there should be only one common two-year course for all sixth form pupils.

They also supported a recommendation that the matriculation examination papers be set in both Chinese and English.

These recommendations were made in a report, "Sixth Form Education in Hongkong", issued by the Director of Education, Mr Kenneth Topley, yesterday.

The Director set up an informal working committee last February to look into any possible revision of the sixth form curriculum to bring it into line with actual present-day requirements.

To meet the requirements of industry, commerce and the professional and para-professional bodies for which a university degree is not necessary, the inclusion of a wide range of practical subjects is suggested.

The committee also emphasised the need for a greater inclusion of cultural subjects in form six courses.

The report suggested that the use of English and Chinese should be made compulsory.

Mrs Elliott was uncertain of the possible benefits of offering a combination of major and subsidiary subjects to matriculation students.

She was of the opinion that if the schools were well equipped in teaching the subsidiary subjects, which are mostly practical, then the students would be greatly benefitted in the long run.

"But only experience can tell, isn't it?" she said, repeating that it is a debatable question just as

the recommendation to maintain the depth but cut the content of the major subjects.

Mr Andrew Wong of the Education Action Group said the combination of major and subsidiary subjects could only work to the benefit of the students on two conditions — when there are a number of sixth form students and not everyone of them is aiming at university education, and when the emphasis in the education system was not one-sidedly academical.

But he doubted the practicability of this recommendation because most sixth form students now aimed at getting into either one of the local universities.

"In this case, the requirements are largely dictated by the universities and the students would have to follow suit," Wong said.

明理愛光：杜葉錫恩的教育思想及實踐

左："A SINGLE CERTIFICATE IN TWO LANGUAGES", *South China Morning Post*, 1972-02-26.

右：*"Elsie, EAG back one-exam policy"*, *Hong Kong Standard*, 1977-01-29.

Time education, language policy changed course

I AM delighted to hear from the Director of Education, Mr Colvyn Haye, that research will be done leading to the formulation of a language policy in the system of education in Hongkong.

I do hope and believe that it is also the wish of thousands of people here that the research will be fruitful and the final policy educationally sound and beneficial to the community.

Whoever will be in charge and involved with the research and the final formulation of policy, I hope that their thinking and reasoning will not be along the lines of elitist and English-based education because Hongkong is now on "mass education" and, with the approach of 1997, will definitely be more and more under the influence of China.

Being a British Colony, English education has until recently enjoyed unprecedented and unrivalled success in Hongkong. Jumping on the bandwagon of "English education" and to meet the demands of the people, most schools which came into operation in the past few decades were Anglo-Chinese schools as more and more Chinese middle schools had to close for lack of "patronage."

However, it must be pointed out that English schools in the past were real English schools, meaning that only Chinese and Chinese history were taught in Chinese. Pupils deficient in English had to find ways and means of bringing themselves up to standard through private tutoring, readings, going to night schools etc. People had sufficiently strong motivation to learn English because a person with a good command of English enjoyed advantage and privilege.

Slowly but steadily the social and economic progress resulted in more and more pupils going into schools, leading to the introduction of the nine-year compulsory and free education in 1978-1979. At the same time, more and more people demanded that since Hongkong is a predominantly Chinese community, Chinese should be adopted as an official language in community affairs, and the Government accepted the proposal.

An atmosphere of using more Chinese than English was slowly being cultivated and taking shape. Strangely, the side effect was that the standard of English started to decline. It was not because there were more pupils in schools but because far less English was used in schools and even in the universities. Instead more and more "Cantonese" was being used in the classrooms. Either as a result of the trend or need, many English schools have lost the sense and touch of English schools except in the use of textbooks. Other than English lessons, the medium of instruction in almost all the so-called English schools is Chinese with textbooks and supplementary notes in English.

The unhealthy paradox continues — textbooks in English, notes in English, examinations in English, but lessons conducted in "Cantonese." This is really a "queer" situation, and the effect is the increased confusion of the children and the further decline in the standard of the languages. Further expansion of the secondary schools programme results in an even greater number of "English" schools. Even estates schools in the new towns are "English" schools.

"Why don't sponsoring bodies run Chinese schools?" The answer is obvious: reasonably or unreasonably, the majority of parents do not want their children to study in Chinese schools. Even well-known Chinese schools use English textbooks for some of the subjects and take Syllabus B of the English Paper in the HKCEE.

If the present situation continues, not only will the standard of the languages be seriously affected, but also the quality of teaching and learning. I, for one, am very much concerned; I feel the prospect is pessimistic.

Looking ahead, the Government, in doing research for a language policy, must look into the situation seriously and soberly. And the citizens of Hongkong must address themselves to the question of whether public education should change its course in the years ahead. There is no point in attaching such great importance, blindly and stubbornly, to "English education" which, in its present form in many "English" schools, is not English education at all.

I, for one, do not think that the Government can afford to take a non-interventionist "laissez-faire" attitude on this subject. If Hongkong will come proportionally under greater influence from China in the years ahead, and if the Government wants to do a thorough job of "teaching in the mother tongue," it must decide and take the lead in implementing a "Chinese education" for the sake of the vast majority.

I do not want to pretend that there are no problems if a change is to be implemented. Not only will parents oppose such changes but also pupils and even teachers. University selection, teacher adjustment, international recognition, textbooks, are problems envisaged. But if it is basically the right thing to do, and if it is educationally sound, we must all work hard towards the set goal. Teachers will have to learn to use better Cantonese and eventually "Putunghwa" and conduct lessons in Chinese, not phrases of Chinese supplemented with English terms or vice versa; the Government will have to promote and ensure the writing and production of good Chinese textbooks; parents will have to support the course and co-operate.

With determination, we shall overcome. Or, alternatively, do we wish to see the present way of operation continue and the quality of education and the standard of the languages deteriorate?

I look forward to comment from the authorities and other readers.

Letters to the Editor

Take a long, hard look at the education policy

MR DAVID C.K. Cheung has my support when he speaks of the need for a change in language policy in schools.

I would go a little further than Mr Cheung and say that the English language policy is one of the causes of juvenile delinquency, which, in spite of official denials, is a fast-growing threat.

Many children enter secondary education using English text books when they can scarcely write the letters of the alphabet. How can they learn about scientific concepts, civic responsibilities, and modern mathematics when they cannot read a word of their textbooks? Bad behaviour is a natural sequence.

On one point I do not totally agree with Mr Cheung. He puts much of the blame on parents for wishing their children to study in English.

Some parents do put pressure on their children to learn English, but only because English is the key to success in Hongkong, and without an English school leaving certificate a child has little hope for the future. This is one of the reasons why colonialism is wrong. Language has been a major reason why colonies one by one have claimed independence.

Hongkong children are caught in an impossible situation, needing English, but being unable to cope. For the 30 years I have lived in Hongkong, educators have been saying that learning in a foreign language (English) has kept the Chinese children in a half educated state and hindered them learning their own language and culture. This, naturally, has a bearing on character and behavioural attitudes.

I am firmly of the opinion, after 30 years in the education field in Hongkong, that a sound education in Chinese with English as a second language starting at primary five, seven or even form one, would produce better results.

A child can concentrate on learning English for two lessons a day, but no average mind can cope with practically a whole day of concentration on a variety of subjects in an alien language. Such a system as I have proposed would not hinder the brilliant student of English, who could specialise in English at form four or even form six level without losing out.

Unless urgent steps are taken to adapt the nine-year education policy to meet the needs of the average child, we shall find the standard of English will sink even lower, and I hardly dare to think of the result in behavioural problems to be faced by the teachers.

I beg the Education Department to take a long hard look at the present catastrophic results of the new, apparently unplanned education policy, especially as we move on towards 1997.

E. ELLIOTT (Mrs)

左："Time education, language policy changed course", *South China Morning Post*, 1982-12-03.

右："Take a long, hard look at the education policy", *South China Morning Post*, 1982-12-10.

6 December 1982

The Editor
SCMP
P.O. Box 47, G.P.O.
Hong Kong

Dear Sir,

Mr. David C.K. Cheung has my support when he speaks of the need for a change in language policy in schools.

I would go a little further than Mr. Cheung and say that the English language policy is one of the causes of juvenile delinquency, whichi, in spite of official denials, is a fast-growing threat. Many children enter secondary education using English text books when they can scarcely write the letters of the alphabet. How can they learn about scientific concepts, civic responsibilities, and modern mathmetics when they cannot read a word of their textbooks? Bad behaviour is a natural sequence.

On one point I do not totally agree with.Mr. Cheung. He puts much of the blame on parents for wishing their children to study in English. Some parents do put pressure on their children to learn English, but only because English is the key to success in Hong Kong, and without an English school leaving certificate a child has little hope for the future. This is one of the reasons why colonialism is wrong. Language has been a major reason why colonies one by one have claimed independence.

Hong Kong children are caught in an impossible situation, needing English, but being unable to cope. For the thirty years I have lived in Hong Kong, educators have been saying that learning in a foreign language (English) has kept the Chinese children in a half educated state and hindered them learning their own language and culture. This, naturally, has a bearing on character and behavioural attitudes.

/I am....

I am firmly of the opinion, after 30 years in the education field in Hong Kong, that a sound education in Chinese with English as a second language starting at Primary 5, 7, or even Form 1, would produce better results. A child can concentrate on learning English for two lessons a day, but no average mind can cope with practically a whole day of concentration on a variety of subjects in an alien language. Such a system as I have proposed would not hinder the brilliant student of English, who could specialise in English at Form 4 or even Form 6 level without losing out.

Unless urgent steps are taken to adapt the 9-year education policy to meet the needs of the average child, we shall find the standard of English will sink even lower, and I hardly dare to think of the result in behavioural problems to be faced by the teachers.

I beg the Education Department to take a long hard look at the present catastrophic results of the new, apparently unplanned education policy, especially as we move on towards 1997.

Yours sincerely,

(Mrs.) E. Elliott, C.B.E.

178

"Take a long, hard look at the education policy"（原稿由慕光資料庫提供）

四、要求改善幼兒教育質素

　　早在 1977 年，葉氏所屬的「教育行動組」（Education Action Group）已留意到幼兒教育需要政府投入資源支持及發展，因此發表言論促請政府對幼稚園進行補貼，以確保學童有更大機會得到優質及全面的教育。文中指出了很多幼稚園面對的困難與發展阻礙，這些情況基本上延續至八十年代早期。[51]

　　文中指出多個幼稚園業界的問題。首先是幼稚園之間的惡性競爭情況，小學普及教育的推展，意味平等的小學教育機會，而學前教育很影響學生能否考進小學「名校」，因而在一定程度上增加了幼稚園行業之間惡性競爭，為幼兒教育帶來歪風。因此很多幼稚園把課程編排得極具「競爭性」，提前教導學童中文、數學、甚至英文等學科知識，[52] 反而未有顧及訓練學生的基本技能，歪曲了幼兒教育的本來宗旨及目的。

　　再者是高昂的租金問題，香港幼稚園學費在當時已高於東亞地區，至1981 年香港政府布政司署發表的幼稚園收費額，更達至每年 650 元至 2,250元，[53] 基層家庭很難負擔這筆費用。據教育行動小組的報告指出，幼兒教育行業收取高昂學費的原因在於當時很多幼兒園面對房租、工資、設備成本不斷上漲等問題。[54] 而 1981 年的《小學教育及學前服務白皮書》指樓宇租金是決定幼稚園學校收費的其中一個較重要因素，[55] 葉氏認為政府有義務及責任為香港學童提供幼兒教育，因此她批評政府提升幼稚園的租金，會導致幼稚園經營者選擇降低教學成本和質素，或將上升的租金轉移到學費中，對於不以牟利為目的之幼稚園可能導致經營困難而最終倒閉。[56]

　　其三是幼稚園教師的師資及質素未符合標準，質素成疑。八十年代初期，高達八成的幼兒教師都未經專業訓練，而政府每兩年只能培訓五十位幼兒教

51　見 "EAG urges Govt to assist kindergartens", *South China Morning Post,* 1977-06-17.

52　這種情況實質上違反了教育署所提供的意見，詳見《香港教育制度全面檢討》（香港：政府布政司署，1981 年），頁 228。

53　見香港布政司署：《香港教育制度全面檢討》，頁 115。

54　見 "EAG urges Govt to assist kindergartens", *South China Morning Post,* 1977-06-17.

55　報告指不同地方開辦的幼稚園租金差距往往很大，以八十年代為例，公共屋邨內非牟利機構的月租為每平方呎五角（或每平方米五元左右）；而位於屋邨以外的，每月租金則為每平方呎五元或以上（或每平方米五十元以上）。見社會事務司：《小學教育及學前服務白皮書》（香港：政府印務局，1981 年），頁 21。

56　"Is Govt phasing out kindergartens", *South China Morning Post,* 1977-07-06.

師，故極需政府投入資源以培訓合資格的幼兒教師。[57] 下列數據不只反映了大部分幼稚園教師都未受訓練，更出現極端的男女失衡現象。

一九八零年三月幼稚園教師受訓情況 [58]

教師種類	幼稚園	
	男	女
曾受訓練的學位教師	18	50
未曾受訓練的學位教師	45	70
曾受訓練的非學位教師	20	641
未曾受訓練的非學位教師	53	4,425
共計	136	5,186

　　當時全港的幼稚園均全由民間開辦，大多欠缺劃一的標準制度，以至幼兒教育行業質素良莠不齊。早年的幼稚園收生不但年齡差距大，對教學環境等亦沒有明確規定要求，混亂的制度不利幼稚園行業發展。至八十年代，政府才有意為當時幼稚園制定標準，規定自 1981 年 9 月起幼稚園的入學年齡應為三歲零八個月或以上，以及幼稚園課程為期不應超過兩年，但這些標準仍是延至四年後才全面執行。

　　面對當時競爭激烈，師資良莠不齊，制度混亂的環境中，葉氏不僅在 1982 至 1984 年間先後開辦了慕光順天幼稚園、慕光沙田幼稚園、慕光澤安幼稚園，加上在 1964 年開辦的慕光樂富幼稚園合共四所幼兒機構，更多次公開撰文指出政府教育政策不足，並提出建議，足見葉氏對香港教育發展的關切。

57　因應小組報告反映的情況，政府在 1981 年擴大合格幼稚園教師的在職訓練課程取錄人數，每年可訓練出一百二十名教師，更增設合格幼稚園助理課程，每年可訓練一百六十名幼稚園教員成為合資格助理，見香港布政司署：《香港教育制度全面檢討》，頁 215。

58　數據參自香港布政司署：《香港教育制度全面檢討》，頁 276。

Is Govt phasing out kindergartens?

THE Education Action Group is deeply disturbed by reports that some kindergartens in resettlement estates feel forced to close due to the Government's drastic rent increase from $1 per month per kindergarten to 50 cents and 75 cents per square foot per month within a three-year period.

When the increase was announced in January, the EAG wrote to the Director of Housing, the Director of Education, and the press urging that the plan be cancelled. The EAG predicted that the rent increase would force most affected kindergartens to: increase their fees, drastically reduce their quality, or close. If kindergarten education were a luxury, the Government's attitude would be more understandable, but children are expected to know a certain amount of Chinese, English, and maths before being admitted to most primary schools.

Children in the affected resettlement estates generally lack many advantages afforded children from more privileged families. They generally live in overcrowded conditions with very little quiet and space for study; generally parents are unable to assist their children with school work and are unable to hire tutors which are common among middle income and wealthy families for help with homework and preparation for examinations.

Most mothers in the resettlement estates in question must work in order to provide minimal family income. Paying higher fees in kindergartens or taking children to kindergartens in other areas will all add to the families' difficulties. By forcing kindergartens to close or reduce their quality through the rent increase, the Government will cause further educational disadvantages to many resettlement estate children.

The EAG realises that some profit-making kindergartens are able to meet the increase. However, we feel it is unreasonable for non-profit making ones which are unable to meet the increase to be forced to close. Provision of kindergarten education should be the responsibility of the Government. Since the Government refuses to provide such service, it should give every assistance to those taking up the Government's responsibility, not make things more difficult as the new plan will do.

A circular from the Housing Authority to many of the affected kindergartens stated: "Should you consider that you are unable to pay the new rent but wish to continue the kindergarten, you may apply to the Authority for special consideration of your case." The EAG has received reports that some kindergartens that applied were granted the rent increase over a four-year period instead of three. This is of very little help and will still, in most cases, force closure, fee increase, or reduction in quality.

Could the Housing Authority please answer the following:

1. How many kindergartens have applied for special consideration of rent increase?
2. How many kindergartens have had the rent increase waived permanently? How many have been granted an increase over a 10-year period? How many have been granted other arrangements? What arrangements?

The rent increase has been interpreted by some parents and teachers as an attempt to eliminate resettlement estate kindergartens and the service they provide to thousands of resettlement estate children. Such a feeling about the Government can only breed further discontentment. The Government must solve the problem that its new policy has created.

EDUCATION ACTION GROUP

"Is Govt phasing out kindergartens", *South China Morning Post*, 1977-07-06.

五、積極為教育議題發聲

身為市政局議員，葉錫恩向來關注社會時事，亦參與社會事務，為弱勢群體爭取權益，並就各種社會議題發聲。本節以「為『金禧事件』提出建議」、「為浸會學生爭取應得待遇」、「呼籲包容越南兒童入學」等事件，探討葉氏除了創辦慕光學校以外，還以何種形式參與香港社會的教育事務，進而推動香港教育的發展。

（一）為「金禧事件」提出建議

七十年代，香港曾爆發一次嚴重的社會運動，稱為「金禧事件」，葉錫恩在事件中建議政府包容處理涉事教師及進行復校，得到港英政府與教育司採納，解決是次衝突。1977 年初，天主教寶血會金禧中學多名師生揭發校方涉嫌以多個途徑斂財，包括與學生午膳的承辦商分賬，強逼學生以高價購買英文字典及冬夏季校徽，冒充離職工友支薪，剋扣代課老師工資等，通過以上形式賺取暴利。校長濫用政府津貼撥款中飽私囊，滿足個人利益。該校創辦機構寶血會則涉嫌收取合共多達三十餘萬的不義之財。[59] 因此，校內三名教師聯同時任香港教

59　金禧事年特刊編輯委員會：〈序言〉，《金禧事件特刊》（香港：學苑，1978 年），（慕光英文書院檔案編號 007）。

育專業人員協會（下稱教協）會長司徒華舉報金禧中學校方高層，教協亦積極介入整次事件。廉政公署調查後認為，事件只涉及行政失當，教師們遂轉向教育司署投訴，教育司署在接獲投訴後，未有積極處理，縱容校方壓迫教師。[60]

同年 4 月，金禧中學校長梁潔芬修女承認部分指控，遂辭任校長並宣稱將全盤賬目呈交教育司署審核。然而事情並未告一段落，校方疑在事後借續約一事留難在任教師。6 月 3 日，校方在教師的續約聘書中新增一項守則，使校董會有權在「適當通知」下，解僱「違規教師」，金禧教師們因而要求校董會解釋及修改條款。[61]

1977 年 6 月 9 日，校董會不但拒絕修改條款，更要求教師在限期內簽約，否則作離職論。金禧中學的學生知悉事件後，自發在操場集會，以罷課方式要求校方解釋。翌日，助理教育司林達鎏到校了解，有意盡快平息事件，但過程中並無與師生進行交流。兩天後，教師們為免影響學生學習進度，遂同意簽署聘書。[62]

1977 年 6 月 16 日，時任教育司陶建以強硬態度追究涉嫌鼓勵學生罷課的教師，更公開發出警告信，指控教師「有直接或間接介入該校學生罷課」，並揚言如果事件重演，涉事教師將會被吊銷註冊資格。[63] 金禧中學的三十三名教師遂到教協尋求協助。教協則回應指陶建的警告信毫無根據，要求他收回言論。該學年考試結束後，寶血會於暑假期間宣佈退出金禧中學，由主教府接辦學校，以及委派新校長關慧賢主持校政。關校長上任後大量招聘教員，更對原校的師生表現十分排斥，關校長曾向新任教師表示：「若不能與舊教師相處，儘管和他們鬥好了，我早晚要他們另謀高就。」又對學生說：「你們不要與舊同學來往，也不必尊敬舊老師，如果你們聽我的話，我會很愛惜你們。」校方更在新學年實施限制師生活動的保守規條，有意避免新舊師生接觸。[64]

1977 年 10 月 6 日，警方商業罪案調查科公佈，校方的公款違法事件只涉一人，而所涉款項僅為七千餘元。翌年 1 月，律政司宣佈，教育司署調查報告將交商罪科進一步調查。1978 年 2 月 23 日，金禧中學前校長梁潔芬修女被法

60 教育研究部：〈1977 至 1978 年：金禧事件　司徒華陪同教師舉報學校歛財〉，《香港教育專業人員協會》，擷取自：https://www.hkptu.org/8101，瀏覽日期：2020 年 8 月 2 日。

61 同上註。

62 教育研究部：〈1977 至 1978 年：金禧事件　校方欺壓教師　激起學生罷課〉，《香港教育專業人員協會》，擷取自：https://www.hkptu.org/8051，瀏覽日期：2020 年 8 月 2 日。

63 〈教育司警告教師　如再犯吊銷註冊〉，《香港工商日報》，1977 年 6 月 18 日。

64 教育研究部：〈1977 至 1978 年：金禧事件　校方欺壓教師　激起學生罷課〉，《香港教育專業人員協會》，擷取自：https://www.hkptu.org/8051，瀏覽日期：2020 年 8 月 2 日。

庭裁定十項偽造賬目罪成，入獄六個月，但獲准緩刑兩年執行。[65]

　　1978 年 5 月，關慧賢校長突然指控七名學生就校方搜書包問題約見校長時「圍困校長」及「侵犯人身自由」，勒令其中四人停學兩星期，三人遭嚴重警告。及後，有學生控訴回校測驗時被拒進校及遭毆打；校長否認，教育司署亦支持校方，勸喻家長約束子弟。此事觸發該校四百多名師生前往港督府向港督麥理浩請願，隨後又到主教府外露宿，向教區主教胡振中抗議，要求將校長革職及徹查事件。[66] 由於主教拒絕接見，十六名教師露宿請願。翌日，助理教育司林達鎏威脅若事件惡化，署方有權革退師生，關閉學校。教育司署的回應引起社會嘩然，激發大專團體發起行動，聲援金禧師生。5 月中旬，鑒於事態嚴重，教育司署宣佈封閉金禧中學，並由天主教會在新學期原址改辦德蘭中學，大部分學生可留在新校升學，原校校監及校長俱獲留任，惟參與靜坐的十六名教師則不獲續約，並安排中一學生轉校就讀。港英政府宣佈「封校」、打壓靜坐教師的決定引起社會不滿，因而爆發成社會運動，該校師生家長、大專學生、神職人員、傳媒工作者等相繼要求復校，司徒華亦向港督麥理浩提出「先復校，後調查」的訴求。為平息及防止同類事件再發生，港督委任港大校長黃麗松等三人組成調查委員會，調查事件及提出建議。[67]

　　1978 年 5 月下旬，教育司署宣佈為學生在不同學校安排就學，原校中有五十九名中二至中四的學生分配到何文田官立學校，而另外八十五名學生則分派到鄰近的十三所學校，被狠批為「難民式」復課。[68] 教協因此聯同各界社會團體，於 5 月 28 日在維園舉辦「金禧事件民眾大會」，參與者多達一萬人，大會代表強烈譴責教育司署、胡振中主教及校方在事件中的做法，大會發起簽名運動及全港一人一元籌款支持運動。[69]

　　葉錫恩在衝突爆發期間不在香港，她回港後第一時間了解事件，提出政府應包容處理事件，尤其應要進行復校工作，讓學生繼續上課。葉氏認為最壞的解決方案是在案件調查期間採取嚴厲行動，大刀闊斧的措施只會加劇矛盾，關閉學校並解僱教師只會引起社會大眾同情以及激發社會對政府的不滿。葉氏進而指出，在這種情況下，唯一明智的選擇是立即重新開放學校，恢復十六位教

65　〈前校監梁潔芬被控　訛騙公帑七千餘元〉，《香港工商日報》，1978 年 2 月 15 日。

66　〈金禧事件趨惡化　警方採戒備措施〉，《香港工商日報》，1978 年 5 月 17 日。

67　同上註。

68　"Elsie offers alternative to school row", *Hong Kong Standard*, 1978-06-01.

69　教育研究部：〈1977 至 1978 年：金禧事件　先復校、後調查社會各界聲援金禧師生〉，《香港教育專業人員協會》，擷取自：https://www.hkptu.org/7993，瀏覽日期：2020 年 8 月 2 日。

師的任職，並任命政府官員擔任校長的剩餘任期，更可以延長任職時間以彌補浪費的時間。葉氏認為，若政府繼續強硬處理事件，必然會喪失社會對政府的信心。[70]

政府在事件最後放棄一向的強硬應對態度，採用葉氏溫和解決問題的方針，跟進學童的就學安排。港督其後宣佈成立金禧中學事件調查委員會，並在 7 月接納委員會的建議，除已改辦的德蘭中學外，另設一所中學——五育中學，供金禧中學教師任教，學生可自由選擇在其中一所學校就讀，歷時一年的衝突事件得以平息。[71]

此次事件不僅反映港英政府處理不當，更顯示了當時資助學校的行政管理問題。故於「金禧事件」後，1979 年 6 月，教育司署發出一份名為「關於教職人員、校董會及教署三方面諮議事」的通告，建議由 9 月新學年起，在資助學校建立一個諮議制度，由教師代表與校董會直接商討有關學校的問題。[72]

《金禧事件特刊》（慕光英文
書院檔案編號 007）

70　"Reopen school and reinstate teachers", *South China Morning Post*, 1978-06-02.

71　教育研究部：〈1977 至 1978 年：金禧事件　先復校、後調查社會各界聲援金禧師生〉，《香港教育專業人員協會》，擷取自：https://www.hkptu.org/7993，瀏覽日期：2020 年 8 月 2 日。

72　同上註。

Reopen school and reinstate teachers

I WAS absent from Hongkong when the Precious Blood Golden Jubilee School was closed, and since my return I have been trying to find out the real facts through practically the only source of information on the matter, the newspapers. I have not talked to either parties, and because of another engagement could not attend the rally.

The news of the closure was an incredible shock. Information obtained from the press and from a few people familiar with the problem has been so conflicting that it was impossible to pass any judgment, except to say that closures and sackings produce only adverse effects in any society.

Facts revealed more recently by those very thorough investigators, the "Hongkong Observers" and others, cast very grave doubts on the frankness and impartiality of the Education Department. A Government spokesman takes on himself a very vulnerable position if he talks "off the top of his head" without checking the facts, and apparently this did happen, unless the implications were even more sinister than that.

In conflicts of this kind, it can seldom be said that one party is perfectly right, but the worst possible solution is to take drastic action while the matter is still under investigation.

Drastic measures can only escalate any controversy, and to close the school and sack the teachers merely calls for more sympathy for both students and teachers, and in turn stirs up unrest among students. Students are no longer easily fobbed off as in more laissez-faire colonial days.

In the circumstances, the only sensible thing to do is surely to re-open the school at once, reinstate the teachers, and appoint a Government official as principal for the rest of the term, which could be lengthened to make up for lost time.

Of course, the Government could decide to continue rocking the boat holding the whole student population, provided it is willing to take the consequences, which, to say the least, would mean massive loss of confidence in the Government.

ELSIE ELLIOTT (Mrs)

Elsie offers alternative to school row

URBAN Councillor Mrs Elsie Elliott called on the Government yesterday to re-open the Precious Blood Golden Jubilee Secondary School with a government official as principal for the rest of the term and reinstate the 16 teachers.

She also suggested that the present school term could be lengthened to make up for lost time.

In a letter to the Standard she said:

"Of course, the Government could decide to continue rocking the boat holding the whole student population, provided it is willing to take the consequences, which, to say the least, would mean massive loss of confidence in the Government."

Closure and sackings produced only adverse effects in any society, she added.

Facts revealed "cast very grave doubts on the frankness and impartiality of the Education Department," Mrs Elliott noted.

She termed the closure "an incredible shock".

Apparently referring to the conflicting statement from acting Director of Education Colvyn Haye regarding who first made the complaint alleging misappropriation of school funds, Mrs Elliott said: "A Government spokesman takes on himself a very vulnerable position if he talks 'off the top of his head' without checking the facts, and apparently this did happen, unless the implications were even more sinister than that."

She conceded that in conflicts of this kind, it could seldom be said that one party was perfectly right; "but the worst possible solution is to take drastic action while the matter is still under investigation."

CONFLICTING

Mrs Elliott said in the letter that she had been away from Hongkong during the incident and has had to rely on information gathered from the press — admittedly "conflicting" — to form her views.

Meanwhile, another 59 middle 2-4 pupils of the school were yesterday admitted to the Homantin Government Middle School, bringing to 151 the total number now enrolled there.

In addition, 85 others are continuing their studies in 13 neighbouring schools where they have been admitted with the assistance of the Education Department.

A spokesman for the department yesterday reiterated that places could be found for all the middle 2-4 pupils.

左："Reopen school and reinstate teachers", *South China Morning Post*, 1978-06-02.

右："Elsie offers alternative to school row", *Hong Kong Standard*, 1978-06-01.

（二）為浸會學生爭取應得待遇

　　港英政府有意自 1978 年 9 月起，全面推行九年普及教育，故在 1977 年發表了《高中及專上教育綠皮書》，該報告發表目的在探討九年普及教育課程，包括準備升讀全日制或部分時間制課程的學生，發展未來十年的各種主要教育課程，主要內容包括擴建學校、增加師資訓練、擴充中四至中五的課程等等，並廣徵社會意見。[73] 1977 年綠皮書對香港中學及專上教育發展均有重要影響。葉氏曾就綠皮書中的建議提出意見，她作為前浸會講師，尤其關注浸會的發展情況，而且慕光亦有不少老師出身自香港浸會學院，葉錫恩校監自是更為關切他們的權益。葉氏指出，綠皮書提出的師資制度對浸會畢業生並不公平，該報告將香港浸會學院，定位為中學與大學之間，且不給予任何形式資助，[74] 與當時的教育學院（即現今的香港教育大學）相比，浸會學院畢業生能任教中五至中六學生，教育學院畢業生則多只能任教中一至中三年級，然而浸會學院畢業生的待遇卻與他們的實際能力不相等，工資低於大學畢業生水平。葉氏認為，這種現象源自政府對浸會學院等認可專上學院的偏見，[75] 使能力較好的學生選擇其他獲認可學位的公立大學就讀，引致惡性循環。[76]

　　在葉氏等熱心人士的積極發聲與爭取下，1978 年 10 月政府公佈的白皮書中，浸會學院獲得政府經濟資助。[77] 政府的資助條件為「學院必須將課程重新修訂，提供兩年中六程度課程及可以取得專業或其他職業方面資格的兩年中六後課程，此外，各專上學院亦可為已修畢兩年中六後課程而又表現有才能去深造的學生開辦一年的深造課程，不過這種課程，政府不予資助」，以上課程制度又稱為「二二一制」（兩年預科課程，二年中六後課程，一年深造課程），當時香港浸會學院和嶺南學院均接納以上條件，並於 1980 年 9 月實施第一期

73　有關港英政府對綠皮書評價，見《香港教育制度全面檢討》（香港：香港政府布政司署，1981年），原文見《高中及專上教育綠皮書》（香港：香港政府印務局，1977年）；《高中及專上教育發展白皮書》（香港：香港政府印務局，1978年）。

74　詳見《高中及專上教育綠皮書》（香港：香港政府印務局，1977年），另見〈浸大簡史〉，《迎新號》，2011年，頁9。

75　同時期的「認可專上學院」包括：「香港浸會學院」、「香港樹仁學院」和「嶺南學院」。見《香港教育制度全面檢討》（香港：香港政府布政司署，1981年），頁46。

76　"Judgement based on money rather than performance?", *Hong Kong Standard*, 1978-01-24.

77　葉氏曾去信政府官員反映對綠皮書意見，見 " To the Convenors, Seminar on Green Paper on Secondary and Tertiary " （浸會檔案 14-4). 因綠皮書事件，浸會學院在校內舉辦「全院師生反對綠皮書誓師大會」，引起社會哄動與關注，終在白皮書中採納公眾意見，資助浸會學院，浸會師生就爭取學校與自身權益上，也作出很大努力。見〈浸大簡史〉，《迎新號》，2011年，頁9。

新課程。[78] 浸會更在 1994 年正式易名為「香港浸會大學」，得到社會廣泛認可，成為香港知名學府。[79]

LETTERS to the Editor

Standard
24/1/78

Judgement based on money rather than performance?

AS a former teacher of the Baptist College and now as an employer of Baptist College graduates, I should like to comment on the recent correspondence to the press, alleging unfairness in the treatment given to post secondary colleges in the Green Paper on Secondary and Tertiary Education. In particular I should like to support the views of your correspondent Edward Lee Kwok-yu, who has set out the matter very well in your column, January 20.

It is the Government itself, by its salary scale, that has tarred the Baptist graduates with the brush of inferiority, and not the actual standard of the graduates. For example, the maximum salary payable to a Baptist College graduate teacher receiving government subsidy not only fails to measure up to the salary of a university graduate, but is also below the level of a graduate of the colleges of education whose academic status is matriculation.

Admittedly, graduates of colleges of education have training in the techniques of teaching, but on graduation most of them can teach only Forms 1 to 3, while Baptist College graduates can often do very well in teaching to Form 5 or even 6. They are, therefore, more flexible than teachers from the training colleges, and this should be indicated in their pay scales by at least granting equality.

It may well be that the Government attitude is due to ignorance rather than intent. However, any school authorities receiving small subsidy will admit that the much-exploited Baptist College graduate can be a godsend if he can teach the higher classes because of his higher academic as opposed to professional training.

If the Baptist College graduate cannot measure up academically to the graduate of the university colleges (and this point is debatable), it is due to the system. The cream of the students will opt for other public colleges with recognised degrees. Likewise, those with University teaching ability will seek posts in the public colleges — though there are, fortunately, some professors who seek something other than lucrative posts.

The Green Paper appears to be highly prejudiced against post-secondary colleges, and this view is typical of Government ignorance of or prejudice against anything that is not set up and operated with full Government blessing. The Government judgement is clearly based not upon performance (since the performance of many of its own departments is deplorable), but upon what can be controlled by Government money. Colonialism, I guess, thrives on such prejudices.

E. ELLIOTT

"Judgement based on money rather than performance? ", *Hong Kong Standard*, 1978-01-24.

78　見《香港教育制度全面檢討》（香港：香港政府布政司署，1981 年），頁 46。

79　同上註，頁 10。

（三）呼籲包容越南兒童入學

　　葉錫恩對孩子教育的關切從來沒有階級、種族之分。如在 1988 年就曾為越南兒童入學問題公開發聲。香港的越南學童問題源於 1979 年的國際公約條款，該年 7 月，英國政府在日內瓦簽署一項關於處理越南難民問題的國際公約，其中內容包括將香港列為「第一收容港」，自此大量越南難民湧入香港。不少難民在香港落地生根，孕育下一代，這群小孩漸漸長大，亦開始面對升學難題。至 1988 年祖堯天主教小學開放學位讓香港難民營出生的船民學童入讀，但此舉卻引起部分本地家長不滿。四名下午校家長召開記者會，指責教育司署未有任何諮詢下安排了八十一名五至十一歲在港出生的越南兒童入讀一年級，並直言擔心會在校內形成越南圈子勢力，影響其他學生的學習情緒和降低教學水平。[80]

　　葉錫恩就越南學問題公開表示，家長不應因過往事件而對越南學童帶有偏見，更不應把這種偏見傳遞予下一代，令學生成為受害者。葉氏進而從越南學童角度考慮，指出若把學童分配得太零散，會使他們在校內感到孤獨，不利學童身心健康發展。[81] 由此可見，葉錫恩對學童教育的關心，不分階級，更無種族國界之差別。

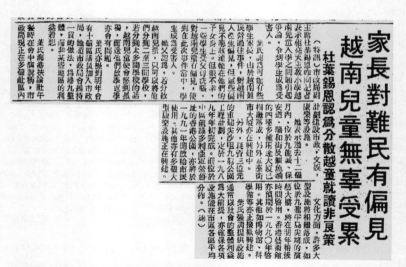

〈家長對難民有偏見　越南兒童無辜受累〉，《華僑日報》，1988 年 9 月 2 日。

80　〈大量越童入讀同校　家長憂慮影響成績〉，《華僑日報》，1988 年 8 月 27 日。
81　〈家長對難民有偏見　越南兒童無辜受累〉，《華僑日報》，1988 年 9 月 2 日。

第九章
慕光精神創立與實踐

　　杜葉錫恩與杜學魁創立慕光多年，二人通過慕光學校體現並實踐他們的辦學精神，慕光為二人畢生教育心血，故他們對教育的理念、宗旨應稱為「慕光精神」。本章探討慕光精神的始創者 —— 杜葉錫恩及杜學魁對「慕光精神」的詮釋，以及二人如何體現「慕光精神」，進而怎樣實踐「慕光精神」。

一、慕光精神始創者 —— 杜葉錫恩與杜學魁

　　對慕光而言，杜葉錫恩與杜學魁是最重要的人物，他們既為慕光學校的創立者，也是「慕光精神」的始創人。談及杜葉錫恩的在教育上的理念實踐，必須兼論杜學魁先生，二人不單是教育事業上最好的伙伴，更是人生路上的伴侶。二人國籍、種族雖然不同，卻有相似的背景及興趣，並希望將來可為社會無私付出、奉獻。二人相知、相交、相愛的過程，是慕光得以創立的契機，也伴隨着慕光的發展及成長，通過了解二人的關係以及他們對慕光精神的理解，有助進一步探知「慕光精神」及其傳承的內容。

　　二人早在慕光創立之前已相識，葉錫恩在木屋區教會工作期間，對杜學魁的人品已十分敬佩，因為她發現杜學魁寧願減少自己的收入，也說服孩子們不要租賃那些不適合他們看的書籍。也因為杜學魁的建議，令二人決心為窮人的

孩子辦一所學校，終於他們在拮据的經濟狀況中，齊心協力建立了慕光學校。[1]

杜學魁的性格與葉錫恩十分契合，成為如同家人一樣的伴侶，也改正了葉錫恩的某些偏見，在潛移默化中對她的價值觀產生很大影響：

> 除了怎樣和學生相處外，杜學魁還教會我許多事情。我教他英文，他教我中文。我發現他對西方和中國一些作家和哲學家都很熟悉，對宗教和政治也有很深入的了解。與他談話彷彿就像在老家跟父親和弟弟談話一樣，我發現自己對生活的熱情逐漸恢復過來了。他指出了西方人的偏見：由於生活背景和傳統思想關係，再加上學校裏歷史書本的歪曲事實，西方人心底下不知不覺都存有某些程度的偏見，杜學魁使我恢復了過去。年輕時候，未給教條束縛之前的理想，不過，他一點都不知道他正在使我改變過來。我好像脫胎換骨，變了另外一個人。多年來，這是我第一次再看到希望……杜學魁是我生平唯一遇到的一個跟我理想最接近的人，直到今天還是。我對他敬愛二十五年都沒改變過。[2]

杜學魁把二人的感情比喻作花草與果樹，雖稱不上轟轟烈烈，但貴乎順其自然、細水長流，對二人結下百年之好，是經歷了三十多年的時間考驗才開花結果，彌覺珍貴：

> 我們並不比你們年輕人，愛情並沒有什麼火花，一切都在不知不覺間成長，好像春天的花草很自然地在地上生長起來，也像種植的果樹一樣：果子到了成熟的時間會自然的掉下來。[3]

對葉錫恩而言，二人就如家人一樣，而對二人的感情，杜葉錫恩則看作是相互扶持的關係：

> 杜先生到我一起工作了很多年，我們共同渡過了很多艱難時期。年紀大了，如果大家結婚，日後可以長久在一起，他病了我就照顧他；我病了他就照顧我，互相安慰關心。[4]

1　詳見本書第四章。

2　邢學智：〈第二十八章·同舟同濟〉，《杜學魁傳》，頁138。

3　邢學智：〈第三十一章·溫馨家庭〉，《杜學魁傳》，頁162-163。

4　同上註，頁163。

雖然二人早已相識，也深深欣賞對方，但他們卻在 1985 年才正式成為夫婦。杜學魁與杜葉錫恩在九龍觀塘婚姻註冊處共訂鴛盟，結為夫妻，這段「黃昏之戀」在當時頗為轟動，傳為佳話。

二人的結婚過程十分低調。在 1985 年年初的一天，杜學魁說：「我們已經逐漸老了，總有一天要照顧對方。出外旅遊時，我們也需要一塊兒。不如我們結婚，好嗎？」就是這樣二人決定結婚。二人的婚禮一直沒有對外公佈，直至婚前幾天，有新聞記者致電查問兩人喜訊一事，葉錫恩也秘而不宣，至翌日從註冊處影印出來的婚姻通告因而成為頭條新聞，社會大眾均對他們的婚姻表示祝福。[5]

1985 年 6 月 13 日，二人結為夫婦。並在六月底渡過了溫馨的蜜月旅行。然而旅行並不順利，杜學魁的健康更在這時間出現問題。幸好二人最終共同渡過難關，加深二人的感情，也令杜葉錫恩更珍惜眼前人：

> 在婚後的三個月內，我很多次害怕會失去杜學魁。我感激主讓我可以與他在一起生活，彼此照顧，共同為這個已是我們的家努力。[6]

表面上看，二人將這段「黃昏之戀」說得很清淡平和，但實質上二人的感情已得到歲月的印證，不需更多言語去說明。這份愛情雖不可稱作青年人那種纏綿激蕩之情，卻令人深感是情誼倆相知，是堅實牢固的感情。

二人婚後的生活平淡而溫馨。杜學魁享受二人簡單的婚後生活，不需特別的娛樂節目，大部分時間都伴書而過，偶爾也出外喝杯咖啡，聊聊天，享受一下便十分足夠。杜葉錫恩從小就喜歡縫紉和織毛衣，她一有空，便會翻開編織書專心研究。她為杜學魁編織過幾件毛衣。她喜歡下廚房，學會了丈夫傳授的幾道中國菜作法。她還會做地道的英國早餐，杜學魁最愛喝她做的餐湯。在杜學魁心目中，自己的妻子是位了不起的女性。白天，她忠於職守，為市民大眾的利益奔走；回到家中，她又盡可能負擔起主婦的責任。[7]

在杜葉錫恩努力為市民爭取權益，操勞工作時，杜學魁總是默默支持她，他們彼此相愛，彼此欣賞。杜學魁欣賞杜葉錫恩對理想對工作執着追求的敬業精神，以及她樂觀通達的品格。此時的杜葉錫恩早到了退休之年，但她為香港

5　見 Elsie Tu, *An Autobiography of Elsie Tu*, p. 74.

6　見杜葉錫恩：〈第三十五章·結婚〉，《葉錫恩自傳》，頁 272。

7　邢學智：〈第三十一章·溫馨家庭〉，《杜學魁傳》，頁 163。

市民服務的心卻一樣年輕。當有人問她何時退休，她說：

> 幫助別人一直都是我為人的宗旨，只要我能為別人做一些事，我就一定會做下去。我很關心世界各地的時勢，平時我都很留意報紙上的消息。我覺得這個世界需要和平，民主和自由，不論職業高低，人人都應該平等。[8]

杜葉錫恩的堅持正是杜學魁欣賞的地方，杜葉錫恩多年來覺得遇到的最大困難是「政府」的障礙，因為「很多時候政府都不太積極幫助低下階層的人，有錢人就可以得到很多方便。法律對低下階層的人也不公平。」[9] 而杜學魁亦以行動支持她的妻子，讓杜葉錫恩可以放心把時間放在處理繁瑣的政務上。杜學魁高度評價杜葉錫恩的工作表現：

> 我最欣賞的是她工作的態度，她很關心香港人和香港的事。在我的眼中，她不單公正嚴明，還非常的勇敢，遇到不公平的事，好為別人打抱不平。綜合她各方面的長處，我一直認為她是一個經得起歷史考驗的人物。[10]

杜學魁明白杜葉錫恩的政務繁重，而他對杜葉錫恩的愛總是表現得低調，一直默默地支持妻子。每當杜葉錫恩下班回到家中，飯還沒做好時，她便一頭栽進寫字間，不是批閱隨身攜帶的公文，便是坐在打字機前打印材料。他們的生活很儉樸，只有客人來訪時才臨時加兩道菜。葉錫恩很少吃肉食，只是吃一點清淡新鮮的素菜，幾片麵包夾果，或半小碗米飯；待飯煮熟後，杜葉錫恩才會坐在餐桌旁。杜學魁深知妻子工作繁忙，每天都會消耗巨大的體力及精神，因此在飯席之間，杜學魁總會不時地往杜葉錫恩碗中夾菜。有空時，二人會一邊吃飯，一邊看電視新聞，並不時用英語相互交談，發表對時局變化的看法。杜葉錫恩在婚後亦滿意地說：「我很幸運，能夠找到一位如此合適自己的伴侶」。[11]

8　同上註，頁 163-164。
9　同上註，頁 164。
10　同上註。
11　同上註，頁 164-165。

杜學魁不僅是葉錫恩的愛情伙伴，在實踐教育理念、個人抱負的過程中，杜學魁更是她最重要的支持者。[12] 二人婚後關係十分恩愛，更攜手走到終老。杜學魁離世後，杜葉錫恩依然從夫姓，繼續居住在慕光校舍中，守護二人畢生創辦的心血。

　　談及慕光精神，必需兼視創校人杜學魁及杜葉錫恩，二人既是慕光精神理念的創始人，也是慕光精神最有代表性的實踐者。杜學魁稱慕光精神為：「克服困難、苦幹、苦鬥、幫助別人、教育自己。」從其著作《學教寄語》中了解杜氏對教育的看法及願景。杜學魁在著作中，提出了大量的教學建議及實踐方式，因此從《寄語》中，有助我們進一步了解對慕光如何實踐其教育理念。以下摘錄書中的部分內容：

　　　　教師用關懷教導孩子，養成孩子們關懷別人無私的體貼，將誘發孩子們理解別人的辛苦。[13]

　　　　講解一些至情至聖的史實，讓孩子們更多的了解尊貴的人性，珍貴的情感。[14]

　　　　教育的目的，不僅僅是訓練賺鈔票的能手；而是要陶冶正直無私創造幸福的智者。[15]

　　　　對如何實踐學生的健康思想教育，杜校長有以下建議：[16]

　　　　1. 思想引導行為：良好的思想會導致良好的行為，因此給青少年們予鼓勵，經常指出他們前途的美景，提高他們的自尊，加強他們的信心，培養他們的學習興趣，讓他們認識到自己生活的意義與價值，將是矯正歪風，引導青少年們走上正途的唯一原則。

　　　　2. 加強道德教育問題：各方呼聲已久，但只聞樓梯響，不見人落來，似乎到目前為止仍未有具體的方案與措施。我認為：所謂道德教育，不應該是一種抽象的說教，理論性、傳統性、儒家模式的灌輸，足以遭致「噴口水」、「說耶穌」的後果！目前應該是根據現在青少年思想上的特質，學校校長和全體老師，特別是班主任應掌握機會，抓取典型

12　有關二人的婚姻及日常相處情形，可在〈明仕專訪〉參閱二人的訪談內容，見〈明仕專訪〉，頁18-20。

13　杜學魁：〈感情教育〉，《學教寄語》（香港：科教出版社，2000 年），頁 48。

14　同上註，頁 48-49。

15　杜學魁：〈教育〉，《學教寄語》，頁 16。

16　杜學魁：〈矯正當前青少年的歪風〉，《學教寄語》，頁 155-157。

事例展開討論，用擺事實、講道理的方法，讓青少年們從思想上明確是非，明辨善惡。

3. 前面已談過本港青少年的特質之一是好逸惡勞，要想改變這種「工夫少少做」、「世界多多嘆」的惡習，我想應該着重勞動教育，讓年青的一代動動他們的筋骨，勞勞他們的體膚，流一點汗水，吃一點點苦頭，以達到知艱識苦，懂得生活並不容易，讓年青人知道一點點愁滋味，我想對矯正目前的歪風是有幫助的。

4. 應該提倡「美育教育」。中國的大教育家蔡元培先生曾經提倡美育教育。我覺得在今天的本港，特別應該加強各級學校的美術、音樂教育，用美感來消除野性，用和諧來化除暴戾，美育應該是道德教育的主要內涵，也應該是道德教育的主要方法。

杜葉錫恩一生很長時間都與慕光書院有密切聯繫（甚至到晚年仍居住在慕光書院中），她對慕光的付出是無庸置疑的；另一方面，她亦把不少心血和精神放在香港廣大社會階層中。因此其自傳中大多篇幅都着墨於她對社會事務的關注，這份關切之情深深顯露出她對社會大眾的大愛。雖然她在自傳中較少提及她對教育的付出，但不可因此認為她忽略對慕光教育的發展。事實上，杜葉錫恩在 2008 年還以九十五歲的高齡特地為慕光學子出版一本英文精選文集，足見她晚年仍然十分關心慕光學子的學習，希望提升他們的英文水平。[17] 從校監在慕光創校周年紀念時寫下的寄語中，我們可以知道慕光創辦的教育理念不只重視學生的學習能力或功課、考試表現，更着重培育學生的道德價值觀，杜葉錫恩對慕光精神的定義可從她的文章中表現：

> 學生本着「慕光精神」，而給予學校很大幫助，雖然學校經濟不足，但「慕光精神」驅使我們有堅強意志，充足的信心，繼續為教育下一代而努力。[18]
> 我們深信所有的教師及同學永不會忘記過去奮鬥創造的慕光學校，更會警惕到，除非能繼續發揚「慕光精神」，否則難以培養出像帳篷時

17　見 Elsie Tu: *Lesson in life: essays in English for secondary school studers.* (Hong Kong: Chameleon Press, 2008) 一書。

18　杜葉錫恩：〈發揚慕光的「奮鬥」精神〉，載黎國剛、羅皓妍、蘇求等著：《五十年風雨在香江——杜葉錫恩女士側影》（香港：出版社不詳，1998 年），頁 313-314。

代學生的良好品格與學問。我們很高興看到本校畢業同學，已獻身於社會，做着教育及其他對社會有益的工作。他們的表現，使我們憶起過去一段艱苦歷程。我們的目的不單只為教育而教育，更重要是無愧於「慕光精神」，培養青年們成為良好公民，貢獻他們的光與熱，予他們所生存的社會。[19]

物質條件的改善是否為我們帶來快樂呢？答案是肯定也是否定的。昔日的同甘共苦的互助互濟精神，在今日欣欣向榮的日子裏已難復見到了。我們可能會在進步和繁榮中忽略了困難、哀傷的存在，因為現在已不像二十多年前小家庭般的緊密聯繫。然而，今日的慕光也有足以自慰的地方：我們的學生比以前更成熟，懂得互助互愛。[20]

追求光明——這是校名「慕光」的意義所在。故此，我們必須努力尋求真理與光明，敢於面對蛻變中的時代，同時不忘慕光創校時所本着的友愛精神。[21]

談及慕光精神，不可不提杜學魁及葉錫恩「有教無類」的教育理念，葉錫恩曾在報章中詮釋過此教育理念。[22] 她認為從事教育是不應該挑選孩子的，正如上帝也不會挑選祂的信徒一樣。單純以孩子的學習表現來決定他們是勤奮或懶惰是不準確的，教育工作者必須檢視每位孩子的背景對其表現的影響。她舉例證明背景與孩子學習表現的關係：一個天性勤奮的孩子，如果只能在二等或三等學校學習，家中人滿為患，沒有資源讓他進修，他也從未上過幼兒園而令他在小學趕不上進度，他也因此得到了較差的學習表現。一個天性懶惰的孩子，從小入讀「最好的」幼兒園，「最好的」小學，又得到私人補習教師課後指導，因此得到了較好的學習表現。這種情況下，學習表現只反映到其背景的優劣，而非學生個人能力本身。

葉錫恩進一步否定「名校」制度與「精英制」的教育方針，這種制度造就了精英，但精英並不代表必定會對社區負責，為社會作出貢獻，精英們得到社會對他們投放的大量資源後，也可以選擇出國工作、移民，或者拒絕為社會大

19　同上註。

20　杜葉錫恩：〈二十五年〉，載黎國剛、羅皓妍、蘇求等著：《五十年風雨在香江　杜葉錫恩女士側影》，頁315-317。

21　同上註。

22　"Starting a rush for 'chosen' status label", *South China Morning Post*, 1976-11-02.

眾服務。

　　因此，葉錫恩提倡基督教的平等原則，主張「有教無類」的教育方針，當所有孩子都有平等的教育機會時，才有可能區分懶惰與勤奮的學生。如果教育工作者只片面地根據學生一時的學習表現而決定他們的優劣，這是不明智的，也對他們不公平。唯有不放棄每一個孩子，盡可能給予他們公平的教育機會，才能發掘每個孩子所有的潛能。而這個「有教無類」教育方針並非只是紙上談兵，此方針正為慕光英文書院之辦學宗旨，並切實地推行，孕育出千千萬萬個成就傑出的莘莘學子。

　　從杜學魁、杜葉錫恩闡述他們對教育理念的文章中，我們可歸納出慕光精神的內容：慕光精神應具備刻苦耐勞、熱愛社會、勤儉簡樸、好學上進、互助互愛等正面特質。而且，待人應一視同仁，不因貧富、階級差別而決定學生的優勝劣敗。這份慕光精神，通過校監和校長感染慕光師生，並在他們身上發揚且傳承下去！

葉錫恩與杜學魁婚後的生活點滴。（照片由慕光資料庫提供）

上：葉錫恩與杜學魁的畫像。（照片由慕光資料庫提供）

下：1996 年 10 月，二人參觀學生習作展覽。（照片由慕光資料庫提供）

Starting a rush for 'chosen' status label

LIKE Millie Carroll (S.C.M. Post, October 27), I too am disturbed at Rev Joyce Bennett's views on the selection of children for secondary school.

Am I to gather that children brought up in Christian circles are the chosen of God for better education, like the children of Israel or Jesus' disciples? If so, there will be a rush of parents to join the church to secure this chosen status for their children.

It is surely old-fashioned in this day and age to talk of "good, hard-working children" and "lazy children," without checking to see the background that produces this state of mind. No doubt these two categories of children (and adults) exist, but how often, when one examines the background of a child, is it discovered that the child was never given any firm foundation in his education, that he has attended a second-rate or third-rate primary school, that his home is overcrowded to the point when he simply cannot study, or the child is being forced to study beyond his capacity because he never attended a kindergarten and therefore started with a disadvantage, and in the end he has just given up trying through frustration, not laziness.

It is simplistic, if not naive, to divide children into the lazy and the diligent at the age of 12, ignoring the privileges of some to go to the "best" kindergartens, the "best" primary schools, with private tutors to boot. "Best" in the context means those schools which select pupils at the age of four, charge high fees, and keep children to the grindstone of knowledge from that tender age.

How tragic it is indeed, as Miss Bennett says, that children have to change schools, from kindergarten (if they can afford that) to primary school, from primary to secondary, and secondary to matriculation. Tragic for all children in Hongkong, not only those in Christian schools, who up to now have been the privileged who did not need to change schools.

This attitude, if continued, will prolong the invidious "prestigious schools" system, which has created an elite, not necessarily the most conscientious towards the community, but often the most eager to pursue their studies abroad, thus denying the public of their services after their training for which the taxpayers have paid.

Why don't we accept the Christian principle that all are equal, and when all children have had equal chances, we may then consider separating the lazy from the diligent. Christ cast away many of the self-chosen saying "I never knew you."

The principle of continuity in education expressed by Miss Bennett is a laudable one, provided she is prepared to work towards offering this laudable system to every child in Hongkong who is capable of study. As a Legislative Councillor, I hope Miss Bennett will drop all talk of "chosen" children, and drive for good education for every child, in furtherance of her quoted principle: "Suffer the little children to come unto me." Christ did not stipulate which group of children: He did not state any academic or even religious qualification.

對頁：1960 年，二人一起創立香港撒瑪利亞會。（照片由慕光資料庫提供）

左：" Starting a rush for 'chosen' status label", *South China Morning Post, 1976-11-02.*

右：九十年代，杜葉錫恩與杜學魁在家居合照。（照片由慕光資料庫提供）

二、慕光精神的體現

　　1954 建立帳篷學校之初，葉錫恩與杜學魁二人已商定了校名、校訓、校歌及校徽，象徵二人對慕光學校的期望。二人通過個人言行傳遞的價值觀及教育理念的實踐，以「生命教育」方式傳承了「慕光精神」。[23]

（一）校名

　　起初為學校起校名時，眾人本想以葉錫恩的名字命名，因她為學校的創辦付出了極大的努力與貢獻。帳篷學校建成後，眾人認為是藉着葉錫恩的「光」，才興建而成，本打算以她的名字來命名校名。葉錫恩執意推辭，謙虛地說：「我不敢說我們是什麼光，我們只能仰慕基督的真理，仰慕基督的真光」，提議將學校命名為「慕光」。[24]

（二）校訓

　　建校之初已制定了校訓：二人創校的初衷，是為了讓年輕的下一代——「明真理，愛光明」，遂將校訓定為「明理愛光」。[25]杜校長在訂定校訓時有意用較淺白文字表達，「明理愛光」可拆分為「明理」及「愛光」理解：「明理」指明白真理，包括學術上的「理」（知識）和人生的「理」（做人道理）；「愛光」可理解為「愛戴光明」，也可理解為「愛戴慕光」。創校之時「愛光」有「愛慕基督之光」之意，後來引申為「尋求光明的道路」。在教育中實踐「愛光」中的那份「愛」也是杜校長與校監尤為重視的。[26]

　　慕光的校訓與校歌中的「真理向我們招手，光明向我們微笑」呼應，說明創校先賢希望慕光學子在接受教育之後，能夠明白學術知識及人生道理，繼而向光明的康莊大道邁進。

（三）慕光校歌

　　慕光的校歌由杜學魁作詞，邵光先生作曲，共 98 字。歌中充滿杜學魁對

23　有關慕光書院如何以「生命教育」傳遞的教學理念，見梁超然：〈香港的「生命教育」及「校史教育」：以慕光英文書院為例〉（未刊稿）。

24　杜學魁：〈十年浪潮幾翻騰——慕光校史〉，載邢學智：《杜學魁傳》，頁 284。

25　同上註。

26　黃威雄、潘明傑、扈小潔等編：《杜葉錫恩博士百子薈壽宴特刊》，（香港：自刊稿，2013 年），頁 27。

慕光莘莘學子的寄望：

> 獅子山上，朝陽照耀。老虎岩下，歌聲嘹繞。真理向我們招手，光明向我們微笑。社會因教育而光明，幸福由科學而創造。慕光，慕光，慕光的同學們敬愛先生，慕光，慕光，慕光的先生們愛護同學。專心學習，耐心施教，朝氣蓬勃志氣豪，要把大同社會來締造。[27]

校歌與慕光校訓「明理愛光」互相呼應，如校歌中：「光明向我們微笑」、「慕光的同學們敬愛先生」、「慕光的先生們愛護同學」、「真理向我們招手」、「社會因教育而光明」等，足見校歌寄予同學們學習正確的道理、追求光明的道路。

校歌亦寄寓了教育理想，例如：「社會因教育而光明」，其意是教育可以在社會建立正確價值觀，為社會帶來光明。「慕光的同學們敬愛先生」，「慕光的先生們愛護同學」，說明慕光的辦學宗旨是希望師生相親相愛，各盡本分。至於校歌中談及的「大同社會」，源出於《禮記‧禮運》，這是儒家的理想世界，其想法正是希望人人都能愛人如己，實現儒家理想的大同社會。

（四）校徽及校章

慕光的校徽由一位英國人設計，校徽圖案主要由一個盾牌和一段彩帶組合而成，從慕光校章中亦可發現校徽圖案。彩帶上的拉丁文是 'SAPIENTIA ET LUX' 有「智慧和光明」的意思，與校訓「明理愛光」意義呼應；校徽「盾牌」下方的左面主要是一組四方形圖案，其形象為慕光校舍的窗口。[28]

校徽上的雄雞圖案，有多個寓意。第一，「雞鳴報曉，朝陽照耀」——雄雞鳴叫，白晝降臨，驅走人世間的黑暗，象徵慕光學子步向光明；第二，「聞雞起舞，不辭辛勞」——寓意慕光學子應效法東晉名將祖逖，在半夜時分聽到雞鳴便起床舞劍強身，有珍惜光陰之意；第三，「五德兼備，品格完美」——古代中國人認為雞有五種德性，包括文、武、勇、仁、信，這也是創校先賢對學子的期望。

27　同上註，頁 26。

28　黃威雄、潘明傑、扈小潔等編：《杜葉錫恩博士百子薈壽宴特刊》，頁 28。

慕光校徽及校章。（由慕光資料庫提供）

（五）學費

　　慕光書院雖然在 2013 年轉為直資學校，但慕光並沒有因而濫收學費而謀取利益，據悉當年杜葉錫恩不希望學費成為貧困學生的負擔，堅持每月只可收取學生二百元。附近學校每月收取二千元學費時，杜葉錫恩一直堅持只收二百元，儘管營運艱難，但她始終堅持收取低廉學費，收生亦以基層學生為主。[29]

　　轉型初期更因過於低廉的學費設定而造成學校一度出現財政危機。難能可貴的是，自創校元勳成立慕光以來，一直十分關心清貧學生的學習機會，更不時寬免學生學費，甚至「倒貼」薪金支持學生學習。杜葉錫恩深知不少學生家境困難，學費對他們仍然是沉重負擔，於是在 2003 年成立了「杜學魁教育基金」及「杜葉錫恩教育基金」，專門支援基層學生。基金成立至今，已援助了超過三百多名學生，足見杜氏夫婦辦學是真切地為了讓貧困家庭的學生也有接受公平教育的機會。杜葉錫恩更公開承諾「一定不會將高消費轉嫁學生」[30]，貫徹她以支援基層家庭學生為目標的辦學理念。在她過世後，慕光同仁也秉承杜

29　摘錄自魏俊梅先生訪問稿。

30　〈慕光擬明年轉型平民直資〉，《星島日報》，擷取自：https://hk.news.yahoo.com/%E6%85%95%E5%85%89%E6%93%AC%E6%98%8E%E5%B9%B4%E8%BD%89%E5%9E%8B%E5%B9%B3%E6%B0%91%E7%9B%B4%E8%B3%87-223000886.html，瀏覽日期：2020 年 6 月 2 日。

校監的訓示，保持收取低廉的學費以及積極幫助有需要的學生，即使經調整後改為初中每年收取二千元、高中每年收取三千元，學費依然遠低於香港直資學校的平均收費，二千元的學費收費仍持續至今。

三、慕光精神的實踐

杜葉錫恩及杜學魁共同執掌慕光時，對教育理念的實踐與傳承，均通過學校舉辦的活動得以體現，例如舉行校運會、參觀活動、懇親晚會等，反映出慕光不是一所只關注學生成績的學校，而更在乎學生身心健康成長，全面發展。因年代久遠，許多慕光活動資料未能及時保存，本節主要利用過往的報章資料概括慕光這些年間如何舉行各樣活動實踐其教育理念。

慕光重視學生的多元學習，鼓勵同學自小培養多種興趣，而不是被一紙成績表局限自己的才能及發展。從 1966 年的開放日展覽中可見，慕光校內設有國語室、英文教學室、自然科學室、美術室、體育室、手工藝室、音樂室等，可見慕光即使經費緊絀，也十分關注學生的各項興趣及才能的發展。例如自然科學室中收藏了大量標本，讓學生更生動地學習生物知識，校方更特意製作農場、沙漠、原野等佈景模型，依據各種動物標本原來的生活形態分類，放在恰當的佈景中。社會科學室中，設有各種先進科學儀器，如雨量測量儀器。慕光學生會利用此儀器測量雨量，並與老師共同預測每天天氣，再由學生向全校報告。[31]

慕光鼓勵學生吸收課外知識，自六十年代起積極舉辦各種各樣參觀交流活動，如 1961 年慕光中三及中四學生參觀養氣公司，該公司代表向學生介紹及解釋生產部門的技術，有助學生學習相關的科學知識，[32] 同年又帶領約 50 位慕光學生參觀了荔枝角可口可樂汽水工廠，參觀工廠各部門，了解生產程序。[33] 1965 年帶同 40 位學生參觀荔枝角香港商業電台，過程中學生對廣播系統程序等問題甚感興趣，此次參觀電台各部門，增進了學生對廣播行業的認識。[34] 1964、1966、1969 年間多次參觀《香港工商日報》報社，學生會參觀報社各

31 〈慕光小學舉行開放日　展出一年來教學成績〉，《香港工商日報》，1966 年 11 月 21 日。
32 〈慕光書院學生　參觀養氣公司〉，《華僑日報》，1961 年 4 月 29 日。
33 〈慕光書院〉，《華僑日報》，1961 年 6 月 4 日。
34 〈慕光小學參觀電台〉，《華僑日報》，1965 年 6 月 15 日。

部門，包括編輯部、排字部、資料室、採訪部、攝映室、機房等，學生積極提問有關報社工作問題，並在參觀後留影。[35] 這些活動有助拓闊學生視野，增長見聞。學生更可在參觀交流過程中獲得寶貴經驗，及早發現個人興趣，拓展潛能。

　　慕光同樣重視同學的運動發展，慕光學生在運動比賽方面亦有出色表現，例如 1967 年校際小學器械體操男子組總決賽中，慕光小學下午班同學取得第一名佳績；[36] 1974 年小學校際體操賽中慕光上午校及下午校更分別包辦冠、亞軍；[37] 1983 年學校舞蹈節中慕光荔景小學的英國舞表演亦獲優異獎。[38] 此外，慕光舉辦之校運會同樣受社會關注，例如 1975 年舉辦之校運會，更邀請到教育司到場訓勉學生，要「時常運動保持健康」[39]；1983 年舉行校運會邀請到時任民政署署長，同學更堅持冒雨完成比賽，深受當時媒體以及社會大眾之讚賞。[40]

　　個人品德教育方面，由於老虎岩慕光小學位於人口稠密的徙置區，保持衛生尤其重要，因此荔景小學延續慕光傳統，[41] 每年都會舉辦清潔大運動，由校長領導全體下午班教師、學生、工友等八百餘人從校舍出發，清潔整座七層徙置大廈。校方亦向各層住戶派發宣傳標語及講解清潔之重要性，希望學生、鄰里之間都能養成良好衛生習慣。[42] 為培育孩子孝順品德，慕光定期舉行懇親晚會，如 1969 年樂富慕光小學在學校運動場舉行懇親遊藝晚會，節目包括器械操、唱遊、歌詠、舞蹈、朗誦、節奏樂等等，可見慕光同學多才多藝。[43] 1974 年舉辦之懇親晚會，更是反應熱烈，需要分兩晚舉行，到場嘉賓及家長人數超過二千人[44]。

35　〈慕光培德兩校員生參觀本報〉，《香港工商日報》，1964 年 7 月 13 日；〈慕光英文書院學生參觀本報〉，《香港工商日報》，1966 年 6 月 12 日；〈慕光書院小學部　學生昨參觀本報〉，《香港工商日報》，1969 年 7 月 23 日。

36　〈校際小學器械體育　男組慕光下午奪標〉，《華僑日報》，1967 年 4 月 13 日；〈勞校選手風格新體操觀眾皆讚美〉，《大公報》，1967 年 4 月 13 日。

37　〈小學校際體操賽　慕光上午校奪標〉，《香港工商日報》，1974 年 3 月 29 日。

38　〈學校舞蹈節昨舉行　西方舞聖安當及慕光荔景獲獎〉，《大公報》，1983 年 1 月 18 日；〈同學演來活潑天真惹人喜愛〉，《華僑日報》，1983 年 1 月 18 日。

39　〈教育司勉中學生　常運動保持健康〉，《華僑日報》，1975 年 12 月 11 日。

40　〈慕光校運會　各項比賽冒雨完成〉，《華僑日報》，1980 年 5 月 31 日；〈慕光校運會舉行　華樂庭主持頒獎〉，《華僑日報》，1980 年 5 月 30 日。

41　詳見本書第四章第四節。

42　〈慕光小學清潔運動〉，《華僑日報》，1965 年 4 月 25 日。

43　〈老虎岩慕光小學今舉行懇親晚會〉，《華僑日報》，1969 年 3 月 21 日。

44　〈慕光小學懇親晚會〉，《華僑日報》，1974 年 5 月 17 日。

慕光十分重視學校與老師、學生、家長之間的關係，因此不時舉辦活動，聯繫各方情誼。如 1978 年，樂富慕光小學舉行嘉年華會，更邀請到教育司署教育官主持亮燈儀式，晚會設有攤位遊戲、遊藝節目以及陳列學生手工作品，讓各人共享歡樂之餘，也使學生一展才藝，是次晚會更促成了籌組慕光家長教師聯誼會，可見晚會成功拉近老師家長的關係。[45] 1961 年為慕光心如分校的七周年紀念，當日不只有畢業禮，更有學生作業展覽，並邀請了慕光董事會主席夏維少校致辭。[46] 1983 年，為樂富慕光小學廿周年校慶，邀請了教育司署九龍城地域首席教育主任鄧恩主禮，到會嘉賓有市政局議員、區議員、團體主持人、中小學校長等各界人士。慶祝儀式設有舞蹈表演等十二項節目，場面盛大，更有四百餘位家長及過千位學生出席，可見慕光對是次校慶節日的重視，以上校慶活動更為歷年畢業生提供一次見面相聚的難得機會。[47]

1996 年 10 月，慕光學生製作「學生習作展覽」。杜校監、杜校長與中文科老師合照。（照片由慕光資料庫提供）

45　〈九龍慕光小學今開嘉年華會〉，《大公報》，1978 年 3 月 4 日。

46　〈九龍慕光英文書院昨日舉行創校七周年紀念心如分校學生畢業典禮及學生作業展覽〉，《華僑日報》，1961 年 7 月 14 日。

47　〈慕光小學廿周年紀念日　九龍地域主管鄧恩主禮〉，《華僑日報》，1983 年 5 月 2 日。

明理愛光：杜葉錫恩的教育思想及實踐

206

上：〈慕光書院學生 參觀養氣公司〉，《華僑日報》，1961年4月29日。

中：〈慕光小學參觀電台〉，《華僑日報》，1965年6月5日。

下：〈慕光培德兩校員生參觀本報〉，《香港工商日報》，1964年7月13日。

上：九十年代，杜葉錫恩校監頒發校運會獎品。（照片由慕光資料庫提供）

下：〈勞校選手風格新　體操觀眾皆讚美〉，《大公報》，1967 年 4 月 13 日。

小學校際體操賽
慕光上午校奪標
女子天光道警察校冠軍

【本報訊】由教育司署，香港學會會及新界體育會聯合舉辦之全港小學校際體操比賽，昨日在九龍文福道新法書院體育館舉行，獲得全場冠軍者，男子組慕光上午校，亞軍慕光下午校，季軍陳維周夫人紀念上午校。女子組天光道警察上午校奪標，亞軍慕光上午校，季軍陳維周夫人紀念上午校。

賽後由新界學界體育協進會主席張校長頒獎。茲錄各組成績如下：

（男子組）
冠軍：陳維周夫人紀念上午校
亞軍：慕光上午校
季軍：元朗紀念上午校

（女子組）
冠軍：天光道警察上午校
亞軍：大坑東宜道小學
季軍：陶秀上午校

（香港新界團體操比賽）
冠軍：天光道警察上午校
亞軍：大坑東宜道小學

（男子組）
冠軍：慕光上午校
亞軍：慕光下午校
季軍：旺角勞工子弟學校

（九龍團體操比賽）
冠軍：慕光上午校
亞軍：慕光下午校
季軍：陳維周夫人紀念上午校

（全場團體操總冠軍）

教育司勉中學生
常運動保持健康

（港訊）教育司陶建昨日主持慕光書院運動會中，對該校游泳項目，鼓勵兒童努力，俾第二十四屆運動大會時，由午至今日，暢遊。指出：時至今日，運動對每一個人均屬重要，任何人都需要運動，以保持工作效率，鬆弛身心，及保持健康。

陶建說：在城市生活，人因為在這都市生活，更須注意一下，鬆弛身心。

教育司讚揚慕光中學校監葉錫恩女士及該校教師，他們努力利用競技，提倡體育。

陶建說：在這近數年，慕光的觀念已完全改變，慕光的目的，不再只斟酌對技巧的訓練，而是在整個行政改善的部分，但運動既技巧是整個教育課程的一部分，教育司稱。運動既技巧是整個所佔的地位相當重要，一個組織良好的運動會，可使學生有機會接受其他們以前所接受的訓練及技巧透過競賽來測驗出來，以及無論在勝利或失敗時，都能從運動會體育精神及不畏疲勞。

他說，男女學生，在精神及肉體方面均有很多剩餘精力。因此，他們應該讓他參加比賽，不應只是坐在一旁觀看。無論是習政高隆喝采。

慕光校運會
各項比賽冒雨完成

（特訊）慕光英文書院、慕光紀念小學、慕光幼稚園小學三間學校的數千師生，昨午冒意滂沱大雨，假旺角大球場舉行陸運會，各項賽事全部完成。

民政署長華樂庭應邀出席主持揭幕禮。在慕光教育機構監察總感署員陪同下。華樂庭署長逐一向各得勝健兒致賀。

主辦當局要簡任何一項成功的運動會需要作出妥善的應備。我現代表參賽者感謝華樂庭署長致辭時稱：「組織一個成功的運動會」，另一半則為本港高度競爭性之教育制度有一半乃出自香港學生要有勤奮好學之美容。他們對功課之認真程度有一半則為本港高度競爭性之教育制度所致。

因此，在恭賀得勝健兒之同時，我希望未能獲獎的同學來年努力，明年捲土重來。運動場中一片沿淺，但同學們的興趣絲毫未減，在雨中繼續比賽和向運動員吶喊助威。

上：〈小學校際體操賽　慕光上午校奪標〉,《香港工商日報》,1974年3月29日。

中：〈教育司勉中學生　常運動保持健康〉,《華僑日報》,1975年12月11日。

下：〈慕光校運會　各項比賽冒雨完成〉,《華僑日報》,1980年5月31日。

慕光小學　懇親晚會

（港訊）市政局民選議員，葉錫恩女士主辦之九龍樂富邨政府津貼慕光小學兒童樂園，說服區內聯歡遊藝節目展覽，貼在校內慕光晚會，招待各校文藝界來賓及歷年畢業生到家更定本，故今年來到家。實該校為慶祝歷年，故今年來定本。

五月十一日及十二日兩晚，每晚由八時至十時半。大會於八時分別舉行。時正開始，由校長杜學多，致開會詞後，多采多駐之遊藝節目屢開序幕。染到熔嘉賓及家長人歡，超過二千人，情況至為熱鬧。

九龍慕光英文書院昨日舉行創校七週年紀念，心如分校學生畢業典禮及學生作業展覽。由校董事會主席夏維少校（右）致詞時情形，其左為夏維夫人、校監ELLIOTT夫人。

上：〈慕光小學　懇親晚會〉，《華僑日報》，1974 年 5 月 17 日。

下：〈九龍慕光英文書院昨日舉行創校七周年紀念　心如分校學生畢業典禮及學生作業展覽〉，《華僑日報》，1961 年 7 月 14 日。

第十章
慕光精神的傳承

　　杜葉錫恩「有教無類」的教育理念並未因她與世長辭而終結。杜太多年來對慕光精神的實踐直接或間接地影響了不少人，並通過他們把慕光精神延續下去。在慕光英文書院校方安排下，筆者得以與下列嘉賓進行口述歷史訪談，以下摘錄各嘉賓與杜葉錫恩女士的相處經歷，以及講述杜太和慕光精神對他們人生的影響。

張雅麗主席
（慕光英文書院校董會主席、杜葉錫恩教育基金會主席）

　　張雅麗為慕光英文書院現任校董會主席，她於 2014 年加入慕光英文書院，此後致力發展更迎合社會、更多元化的教育項目。張主席十分尊重慕光的創校人杜葉錫恩博士。杜太六十多年來致力於爭取人人平等教育，不希望學生因資源匱乏而失去學習及接觸社會的機會，潛能因未受啟蒙而被埋沒。因此，當張主席承接杜葉錫恩教育基金後，希望能延續杜太對香港教育的「大愛」精神，亦為有經濟需要的學生提供基礎的學習生活資源。

　　學校近年重點發展的項目包括有學術體藝多元發展。學校課程寬廣，亦致力為學生設計多元化而豐富的特色課程。2018-19 年度已開辦「Exce24 才華發展及興趣學習課程」，目的是發掘、發展及發揮學生的才華，例如有日語班、韓語班、法語班、探究天文學、食品科學、攝影及製片、國術班、魔術班、樂

器班、美容班等等。張主席相信每一位孩子都有他的潛質，須加以栽培，並給予更多空間及舞台，讓學生學以致用、盡展才華。她上任後致力推動 STEM 教育，希望提升能學生對科學、科技和數學的興趣，加強他們綜合應用知識與技能的能力，同時培養他們的創造、協作和解決問題的能力。因此，學校嚴格挑選 STEM 教育領導老師團隊，亦剛於本年新 STEM 課程中更有效地規劃和實施 STEM 教育，以滿足學生的需要和興趣。

此外，張主席亦非常重視為學生提供「動手」和「動腦」的學習活動，能讓學生思考解決方法和創新設計。學校亦於 2018-19 年度，一班中一級同學建議製作流動天象廳，由科學老師帶領同學親手製作，歷時大約四個月完成。後來此流動天象廳曾到不少學校展覽，更於 2019 年中小學 STEM 創科展中獲得中學組 STEM 大獎。同時，學校亦致力發展 STEM 遊戲及活動，對象不僅是校內同學，亦會帶領同學到訪不同學校籌辦 STEM 活動日，透過話劇和特色攤位遊戲推廣科學知識，讓同學領會學習科學的趣味。

第三，學校亦希望提供能豐富學生學習體驗的課程。為鼓勵同學們走出校園，到各地學習交流，慕光特別成立國際交流組，讓同學能親身到境外及境內

張雅麗主席訪談後獨照留念。（照片由慕光資料庫提供）

體驗各地的文化習俗、歷史背景、風土人情，擴闊視野，培養互相欣賞學習的精神。透過國際交流及文化體驗活動，同學們有機會與姊妹學校及友好學校進行互訪及表演，彼此了解。在過去兩年，學校已舉辦接近二十個國際交流活動。張主席印象較深的是最近甘肅保安族東鄉族少數民族考察研習團。除此之外，還遠赴各地包括高雄、上海、南韓等姊妹或友好學校進行交流。同學除與當地學生溝通外，亦可以從民宿的體驗中認識各地人民的生活習慣，學懂彼此尊重及欣賞，獲益良多。張主席深信同學們親身的體會及領略比書本學習知識更為深刻、實在。2019 年，教育局的校外評核「外評報告」中高度讚揚慕光學校，指慕光在校園氣氛、學生培育、學生支援及特色項目等範疇的出色表現，更讚揚學校所有持份者信念一致、學生的整體表現持續進步及享受校園生活。

張主席展望慕光能幫助青少年建立正確人生觀及提供向上流動的平台與空間。她認為學校發展必須力求精進，本着精益求精的辦學信念。教育改革在全球每個城市都時刻進行，香港的教育政策也必然會因應時代的變化和社會的需求來調適步伐。慕光的發展方向應掌握教育改革的趨勢，高瞻遠矚，提供有質素且大眾能夠負擔的直資學校教育。

黃華康校監（慕光英文書院現任校監、杜葉錫恩教育基金會永遠榮譽主席及監事）

黃校監剛接辦慕光英文書院時，學校在財政、人事等方面均需要支援或優化。特別是財政方面，當時學校面臨幾乎「殺校」的困境。與杜葉錫恩校監商量後，她同意引進辦學團體，共同努力改善學校的發展情況。慕光上下團結一致，願與學校共渡難關。時至今日，慕光已有接近二千五百萬的盈餘。人事方面，新任校董會到任一年後，增聘了很多新教師，為學校注入活力。黃校監秉承杜太辦學有教無類的教育方針與初心，為貧窮學生提供平等而且優質的學習機會。

黃校監高度讚揚家長教師會對慕光教學工作的貢獻。黃校監認為，學生若要提升整體的學習水平，學校、家庭及社會都必須配合發展。而現今教育模式講求教學互動、全人發展，要實踐以上理念則需要學校老師和家庭的共同合作，家教會成為學校與家長之間不可或缺的橋樑。

對於慕光未來發展方向，黃校監認為應配合社會需求趨勢，首先是要維持

教師的教學質素，加強師資培訓；第二是提升學生的德育及智育表現。黃校監對教師有很高的寄望，他要求為人師者必須對教學有熱忱，不可以只在乎薪金，更不應該計較時間。黃校監接辦慕光學校的第一天起就十分強調教師的責任：「老師一定要用心工作，不可以有愧『為人師表』四個字。」黃校監續言：「『一日為師終身為父』，你當一天老師也可以為別人終身之父，所負的責任多麼重大！」老師們對孩子的成長負有很重大的責任，黃校監希望老師可以協助同學提升學習表現，同學畢業後可依個人意願考上心儀的高等院校，老師們更不要辜負社會賦予的期望，盡心盡責地培養社會棟樑。對慕光學校發展，黃校監也有深厚寄望，他認為慕光學校如今穩定發展，學生水平日益精進，來年有望提升學校評級。黃校監進而認為學校不只是教導學生知識的場所，更要向他們灌輸正確價值觀。黃校監展望慕光學生人人品學兼優，慕光可更上一層樓，成為名聲遠播的名校。

黃華康校監進行訪談情況。（照片由慕光資料庫提供）

梁超然校長（慕光英文書院現任校長）

2017 年，梁超然校長在原來的學校已擔任六年半副校長，在行政、校園管理累積豐富經驗，遂於 2018 年加入慕光，成為現任校長。梁校長加入慕光之前，杜太為社會不公義事情發聲的形象已在梁校長心中留下深刻印象。據梁校長回憶，1974 年香港成立廉政公署，杜太積極參與香港政府實行的惠民政策，致力為香港市民爭取權益。在香港教育專業人員協會前身發起的「文憑教師運動」中，杜太慷慨地借出場地給與自己政治理念不同的司徒華，正因為這種無私奉獻的精神，慕光英文書院對教協的成立，對教師權益的爭取有不少貢獻。

梁校長跟進修建杜葉錫恩紀念館期間，深深感受到杜太把工作融入生活的特點，並十分欣賞杜太對工作的熱誠。梁校長認為自己身為慕光學校校長，很需要這種精神、使命感，帶領慕光學校。此外，梁校長從同事口中，聽聞有關杜太的事蹟時，感受到她是一位很和藹可親的人，她對老師、學生、工友、街坊等一視同仁，均樂意幫忙。雖然杜太是英國人，梁校長卻覺得她常以婉轉的方式表達個人意見，不喜歡出口傷人的性格，很符合中國人所謂君子的特質。

梁校長從文獻上得知，杜校長和杜校監的配合方式似乎是一位主內居多，一位主外居多。杜學魁校長的作風較為硬朗，他對不盡責、怠惰的老師，從不手軟，會直斥其非，甚至會選擇解僱這些教師，相對而言杜太比較溫和，與杜校長十分契合。此外，杜太從政後，在社會事務上投入較多的時間，但她亦不忘慕光校政。梁校長重看文件時，發現當時按額資助年代，杜太與教育局等政府部門有很多書信往來，而且杜太將這些文件都處理得很好，例如她其中一封信是關於為同事爭取晉升職級權益，信中除了為同事爭取權益外，也有一些內容是特意告知教育局，杜太在信中間接指出教育局對慕光的待遇與官津學校不相等，而她的表達方式是很客氣的，梁校長更認為這些信件如有機會公開，會成為學習英文很好的教材、範文。杜太對教學的熱忱，亦使梁校長感受甚深。杜太身為慕光校監，卻在晚年仍然親自教授學生口語，與他們進行訓練，梁校長因而深受啟蒙，他感悟：「無論處身什麼崗位，作為教育工作者不可以忘記自己本份，而本份之一就是『育人』，『育人』重要實踐方式之一就是要教學，接觸學生。」有關杜太辦學的事蹟與心志，可作為教育界日後的榜樣。在杜太辦學精神影響下，梁校長身為校長，仍堅持會向學生授課。

梁校長十分佩服杜生、杜太不以個人私利的辦學精神，梁校長提及，八十年代為慕光最光輝的時期，當時有兩間小學，兩間中學，三間幼稚園。但可貴的是，杜生、杜太覺得當時普及教育已發展不俗，部分學校已完成歷史使命，

梁超然校長。（照片由慕光資料庫提供）

這些慕光校舍就不必勉強營運，他們亦沒有想過把慕光看待為自己資產。梁校長因而反思，如果勉強維持學校營運，而令社會存在一間質素參差的學校，這是浪費納稅人的錢，也有負社會所託，即使當年社會有聲音希望杜生、杜太繼續營運，但他們覺得既已完成歷史任務，教育發展已到另一階段，就不必抱住不放。

　　數年前，慕光曾出現財政困難，當時有人質疑杜校監每月有十萬元薪酬，生活一定很奢華，梁校長特此為校監平反。梁校長視察杜太故居時，發現很多家具十數年都沒有換過，日常用品也很簡樸，至於坊間說她奢華生活完全是無中生有。事實上，杜太生活十分儉樸，對物質並沒有太大欲望。杜太在晚年囑咐，她的心願是以普通市民方式處理身後事，因此她的歸葬之地只是一格小小的骨灰龕，並與杜先生合葬。杜太更把自己得到的所有東西留給慕光，她將所有遺產捐給學校及杜學魁教育基金，沒留一分錢給她在英國的親人，可見她一生對慕光的付出從不是為了個人私利。故梁校長言：「杜太說為善不欲人知，這種精神是可貴的，也是香港現在已難以找到的。」

　　梁校長展望未來慕光發展應自強不息，與時並進。他指現代社會資訊發

達，家長的選擇比以往審慎，因此慕光更應用心教育工作，配合社會未來發展，提供優質教育服務。不論老師、工友、任何崗位，都要提升自己，這就是杜生、杜太發揚的「慕光精神」。

黎念慈校董（慕光英文書院現任校友校董）

　　黎念慈女士為現任慕光書院校董，她在 1973 年入讀慕光，為慕光舊生。她未讀慕光時，已對杜葉錫恩校監有所了解。黎校董認為杜太樂於助人，熱心幫助貧苦大眾，更創辦慕光學校，收取低廉學費，錄取眾多渴望讀書卻沒有機會求學的學童，使他們擁有學習機會，在往後的生活得以脫貧，因而對杜太留下深刻印象。進入慕光後，才得知她是慕光英文書院的校監。

　　除了在學校接觸和認識杜太，黎女士也會從她的爸爸黎國明先生口中聽聞有關杜太的事蹟。黎國明先生為多個社會團體的主席及幹事，他時常與杜太出席公開場合，黎女士亦在電視上看見二人出席不同活動。黎先生與杜太同樣熱心幫助窮困市民，後來黎女士更得知她爸爸與杜太一同參加香港公義促進會，幫助有需要人士。黎先生當年更長年擔任「香港九龍新界公共小型巴士聯合商會」主席。六、七十年代，政府並沒有充分保障小巴司機的權益，黎老先生通過商會希望為小巴同行爭取應得權利。杜太也積極為他們發聲，並投入很多時間協助黎先生收集各方意見，了解當時市民的交通需要，共同商討如何平衡社會和小巴業界的需求，小巴商會成為二人合作的重要橋樑，也使黎女士對葉錫恩校監有更深入的認識。

黎念慈校董進行訪談的情形。
（照片由林力漢提供）

黎女士十分感激母校對她的教育，因此很想重新聯繫一眾校友，決心重振校友會。在數位熱心校友幫忙下，以「人傳人」的方式，傳揚重組校友會的消息。經過五、六年時間，聚集不少校友會成員，更找到了當年第一屆主席——游紹永博士。游博士積極支持校友會，每逢舉行活動都會回校參與，校友會各成員亦無私付出，將陪伴家人或工作時間投放在籌備、參與校友會的活動上，更在假期時間協助推廣校友會的活動。校友會成員對母校的愛戴與支持，使黎女士十分感動，相信這是因為他們在慕光就讀時，擁有很多美好的回憶，所以才願意在多年後回到學校幫忙。

　　黎女士認為，杜太對辦學的堅持及魄力令人佩服，她從不言倦的工作態度以及兼顧香港社會事務及學校事務的能力，給予黎女士很大的激勵，也是她立志重組校友會的原因之一。慕光由杜太創立，至今已有多年歷史，黎女士很希望通過校友會，將以往一些老師或者同學團結起來，使校友會成為慕光與舊生的橋樑，維繫舊生與母校的關係。

葉錫恩與杜學魁出席「香港九龍新界公共小型巴士聯合商會」活動。（照片由慕光資料庫提供）

上：照片為黎國明先生在「香港九龍新界公共小型巴士聯合商會」典禮上致辭，左一為黎先生，右一為葉錫恩女士。（照片由黎女士提供）

下：照片為「香港九龍新界公共小型巴士聯合商會」成員合照，最前排左五為黎先生，左六為葉錫恩女士。（照片由黎女士提供）

吳道邦先生（慕光英文書院前任校長）

　　吳道邦先生為 2004 年至 2013 年度慕光英文書院校長。吳先生在 1980 年入職，曾於慕光擔任教師、教務主任、訓導主任、輔導主任、學生事務主任等職務，因此他對學校事務相當熟悉。他任慕光校長期間，推出多項校政改革，為慕光帶來一番新氣象。

　　吳校長早在孩童時期曾巧遇杜太，他在孩童時有次跟別人踢足球弄傷了腿，乘巴士回家途中，有位外籍女士突然坐在他旁邊，溫柔地說：「小朋友，你的腳受傷了，回家要處理，告訴媽媽清潔一下吧。不然既不合衛生，亦會有點危險。」當時吳校長只有十多歲，對陌生的外籍人士很抗拒，更向她大聲呼喝。但這位外籍女士還是很細心地關心他的傷勢說：「那你自己留意下這個問題吧，記得回家跟家人說。」過了大概一年左右，吳校長才在報紙上看到那位女士的名稱——杜葉錫恩。中學會考後，吳校長報讀教育學院，有志從事教育事業，於是到了慕光英文書院太子道分校面試，並再一次遇到杜葉錫恩校監。當時吳校長的內心猶如受到啟蒙，並萌生到慕光學校任職的念頭。1980 年，慕光學校聘請有行政經驗的教席，因為吳校長在教育學院畢業後，在官立承認的中學當過行政主任，因此得慕光學校聘請。當時是校監與他進行面試，她聽了吳校長在行政上的經驗後決定聘請他。吳校長十分感恩校監給了他入職的機會，因此至今仍珍藏着 1980 年聘請他的合約。

　　吳校長與校監合作多年，在他的印象中，校監有很多令他欣賞以及敬仰的地方。校監做事很勤奮，凡事親力親為。校監是處理學校事務的最高行政人員，很多信件來往都以校監名義發出，包括與教育局在政策上的斡旋，與其他機構聯絡的信件等都是由校監撰稿；吳校長也會提供一些意見，通常校監聽完後也會點頭以示理解。很多時校監只需兩小時，就讓菲傭把她回覆的信箋傳給吳校長。校監還會致電吳校長，與他討論回覆內容。校監雖已 90 歲高齡，仍辦事迅速，親力親為的作風令吳校長十分佩服。

　　此外，杜校監做事十分細心，如她會細心檢查她開出的每一張支票。因為學校有聘請專業會計師，吳校長對她也比較信任，因此吳校長也放心將支票呈交給杜校監。可是有一次，杜校監卻提醒他其中一張支票的票根前天已經拿了過來，並拿出一本簿，記錄所有慕光英文書院的支票來往，就連哪間銀行、存根號碼都一一抄下。校監每天處理大量工作，但對如此瑣碎的事都這麼謹慎，吳校長因而感受到校監做事極之細心，且令人吃驚。校監對此卻說這是她自慕光創校以來的習慣，反映出校監做事謹小慎微的工作態度。

第三是校監做事「以人為本」。過去慕光會盡用所有房間作課室用途。吳校長擔任校長時最高峰更有 38 班，共一千四百多位學生。當時並沒有空間作 Function Room，老師休憩的地方也較狹小。但校監始終認為從事教育不需要把房間裝修得太好，寧願盡用地方，多收一個學生就能多教育一個孩子。由此也可以看出校監認真、實在的做事態度。

第四是校監節儉的處事方式。在校監的自傳中也提到當年慕光書院創校時經費是很不足的，所以她只能去兼職、補習、教書，補助學校。她說每當出薪金時便會去窩打老道青年會吃一碟肉片飯，便是她最開心、最滿足、最滋味的回憶♪ 校監有很多職務，在學校裏亦有兼職教書，因此也有一筆固定收入，但她日常生活仍很節儉，每天只喝少許奶、吃一些麥片，當她看見吳校長發胖，更會關心他的健康，提醒他不要吃那麼多，太油膩對身體不健康。曾經有一次吳校長在學校跌倒，弄傷了腰，校監十分關心他的傷勢，並提醒他怎樣搬東西，怎樣扶着扶手坐下，先坐下才取東西。很多學生及校外的人來校監辦事處尋求協助，她亦會跟進，校監對每一個人的關心都是發自內心，因此才得到很多人的尊重。

校監在行政上十分信任吳校長，處事也極度開放自由。吳校長每逢星期五到校監的住所匯報時，她通常只說幾句說話：「第一，你需要意見的話告訴我，我會給您一些意見，但最後怎樣做，全由您決定。第二，做出來的結果不管是怎樣，我都會支持你。」校監信任是吳校長最大的動力。但另一方面，即使校監年邁，仍十分關心學校的大小事務，每星期吳校長進行匯報時，校監都要知道學校發生的每件事情。校監即使到九十歲，也為中六、中七的學生補習 A-Level 英文，通常每次補習都有十八至二十名學生參與。

對吳校長而言，杜葉錫恩校監不只是他的上司，更是他的啟蒙老師，慕光教育團隊也同樣接受了校監對他們的啟蒙。因此在吳校長領導慕光期間，慕光上下十分團結，盡心盡力為慕光服務。慕光教師關心學生是得到眾人認同的，老師進行交流、家訪、補課等，過程中花了很多心血，這也令吳校長非常驕傲。校監從事教育實踐更是一直貫徹她「以人為本，以生命影響生命」的教育理念。為了承傳並發揚杜校監及杜校長創辦慕光的心血，吳校長擔任校長期間，盡力提升校內設施及優化校園環境，例如在新翼遮蔭部分、操場旁邊加置了小賣部等。吳校長認為在校監校長的努力下，校園的配套已滿足了百份之

1　葉校監也曾提及這段回憶，詳見本書第四章第四節。

九十，吳校長則希望完成其餘的百份之十。吳校長在慕光服務多年，至今他仍對自己在慕光工作的時光感到十分驕傲。

上：前任校長吳道邦先生（右二）進行訪談後，與筆者（右一）合照。（照片由林力漢提供）

下：照片為校監與吳校長慶祝校慶活動時的合照，場面十分歡樂溫馨。（照片由金禮賢老師提供）

魏俊梅先生（慕光校董會前主席、校友）

　　魏俊梅先生為前任慕光校董會主席。他 1963 年在慕光畢業，魏先生在中學時期，校監曾教授他英文、公民教育、經濟等科目，直至中學畢業。魏先生畢業一年後，便在校監邀請下回到母校任教，自此在慕光工作長達四十載，直至退休。

　　據魏先生憶述，校監曾為很多同學爭取助學金等，協助他們完成求學階段。魏先生在慕光讀書時，亦是其中一位受過校監幫助的學生。五、六十年代，香港很多家庭經濟環境欠佳，杜太在當時已很關注基層市民福祉及貧窮學童的教育質素，故經常為窮困學生爭取助學金，提供經濟援助。據魏先生回憶，當時至少有三分一左右同學因此而受惠。

　　在魏先生眼中，葉錫恩校監為人和藹，教學經驗豐富。當時她在浸會學院兼職任教英文，其教學水平毋庸置疑，更不時在慕光授課。而且，在校監的號召下，很多外國女士前來幫忙任教，其中很多為駐港英軍家眷，因此教學語言基本以全英文為主。當年以全英語教學十分罕見，魏先生在慕光學習期間亦獲益良多。

魏俊梅先生（中）進行訪談後，與筆者（右）及劉愛寧同學（左）合照。（照片由林力漢提供）

魏先生認為他在慕光求學及任教過程，對自己的行事方式有很大影響。魏先生在慕光任教期間，盡力幫助有需要的學童，傳承校監的辦學理念。他擔任訓導老師時，也以闡述道理為主，盡量不設懲罰機制。他說：「遇到頑劣學生，依然嘗試說道理，以理服人，例如學生不肯交功課，他今天不交，我們會叫他明天交；明天不交，我們會反過來問他想什麼時候交？他會因而不好意思，並會在第三天交功課。我們不會懲罰學生，但會讓他定下一個期限，訓練他的責任心。」魏老師指他在荔景小學任職二十多年，從未為學生記過，但學生都十分遵守紀律，鄰近屋邨管理員、街坊均表示，慕光學校沒有一位學生是滋事分子。

魏先生與杜校長及杜校監共事多年，他認為二人的教學方式同樣以注重闡述道理，以教育學生為最終目的。此外，他們主張「有教無類」，盡力支援來自基層家庭的學生。對魏先生而言，葉錫恩校監不只是教育知識的老師，更是他的人生導師。

鄧慶鎏先生（前慕光荔景小學校長）

鄧慶鎏先生於 1972 年加入慕光，服務慕光學校已有半世紀以上，先後見證慕光樂富小學、慕光太子道中學、慕光功樂道英文書院和慕光荔景小學等發展。他在荔景小學擔任校長二十年，後回到中學部擔任校監及杜校長秘書，直至 2000 年退休。在鄧先生印象中，杜太為人非常誠實，待人忠厚。她富正義感，所以一生除了從事教育工作，亦投入社會服務。在杜校長及杜校監的領導下，大家都會循慕光「明理愛光」的校訓進行，令學生明白事理、所謂「愛光」即做事光明、目標光明、走向光明。

鄧老師任職時，慕光為觀塘區中的「一等」（Band 1）學校，招生日那天，凌晨一時已有家長排隊，慕光亦盡量取錄前來報讀的學童。但實行統一派位政策後，學校沒有收生的自主權，最優秀的學生會安排入讀官立中學，次等入讀較有名的津貼中學，慕光則接收第三等學生。

杜校長及校監並不因為政府分配「三等學生」而埋怨，他們一直提倡有教無類，實踐平民化教育，任何階級都有接受教育的機會。杜生、杜太不提倡優才教育，更不會故意取錄優秀的學生。在二人的努力下，慕光依然培養出不少對社會有貢獻的年輕人，不少畢業生在香港理工大學、香港中文大學等高等院校任職講師或教授，如吳賢發、游紹永教授等。學生成績不理想時，校監更會親自替他們補課，她不時以校監身份向中五學生親授英語。

校監的為人處事，令鄧先生甚為尊敬，杜太不只是他的上司，更是社會上著名人物，又樂意為市民服務的市政局議員。杜校長和鄧先生更如兄弟一樣，二人感情很好，超出一般僱員關係。鄧先生十分尊重杜校長與杜太，慕光同學們也十分尊重鄧先生，他到現在仍為得到慕光學生的擁戴而感到自豪。他舉例說，每逢週會，其他老師上台訓話時，總有一些學生竊竊私語；但當鄧校長上台時，全場霎時鴉雀無聲，因學生們打從心底尊敬他，這份尊重則源自他日常對學生的關心。

而且，杜生、杜太十分重視與老師同事之間的關係，而且充分信任慕光的老師。鄧氏擔任小學校長時，二人很少干預他的日常工作事務，不過校監和校長每年必定參加小學部的畢業典禮。學校行政方面，定下政策方向之後，杜太只會監察政策的執行部分。鄧先生認為校監「任用一個人就不會懷疑」，體現出她對鄧老師的信賴。

慕光精神不僅體現在慕光學校，也能在社會中實踐。鄧先生曾協助杜太和杜校長組織香港撒瑪利亞防止自殺會，杜校長任主席，杜太任英文秘書，鄧先生則擔任中文秘書。該會致力救助所有受情緒問題困擾，有自殺傾向的人。1965 年天星小輪加價事件中，杜太挺身而出，公開呼籲反對加價。她十分了解當時社會經濟環境欠佳，天星小輪在盈餘情況下仍加價五仙，使社會人士相當不滿。杜太公開為他們發聲後，獲得社會大眾支持。

杜太亦做過很多不為人知的善舉。例如杜太曾協助一位未婚懷孕的少女，她在元朗安置那位少女，待她產下嬰兒後又安排慈善機構收養，讓少女全身而退。杜太又組織了香港公義促進會，為爭取公義發聲。第一屆大會參加者更過百人，當中包括神父、牧師、教師等等，更有很多小販、小巴代表參與，因為校監曾積極為這些群體爭取權益，甚受小巴司機、小販歡迎。此外，杜太曾任交通咨詢委員會委員，在委員會中推動政府對小巴發出牌照，讓小巴司機可正式營運，保障乘客。杜太也曾任房屋咨詢委員會委員，任職期間為很多市民爭取公屋。

杜太敢為公義挺身而出的精神也深深影響到如鄧校長等一眾在慕光任教的老師，例如鄧校長提到，當年慕光附近還未有屋邨，只有木屋、石屋、鐵皮屋等建築，龍蛇混雜，很多小混混在區內遊蕩。有一次慕光學生午飯後準備回校時，被五至七個小混混攔住路，索取金錢。當時鄧先生在禮堂閣樓辦公室，他聞訊後馬上執起棒球棍隻身飛奔而出，有些剛好沒課的訓導老師、在校溫習的中五至中七同學也一起前去幫忙。對方看到鄧先生率領廿多人，來勢洶洶，便落荒而逃。鄧老師為學生挺身而出，是出於他對學生純粹的關心及責任，這些都會被學生記在心中，鄧老師也因此贏得學生的尊重！

鄧慶鎏先生（右）與杜校監（左）合照。（照片由鄧慶鎏先生提供）

戴婉屏女士（慕光創辦人之一戴中校董女兒）

　　戴婉屏女士，為慕光創辦人之一戴中先生的女兒。戴中先生在慕光創辦早期已專責打理慕光的總務、財務等工作，至 2000 年退休為止，戴先生對慕光的發展功不可沒。[2] 戴中先生加入慕光前，已投身教育事業，戴先生自三、四十年代起，在廣西的陸川、玉林、桂平、博白、宜山、靖西等地從事教育工作。五十年代初期來到香港，有意興辦學校，遂與杜學魁、葉錫恩相識並創立慕光，此為一所專供窮孩子上學的學校。戴中先生早年負責慕光校務時，幾乎不拿報酬，他憑着堅定的信念和服務社會的強烈責任感，與杜學魁校長、葉錫恩校監一同將慕光由帳篷小學逐步發展成為今天的慕光英文書院。

　　戴中先生的女兒戴婉屏女士，亦從戴中先生及杜氏夫婦身上傳承了慕光精神。在戴女士童年時，她的父親每天回家都與她分享與杜校長、杜校監相處的

2　見杜學魁：〈校政、市民兩相兼顧〉，《慕光校史》，頁 55。

點滴。戴中先生總稱杜太為「校監」，從言辭中可見他對杜校監十分尊敬。每逢過節，杜校長、杜太及戴中先生都會互相拜訪問好，因此杜校長及杜校監是陪伴戴女士成長的長輩。

直至 2000 年，杜學魁先生身體轉差，為了照顧杜先生，杜太與戴女士亦多了來往。杜先生病重時，杜太一直在他身邊照料他。但當時杜太年紀同樣老邁，有時需要戴女士一同協助照顧杜先生，戴女士留意到杜太身體逐漸衰老，亦需有人照顧，故開始定期探望她。二人因此多了接觸和了解，杜太也會邀請戴女士一同出席朋友聚會，甚至杜校長在醫院離世時，杜太也致電戴女士向她傾訴。杜太逐漸從學校的工作退下來後，二人有更多共處的時間，也因此有很多溫馨的時光。

戴中先生大半生都投入慕光學校教育事業，他對慕光的熱愛之情也在不自覺間感染到戴女士，她坦言杜葉錫恩校監「有教無類」的教育理念通過父親教導，深深影響了她。如 2000 年，戴女士有感香港幼兒教育不足，與杜先生、杜太商量後，決定在九龍塘開設一家幼兒教育學校，名為 Nottingham Children Campus，該校提倡學童在無壓力氣氛下學習，不鼓勵精英教育，這與杜生、杜太辦學理念一致，二人亦成為學校創辦者之一。

2007 年，戴女士創立「朗誦及音樂推廣協會」，目的是通過舉辦比賽鼓勵表現「不優秀」的學生，加強個人自信。所以在比賽中參賽者不論表現如何，也可以上台領獎，並與評判單獨拍照，以及每人均會得到個別評語。杜太十分認同戴女士的理念，因而成為該會創會人之一，並在 2008 年舉辦「第一屆全港學生公開音樂比賽」，多年來活動深受好評，得到越來越多師生的參與及支持。每年杜太亦會親自出席評判聚會，感謝評判的付出，她的出現對一眾評判及學生而言均有極大的鼓舞，所以有些評判由第一屆到現在第十三屆，仍然熱心協助籌辦比賽。

在戴女士心中，杜太是個很有熱誠、活力的人，她不覺得自己年邁、能力有所欠缺，仍然熱誠投入工作。杜太的潛移默化，使戴女士對工作也更認真，力求進步，她言道：「我希望每年都能做更好，力求完美，因為我想每件事都可以更盡善盡美。杜太教會我做事不會放棄亦不自滿，對我自己也是很大的鼓勵。」[3] 而且，杜太從不認為自己高人一等。戴女士提到杜太在一次訪問中，有人問她：「如果有一天你退休或不在香港後，你想別人記住你什麼？」杜太回答說：「我沒有東西要別人記住。」杜太的這份謙厚令戴女士十分佩服。

3　見戴婉屏女士訪問稿。

筆者（左一）與戴婉屏女士（右二）進行訪談後合照。（照片由林力漢提供）

扈小潔老師（慕光現任教師）

　　扈小潔老師在 1995 年加入慕光英文書院，至 2020 年已在慕光任職教師二十四載。扈老師深知杜太重視教學品質，為提高教師教學水平，鼓勵教師進行培訓，扈老師也曾得到遠赴英國進修的機會。杜太認為應給予老師出外進修充實自己的機會，所以要求老師參加交流團。當時在慕光工作的扈小潔老師因而代表學校到英國交流進修，獲益良多。在扈老師眼中，校監為人善良和藹，關懷老師，接納和重視老師反映的意見。扈老師提到，杜太每一年都會接見老師，扈老師負責英文科，有很多問題也會與杜太反映和交流，杜太十分重視，例如有老師向她反映過教師的晉升制度問題，杜太得知後積極跟進，最終改革了慕光的晉升制度。

　　扈老師從杜太的日常工作中收穫甚多，例如杜太處理信件的效率很高，上午給她的信，她在兩小時之後便回覆。當年杜太的工作十分忙碌，因此扈老師很驚訝杜太的回信速度，詢問校監，她說是因為她怕忘記了。杜太的桌上有很多紙張，因此只要一收到文件，她就一定盡快完成，否則會對人造成拖延。這

些小細節令扈老師十分敬佩杜太處事以他人為先的精神，也對扈老師日後的工作有很大的啟發，扈老師在杜太身上學到：「同事把事情交給我，我希望盡快給別人回覆，不要影響到下一個人。」杜太去世後，為了籌建紀念館，扈老師特地到浸會圖書館三天處理杜太生前遺物，特別是杜太生前的檔案、書籍等，令扈老師更了解杜太對社會的貢獻。扈老師總共看了三十二個大箱，因此知道了杜太為社會、為公義、為學校所做的貢獻。杜太能為一些她不認識的市民爭取權益，令扈老師十分感動，也備受鼓舞，願以杜太的言行為榜樣。

扈老師也補充了有關杜太晚年出版書籍的過程。杜太九十九歲那年，出版了英文著作 *Lessons in life: essays in English for secondary school students*，此書源自當日扈老師找了同事為她寫 "lesson plan"，原意為希望杜太可以分享她的教學計劃，後來演變成 *Lessons in life: essays in English for secondary school students* 一書。這本書講述杜太從事教育的軼事，那時更以此為題創作話劇，在中學巡禮中演出。扈老師等人出席了新書發佈會，杜太雖因年老而未能出席，但也十分關心，並言道：「九十九歲還可以寫書，希望一百歲也可以繼續寫。」可見杜太的從不言休的心志。

筆者與扈小潔老師進行訪談的情形。（照片由林力漢提供）

2012 年 6 月 1 日，厄老師及外籍老師 Miss Judith Murphy 探望杜校監，並送上卡片及鮮花。（照片由慕光資料庫提供）

金禮賢老師（慕光現任教師）

　　金老師自 2001 年起在慕光英文書院任教。金老師就學時已在電視新聞中見過杜太，他覺得杜太雖為外籍人士，卻在立法會中為廣大香港市民爭取福利，相當難得。在訪談中，可看出金老師對校監的感情很深，對金老師而言，校監不僅無私，更是十分偉大的教育工作者。

　　在金老師眼中，校監為人十分熱心，待人也相當親切。金老師入職時，校監已八十多歲，但老師同學們探望她時，她仍會分享最近在幫鄰居向保安反映

意見，這些小事得見校監熱心助人的性格。校監待人十分親和，校務上樂於與老師交流，老師熱心發表有利學校發展的意見，校監亦會聆聽和考慮，並會接納相關建議，使慕光學校同學在學習上得到最好的教育質素。

金老師認為，校監雖然年紀老邁，仍然十分留意學校的發展，對慕光盡心盡責。據金老師所知，校監每週五也和校長交流學校的近況，有時金老師在周六回學校工作時，校監也會找他聊天，以了解更多學校近況。校監到了八十多歲時，雖行動不太方便，但學校很多活動，只要她身體和精神可以應付都必定出席，如每年小六同學前往慕光英文書院註冊的日子，校監因在學校居住，在註冊日會提早由傭人陪同到大堂，坐着輪椅和小學生、家長握手和問好。所有老師、工友、文員一看到校監出現都會由衷地展現對她的恭敬。

金老師最欣賞校監的一點是她「有教無類」的教育理念，校監經常對老師說：「我們不是挑選好學生去教，如果只選好學生，那其他成績不好的學生誰去教呢？」正如校監所言，老師不應只選好學生去教，而是想方法怎樣教好學生。校監亦很關心同學的學術表現，並會勉勵老師要不斷改進，盡量做好自己的本分。校監知道學生的英文水平不算太好，她也知道教授英語能力較弱的同學是困難的，金老師為英文科科主任，校監時常勉勵金老師堅持教學熱忱，她經常對金老師說：「即使外面合格的分數是 50 分，我們不要對同學說要求是50，而要求 60 或 70 分。我們對同學的要求高一點，對學生的期望要比外面高。那麼即使失手，表現稍差一些也會比預期好」，金老師非常同意校監的說法，所以很多時與同事互相鞭策，雖然教導英語能力較弱的學生比較辛苦和吃力，但校監會不斷勉勵老師：「也不可以因為困難就不做，也不可以因為同學程度是這樣的就放棄。」

教學是金老師從小到大的志願，由於金老師在精英學校就讀，當時未能體會到社會上基層家庭學生的需要。但入職慕光後，校監對辦學的理念和熱衷，令他對教學的心態有所改變，他發現原來能力條件較差的同學更需要老師用心幫助，教好每一位學生成為金老師的目標，他此後更為同學們度身訂造英語學習課程。

比起任教精英學生，金老師更願意見證同學成長，英語水平提升。金老師會盡力協助那些入讀中一時英語水平不太好的同學，先跟他們建立很好的關係，了解他們的學習水平及需要，分析日後怎樣協助他更好地學習，為他們打好語文基礎，應付公開試要求，到最後可得到合格分數入讀大學，金老師因此得到強烈的滿足感與成功感。他的努力，見證和造就很多慕光同學的進步，這也是金老師多年以來在慕光任教英文的使命。

上：照片為一眾慕光老師、學生、校友探望校監照片。（照片由金禮賢老師提供）

下左：照片為校監與金老師合照。（照片由金禮賢老師提供）

下右：照片為慕光學生向校監贈送禮物。（照片由金禮賢老師提供）

林麗萍老師（慕光現任教師）

　　林麗萍老師為慕光英文書院的現任老師，也是慕光舊生。據林老師憶述，她在慕光就讀時，慕光上下都很尊敬校監，校監也十分關心同學的學習表現，尤其是中六、七同學，校監在晚年仍會親力親為，幫助高年級同學補課，定期作英文口語練習，可見校監對同學們的關心。

　　投身教育是林老師自小的志向，因此她在中七畢業之後，升讀教育學院，畢業後致力教學工作，並幸運地得到在母校任職的機會。她仍記得當時由杜學魁校長與她進行會面，並與林老師簽約，自此林老師就回到慕光母校教育師弟師妹，一直任職至今。

　　林老師加入慕光時，為吳道邦校長和杜校監合作推動學校發展的時期，在吳校長的領導下，她將學校一些比較落後，不及其他學校的設施或者課程作了很大的革新，這些改革均得到校監全力支持。當時校監已經九十多歲，但是吳校長每週仍會向校監匯報每週學校的重要事情及政策，共同商討施行細節。老師們知道校監雖已年邁，但仍心繫學校，林老師更相信校監直至晚年仍十分關心香港社會民生及教育發展。校監自 1972 年功樂道校舍創建後，就一直居住在慕光學校頂樓，很多時她會下來散步，與同學們聊天。校監有一隻耳朵聽力較弱，但也細心聆聽同學說話，同學也經常和校監分享近況。

　　林老師在慕光任教多年，充分感受到校監、慕光同事及學生彼此關係融洽緊密。她很欣賞校監的待人處事方式，校監將慕光師生團結起來，所以慕光面對困境時，各人不會因而離棄慕光，而是一起拼搏，解決困難，眾人緊記校監所言：「我一日在慕光，我們也會一起拼搏，我們不會離棄任何一個人。」

林麗萍老師進行訪談的情形。
（照片由林力漢提供）

上：杜校監與高年級進行學生英文口語補課的情形。（照片由林麗萍老師提供）

中左：照片為林老師與杜校監合照。（照片由林麗萍老師提供）

中右：照片為林麗萍老師及金禮賢老師等與杜校監慶祝生日。（照片由林麗萍老師提供）

下：2015 年 8 月，陳逸婷老師（前排右）、李慧娟老師（前排左）、林麗萍老師（後排右）、金禮賢老師（後排左）一同探望校監。（照片由慕光資料庫提供）

在校監身上，林老師看到她的「大愛」精神，甚至有人說校監猶如德蘭修女一樣，成為林老師的榜樣及學習典範。例如校監十分關心同學，除了學習表現外，更會關心他們的校園生活，以至家庭經濟環境。如果校監覺得學生得不到公平教育，就會盡力支援他們，因此，林老師如得知同學在家庭方面有困難，她會先找校方幫忙，並在力所能及的情況下，為他們提供精神及經濟上的支持。林老師覺得校監那份「大愛」精神啟發了她，令她真正感受到教育的真諦。

吳賢發教授（慕光英文書院校友）

吳賢發教授為慕光校友，在 1974 年入讀慕光英文書院，並於 1979 年中五升讀原校預科。1981 年在慕光畢業後，入讀香港理工學院修讀物理治療，後來更成為香港理工大學康復治療科學系系主任。

吳校友在慕光英文書院的求學過程，不只成為他日後學習知識的基礎訓練，更重要的是學習到做人處事的態度，建立正確的價值觀。吳教授就讀時，很多學生來自秀茂坪、牛頭角、雞寮、徙置區等比較草根的地方，也有單親或新移民家庭，有些家庭甚至未能解決個人溫飽。慕光為這些貧困學生提供了一個舒適之地以及學習的機會。而且，慕光老師十分關顧學生，有時慕光同學在附近球場踢球玩耍時，會遇上黑社會人士騷擾，這時慕光會有一些老師如訓導主任、體育科老師挺身而出，保護他們，吳教授親眼目睹這些事，留下很深刻的印象。吳教授讚揚慕光老師十分盡責，盡力使慕光學生安心學習，不讓學生們受到不良風氣影響。

有關對杜太的印象，在吳教授回憶中，杜太除了是慕光校監，還是市政局議員。因此她的工作十分忙碌，整天也趕着開會，但杜太仍關心慕光校務，更在吳教授就讀中一時與他作英語訓練，教導他如何發音，令吳教授的英語水平進步了不少。

吳教授對杜太印象最深刻的就是她促成廉政公署的設立，推動香港反貪腐工作。吳教授小時候已從電視上中見到校監為基層市民爭取權益，為公義發聲。廉政公署未成立時，香港社會的貪污風氣十分嚴重，民眾深受其害，尤其是基層市民，小販被壓榨，不良組織橫行，但杜太推動廉政公署成立之後，政府大力推行反貪工作，使社會不斷進步。吳教授作為慕光的一分子，更以杜太是慕光校監為榮。

吳賢發教授進行訪談的情形。
（照片由林力漢提供）

游紹永教授（慕光英文書院校友）

　　游紹永教授在 1973 年入讀慕光英文書院，成為第一屆中六預科生，因而認識了校監及校長。少年的游教授在彩虹邨居住，由姑姐撫養他們三兄弟姊妹，當時共有七個小孩在僅有兩百呎的地方居住。一次偶然機會下，游教授和校監、校長說起他孤兒的身世以及居住情況，校監及校長很同情他的遭遇，就邀請游教授在學校居住，並要他在課餘時間，協助校監進行書信翻譯。此後，游教授白天上學，放學之後就到辦公室幫助校監翻譯來信，供校監閱覽，自此便和校監有更多接觸的機會。游教授十分感激校監的對他的幫助，除了給他居所，每月還給他三百元工資，協助他繳交學費和膳食費用。游教授在學校內居住了三年，直至完成理工大學的高級文憑一年級課程後才離開學校。

　　1976 年游教授成立慕光校友會，並擔任首屆校友會主席，因此在畢業之後仍然和校監保持緊密聯絡。甚至校監到了一百歲華誕之後，二人也有過數次飯聚，校監還認得游教授。校監在一百零二歲高齡時，雖因手震而難以書信，但仍能使用電腦，因此在校監去世前半年，二人仍以電郵聯繫。

　　在游教授就讀期間，校園發生的一次火災意外使他終身難忘。1976 年某夜游教授晚餐後，路經禮堂時，舉頭望向禮堂入口，發現禮堂兩邊有個橫門玻璃上出現閃爍的火光，於是走上二樓禮堂，推開木門一看，整個禮堂後台烈火熊熊，他便跑回宿舍報警，接着跑到宿舍，拍門叫喚校監，校監和工人才得以逃離火場。事後才得知可能是工人不小心吸煙留下火種，意外燃點後台布幕引起火災。校監因而十分感謝游教授並說：「幸好有你在這裏，那麼巧合發現到那場大火，否則整個舊校舍就不堪設想了。」這件事令游教授終身難忘，自此

校監也不想游教授離開，讓他畢業後仍可在學校居住，可惜游教授因當時要在彩虹邨天主教夜中學任教英文而婉拒，但他仍十分感激校監校長對他的照顧。

游教授就讀預科時，大部分同學來自不同的中學，但是他們很用功讀書，也熱衷運動如打籃球、踢足球等。慕光現在的新校舍，過去為一塊大草地，當時中六、中七的同學下課後常到草地上玩耍。有一個下午，差不多傍晚，他們在踢球時，突然間有三個小混混前來，拿着小刀，威嚇慕光同學交出財物。其中一個同學逃回學校報告此事，體育主任鄧慶鎏老師拿着一支棒球棍跑上草地，對着小混混說：「你們在做什麼？快把拿了的東西還給同學！」這次經驗使同學們切身體驗到慕光老師對學生愛護有加。

游教授在慕光就讀兩年，加上畢業後再於學校居住了一年，在慕光的三年時光中，他深受啟發：「這三年裏通過校監校長的以身作則、潛移默化的教導令我受益終身。我明白如何待人接物，關心國家人民，這個反而最重要。令我一生人由讀書到現在，或者畢業之後到現在明白怎樣貢獻社會。再者，校監校長對教育事業的終身貢獻啟蒙了我教育的重要性，後來在慕光的三年體驗到校監校長以身作則的教導，更堅定了我終身做老師的使命。」慕光學校的校監、校長、主任、老師等啟蒙了他立志成為教育工作者。因此游教授擔任會計師之後，也決心成為教師，並從事教育工作三十五年，先後任教了七間大學，桃李滿門！

游紹永教授進行訪談時攝。
（照片由林力漢提供）

上：1974 年 11 月慕光中學校友會成立，游教授為首屆校友會會長，於成立典禮上介紹校友會。
（照片由游教授提供）

下：1975 年第一屆預科生畢業聚餐，左二為游教授，左一為鄧汝棠先生（第二屆慕光中學校友會
會長）。（照片由游教授提供）

陳庇昌先生（慕光英文書院校友）

陳庇昌先生是慕光英文書院校友，1981 年中六畢業。陳先生回憶他就讀小學期間，校監已常常以市政局議員的公職身份幫助市民，校舍附近的同學、街坊遇上困難時，亦會向校監求助。校監也會盡力幫忙；校監亦常與議員等相關知名人士討論香港社會事務，親力親為幫助社會大眾。雖然杜校監忙於社會事務，但也會抽時間教導學生英文，反映校監關心慕光教育事業。

在校監的親和力感染下，當時師生關係十分融洽，也十分團結。陳先生提到在他中五畢業後，本可以升讀其他學校，但當時的老師與學生關係很好，彼此十分熟悉，也盡力留住每位同學在原校就讀。在校監的號召下，加上學校提供獎學金、減免學費等措施，吸引很多學生留校。

陳校友通過為杜太籌備百歲宴，陳校友得以接觸到杜太在英國的親友，因而對杜太有更深入的認識。陳先生與杜太在同在英國紐卡斯爾大學（Newcastle University）畢業，因而籌辦百歲宴時，他特意到母校進行訪問，更在英國找到杜校監的妹妹，安排在當晚舉行視像會面，轉載當晚盛況。在英國與陳先生接洽的是該所大學的校長，他十分尊敬杜太，並表示杜太對教育作出的貢獻，使他十分敬佩。作為大學校長他到今天才發覺，自己與杜太相比就如學生一樣，他要像杜太一樣服務社群。杜校監為當時最年長的校友，學校上下包括校友會、國際發展委員會等不同部門都在推動慶祝她百歲壽宴，可見校監在大學受到很多人的重視及尊重。陳先生更提到，當時他到了杜太當年上課的大樓，並與一位長者聊天。聊到校監和校長的往事時，有一隻大鳥飛至，緩緩走來他們身邊，陳先生有感大鳥為校監和校長的「化身」，在聽他們說話，這一幕令陳先生記憶很深。

陳先生通過了解校監在社會上的貢獻，啟發他除了從事本身專業以外，也應多了解社會事務，因此畢業後他有相當長的時間，與社會團體保持接觸，並投入精神與心血發展社會事務。他自言這是深受校監為社會付出的心志影響：「我認為在自己修讀的專業外，也要多學其他學科，就如校監關注學校事務外，也關心民生。我受杜太影響，我從事會計師三十年中，仍熱衷學習其他東西，如在七、八年前進入了科學園，從事科技產業。我有時也會跟伙伴說七十年代校監是用筆墨來進行教育工作，現今則以科技配合教學，現在的教育模式進一步延續了校監的教學理念。」

上：陳庇昌先生進行訪談時攝。（照片由林力漢提供）

下：照片中為陳校友到訪杜校監母校時，遇到大鳥的情景，他形容此猶如「校監與校長的化身」。
（照片由陳校友提供）

240

上：照片為陳校友回到慕光母校時探望杜葉錫恩校監與師生們的情景。（照片由陳校友提供）

下：圖為杜葉錫恩校監與陳庇昌先生合照。（照片由陳校友提供）

第十一章
結語

　　慕光英文書院的教學種籽，在帳篷學校中孕育，經年累月後結為成熟的果實，滋潤香港這片土地。杜葉錫恩校監辭世後，慕光英文書院仍秉承校監的辦學理念，積極優化學校課程，提高教學質素，鼓勵同學在學習，體藝表現上取得佳績。

　　在張主席、黃校監領導的校董會支持下，兼在前人的基礎上進一步完善及改進課程內容，以迎合時代所需。慕光向來重視學生的品德教育，黃華康校監亦不例外，他強調：「教學生知識固然重要，但教學生做一個好人，一個有良好價值觀、不斷求知增值的人，其實更重要，所以學校非常重視生命教育。」[1] 不少學校會因中六學生即將面對公開試，而不安排生命教育課程，慕光卻全校無一例外，每星期均設一節為人文素質課，老師會和學生一起展開討論不同的議題，藉此幫助學生面對成長過程中遇到的疑惑。[2]

　　慕光自從財政狀況轉虧為盈後，逐漸體現出轉為直資制度的優勢。[3] 新制使學校在安排教學內容，以至老師編制方面都得到較大的彈性，校方更能配合學生需要和能力作出調動。例如在教學語言上，慕光給予學生較大的選擇空間，慕光每級均設中文及英文班，可因應學生的程度而安排母語或英語授課，英文

1　〈慕光英文書院新校長　堅守杜葉錫恩教育理念〉，《信報》，2018 年 8 月 27 日。

2　同上註。

3　慕光轉制過程及原因，見本書第七章第四節。

班除中文及中史科以外，均以英文作授課語言。梁校長亦指出當年轉為直資學校的優點：「因為語言微調政策，不少中學都同時有中文及英文班，而我們作為直資學校，自然亦希望提供多一種選擇予家長和學生。」[4] 校方更可視乎同學的能力，安排他們入讀中文或英文班，學校亦會密切跟進學生的學習情況，每年重新進行評估。梁校長補充：「未來我們會再進一步，做得再仔細一點，如在中文、英文、數學三科，每個學期均按學生的能力去分班。」[5] 梁校長認為，不同類型的學生均有不同的學習需要及差異，「有些學生的適應力很強，所以我們避免僵化，盡力讓不同能力的學生都能得到更好的安排。」[6] 因此，慕光學校每個學期均會檢視一次學生的表現，緊貼學生的學習表現去分班，繼而靈活調整出更適當的教學內容，以照顧不同學生的需要。

2018 年，慕光推行了「Excel 24」課程計劃，目的是將學校的興趣才華課程，整理得更系統化，並特意聘請專業人士任教。[7] 因應「Excel 24」課程計劃，每逢星期二及星期四的最後兩節課，均讓學生自由選擇自己感興趣的課程。[8] 課程涵蓋科學研究社、探究天文學、粵語朗誦隊、普通話朗誦、奧數訓練班、合唱團、STEM 工作坊、食品科學、欖球、戲劇社、攝影班及製片、手語基礎課程、漫畫班、種植達人、熱舞社等等，近五十項興趣課程，供予學生選擇。[9] 慕光的「才華發展課程」與「興趣學習課程」，滿足不同學生的多元學習需要。學生通過參與這些活動，不但得到課堂和書本以外的經驗，更有助他們的心智成長，完善他們的品格發展。[10] 通過選擇以上課程活動，學生總能找到適合自

4　〈慕光英文書院新校長　堅守杜葉錫恩教育理念〉，《信報》，2018 年 8 月 27 日。

5　同上註。

6　同上註。

7　李家文：〈一年學費 2000 元　平民直資學校的經營之道〉，《壹週刊》，2019 年 1 月 7 日。

8　〈慕光英文書院新校長　堅守杜葉錫恩教育理念〉，《信報》，2018 年 8 月 27 日。

9　為慕光學校開設的特色課程，目的是發掘、發展及發揮學生的才華。慕光相信每一位孩子都有他的潛質，須加以栽培。「Excel 24」課程分才華發展及興趣學習兩個範疇。「才華發展課程」主要包涵音樂、體育、藝術活動，另作提供個人演說、表演能力的培養；「興趣學習課程」主要以培養學生多元興趣為目的，涵蓋學術及非學術類別。詳見〈Excel 24〉，《慕光英文書院》，擷取自：https://www.mukuang.edu.hk/excel/，瀏覽日期：2020 年 6 月 2 日。

10　2019 年慕光英文書院之才華發展課程如下：1. 基礎日語 2. 基礎韓語 3. 基礎法語 4. 樂高機械編程 5. 普通話朗誦隊 6. 粵語朗誦隊 7. 國際象棋隊 8. 欖球隊 9. 合唱團 10. 漫畫創作 11. 熱舞社 12. 獅藝班 13. 油畫班 14. 編織 15. 種植達人 16. 義工服務團 17. 手機遊戲編程；2019 年慕光英文書院之興趣學習課程如下：1. 美容入門 2. 健球 3. 國術 4. 飛鏢隊 5. 跆拳道 6. 街頭健身 7. 閃避球 8. 魔術入門 9. 雜耍初階 10. 搖搖競技 11. 汽球製作 12. 水彩班 13. 黏土班 14. 模型製作 15. 圍棋 16. 桌上遊戲 17. 烹飪班 18. 結他班 19. 樂器班 20. 木箱鼓 21. 奧數訓練班 22. IELTS 英語 23. 種植達人 24. 應變支援隊 25. 新樹苗探索之旅。見梁超然：〈香港的「生命教育」及「校史教育」：以慕光英文書院為例〉（未刊稿）。

己能力及興趣的活動，從參與中得到滿足感。更重要的是，這些活動帶給學生的成功感可令他們理解到，學業成績並非完全決定一個學生的價值標準，每個人都應發揮其獨特長處，在過程中建立自信心，繼而在心智發展上得到成長。

為提升教學質素，慕光投入大量資源在師資培訓及優化教學設施。慕光對教師的專業資歷有相當要求，除聘請專人負責興趣課程外，截至 2020 年，慕光六十五位教師中（包括校長），百分之百擁有教師文憑與學士學位，其中，更有百分之四十二學歷為碩士、博士或以上。[11] 為打造更完善的校園環境，不但設有英語角、健身室、創新科技教室等本地中學較少見的校園設施，更獲得 QEF 優質教育基金撥款一百五十萬設立亞馬遜 AR/VR 教室，以提升同學的創意及創新能力。[12] 慕光一直謹守杜葉錫恩校監的創校初衷，盡力為同學帶來更好的學習環境。

2019 年 9 月 3 日，慕光英文書院舉行周年頒獎禮，當日邀請到 Scholastic Asia 總裁黃志雄先生及一眾校董親手頒發證書予每位得獎同學。[13] 同年 10 月 8 日，慕光舉行「2019 慕光英文書院校運會」，同學在當天大展身手，在比賽中增進情誼，校運會充滿歡樂氣氛。[14]

在慕光教師諄諄善誘下，學生奮發好學，培養出更多品學兼優的學生。如 2020 年應屆文憑試考生蘇琪，三年前從福建來港入讀慕光四年級，抵港初期，蘇同學一家的居住環境並不好，她與爸爸媽媽住在狹窄的板間房中，又不諳廣東話，英語也只有相當於中二的水平，但她決心克服環境障礙及語言難關，她努力學習廣東話，遇上不懂的便虛心向人請教，如今廣東話已經有很大進步。英語能力方面，她積極參加學校的課外活動，更於運用英文與外校同學交流，慕光也為同學提供了完善的網上學習平台，訓練英文閱讀能力，蘇同學在過去三年來在網上學習平台閱讀了超過四萬個英文詞語。蘇同學指出，慕光

11 〈教師資料（包括校長）〉，《慕光英文書院》，擷取自：https://www.mukuang.edu.hk/%e6%95%99%e5%b8%ab%e8%b3%87%e6%96%99/，瀏覽日期：2020 年 8 月 2 日。

12 教育局質素保證及校本支援分部：〈全面評鑑報告 慕光英文書院〉，《慕光英文書院》，擷取自：http://www.mukuang.edu.hk/wp-content/uploads/2019/12/mu_kuang_eng_sch-Oct-2010-CR-report.pdf，瀏覽日期：2020 年 2 月 2 日。

13 〈2018-2019 年度周年頒獎禮〉，《慕光英文書院》，擷取自 https://www.mukuang.edu.hk/%e6%9c%80%e6%96%b0%e6%b6%88%e6%81%af/2018-2019%e5%b9%b4%e5%ba%a6%e5%91%a8%e5%b9%b4%e9%a0%92%e7%8d%8e%e7%a6%ae/，瀏覽日期:2020 年 6 月 2 日。

14 〈慕光英文書院校運會〉，《慕光英文書院》，擷取自：https://www.mukuang.edu.hk/%e6%9c%80%e6%96%b0%e6%b6%88%e6%81%af/%e6%85%95%e5%85%89%e9%81%8b%e5%8b%95%e6%9c%83-2019/，瀏覽日期：2020 年 6 月 2 日。

老師亦會在課餘時間批改她的英文作文，並鼓勵她多看英文報紙及觀看新聞節目，學校更會給予同學機會參加公開演講，協助提升她的英文水平及自信心，去年蘇同學更獲校方全費資助應考 IELTS，考獲 7 分佳績。[15]

慕光學校現時有四成學生受惠學費減免計劃，蘇琪同學為其中一位。梁校長形容蘇同學很自律，學習很有計劃，有能力安排自己的學習，而且在校內擔任多個職位協助低年級同學，是一位品學兼優的學生。在學校的支持加上她每天勤學苦讀，終在文憑試中取得理想成績，中文科獲 5**，數學獲 5*，英文、通識、物理及化學均獲得 5，一圓她升讀大學的目標。[16]

慕光領導者更是不斷創新，緊貼社會變化，與時並進。2020 年，新冠肺炎疫情嚴峻，教育局亦在 1 月 25 日宣布全港學校停課，面對突如其來的變化，學校教師團隊及時應對，主張「停課不停學」，更訂下硬性指標，各科每星期最少有 110 分鐘網上教學片段或實時教學，並且規定片段不能下架，方便學生重溫。梁校長認為，是次疫情亦是一個契機，推動香港普及網上學習的風氣，他續言網上教學「雖然少了互動，但教學的構想可以更細緻、更充足，對老師的要求也比課堂高」。[17]

此外，現任校監黃華康先生亦十分關注大灣區發展，如在 5 月 2 日黃校監於「兩會：大灣區與青年」的演講上，分享了他對香港年輕人北上發展的看法。黃校監認為，國家政治架構對香港特區格外重視，同時也說明了香港在國際舞台的重要性，香港作為大灣區不可或缺的角色，香港年輕人更是這一角色的詮釋者。大灣區建設為香港年輕人在內地升學、就業和定居等提供了一個良好的

15 〈3 年前來港英文僅有中二水平　板間房女生寫英文週記苦學英文考獲佳績〉，《香港經濟日報》，擷取自 https://topick.hket.com/article/2702863/%E3%80%90DSE2020%E3%80%9113%E5%B9%B4%E5%89%8D%E4%BE%86%E6%B8%AF%E8%8B%B1%E6%96%87%E5%83%85%E6%9C%89%E4%B8%AD%E4%BA%8C%E6%B0%B4%E5%B9%B3%20%20%20%E6%9D%BF%E9%96%93%E6%88%BF%E5%A5%B3%E7%94%9F%E5%AF%AB%E8%8B%B1%E6%96%87%E9%80%B1%E8%A8%98%E8%8B%A6%E5%AD%B8%E8%8B%B1%E6%96%87%E8%80%83%E7%8D%B2%E4%BD%B3%E7%B8%BE 瀏覽日期：2020 年 8 月 2 日。

16 同上註。

17 〈【停課不停學】慕光英文書院校長梁超然：網上教學見真章〉，《Oh! 爸媽》，擷取自：https://www.ohpama.com/508254/%E6%9C%AC%E5%9C%B0%E5%8D%87%E5%AD%B8/%E6%95%99%E8%82%B2%E7%86%B1%E8%A9%B1/%E5%81%9C%E8%AA%B2%E4%B8%8D%E5%81%9C%E5%AD%B8-%E6%85%95%E5%85%89%E8%8B%B1%E6%96%87%E6%9B%B8%E9%99%A2%E6%A0%A1%E9%95%B7%E6%A2%81%E8%B6%85%E7%84%B6%EF%BC%9A%E7%B6%B2%E4%B8%8A%E6%95%99/，瀏覽日期：2020 年 8 月 2 日。

明理愛光：杜葉錫恩的教育思想及實踐

平台，讓他們的才華得到一定的發揮，不使明珠暗投。[18]

　　杜葉錫恩堅信只為個人名利而行事，並不能帶來滿足；只有為社會大眾，才能體會生命的快樂：

> 　　我雖然得過不少獎，例如一九七六年之麥西西獎，一九七七年女皇銀禧獎章（Queen's Silver Jubilee Medal）。一九七八年受封為 CBE，以及在一九八八年獲得香港大學社會科學系的榮譽博士學位。但是，最大的報償莫於表現在那些受過我幫助的人的臉上。每星期都有四十多人特地來向我道謝，因為我幫助他們獲得一層樓、公共援助、意外賠償，或者正義的伸張。[19]

　　杜葉錫恩為香港教育事業畢生奉獻，但她仍然十分謙卑，始終以為人們奉獻為自己的使命[20]，更早已身體力行，闡發成關愛教育的辦學精神。[21]慕光教育機構的成立，正好實現了杜葉錫恩為社會貢獻的理想。正如她所說，畢生以服務社會為己任。由杜葉錫恩踐行及啟迪的「慕光精神」早已深深影響了身邊的人，這份精神以她發起，交由慕光師生承接，在香江大地延續、傳承。

18　〈與領袖約會　黃華康校監〉，《慕光英文書院》，擷取自：http://www.mukuang.edu.hk/%E6%9C%80%E6%96%B0%E6%B6%88%E6%81%AF/%E8%88%87%E9%A0%98%E8%A2%96%E7%B4%84%E6%9C%83-%E9%BB%83%E8%8F%AF%E5%BA%B7%E6%A0%A1%E7%9B%A3/，瀏覽日期：2020 年 8 月 2 日。

19　杜葉錫恩：〈第三十五章・結婚〉，《葉錫恩自傳》，頁 272。

20　原文為 "To fix one's ambitions on going to heaven when we die, as our church expected us to do, with no certainty that heaven exists, now seems empty, even absurd, compared with dedicating one's life on earth to creating a little piece of heaven for so many others." Elsie Tu, Andrew Tu, *Shouting at the Mountain*, p.182.

21　「關愛教育」為今天學術界的名詞，主要以愛心教育為本，有關愛心教育的研究及推動，可見夏丏尊、葉聖陶及陳鶴琴等，如陳鶴琴：〈家庭教育〉，載北京市教育科學研究所編：《陳鶴琴教育文集》（北京：北京出版社，1983 年），頁 715-716；葉聖陶：〈自學成功的夏丏尊〉，載劉國正編：《葉聖陶教育文集》，第 2 卷（北京：人民教育出版社，1994 年），頁 113-114；劉真：〈有愛無限〉，方祖燊輯：《教育家的智慧：劉真先生語粹》（台北：遠流出版事業股份有限公司，1995 年），頁 80-81。有關西方研究「關愛教育」，見 Ervin Staub, *The Psychology of Good and Evil: Why Children, Adults and Groups Help and Harm Others.* (Cambridge: Cambridge University Press,2003),pp.3-25.

明
理
愛
光
：
杜
葉
錫
恩
的
教
育
思
想
及
實
踐

上：黃華康校監在畢業典禮頒獎予成績優異升讀大學的同學。（照片由慕光資料庫提供）

下：慕光健兒於校運會當日比賽競技剪影。（照片由慕光資料庫提供）

上：2015 年，張雅麗成為慕光和杜葉錫恩教育基金會主席後，與家人探望杜太並向她請益。

下：杜葉錫恩一生奉獻，從不計較功名，她的事跡會一直長存我們心中。（照片由慕光資料庫提供）

附錄一
杜葉錫恩女士大事年表

1913 年	出生於英國紐卡斯爾 (Newcastle)
1925 年（十二歲）	入讀英國本威爾中學女子學校 (Benwell Secondary Girl's School)
1928 年（十五歲）	入讀英國希頓中學 (Heaton Secondary School)
1932 年（十九歲）	入讀達勒姆大學岩士唐學院 (Armstrong College, University of Durham)
1937 年（二十四歲）	於英國任教
1947 年（三十四歲）	以傳教士身份前往中國江西，從事教學和佈道活動
1951 年（三十八歲）	抵達香港，繼續向平民開展宣教工作
1954 年（四十一歲）	與杜學魁及戴中開辦了帳篷學校，定名為「慕光中學」
1955 年（四十二歲）	一度離開香港回到英國與首任丈夫威廉（William Elliott）離婚
1956 年（四十三歲）	從多國基督教代表團辭職
	返回香港，決心繼續辦學，並將「慕光中學」易名為「慕光英文書院」
1957 年（四十四歲）	在香港浸會學院教授英語、英語文學和法語
1959 年（四十六歲）	慕光遷往九龍城
1960 年（四十七歲）	與杜學魁、馬文輝一同成立香港撒瑪利亞會，並設立首條防止自殺熱線
1963 年（五十歲）	加入革新會（Reform Club）
	當選為市政局議員

1972 年（五十九歲）　觀塘功樂道慕光校舍落成

1976 年（六十三歲）　獲選為菲律賓拉蒙‧麥格塞塞政府服務獎本年度第五
　　　　　　　　　　名得獎人

1978 年（六十五歲）　獲頒授英帝國勳級司令勳章

1980 年（六十七歲）　組成香港公義促進會

1981 年（六十八歲）　當選觀塘區議會議員

1985 年（七十二歲）　出任中華人民共和國香港特別行政區基本法諮詢委員
　　　　　　　　　　會委員

　　　　　　　　　　經市政局間接選舉進入立法局

　　　　　　　　　　與杜學魁結婚

1986 年（七十三歲）　就任市政局副主席

1988 年（七十五歲）　獲選為立法局市政局功能界別議員

　　　　　　　　　　獲香港大學頒授榮譽社會科學博士學位

1991 年（七十八歲）　出任立法會內務委員會立法會主席

1994 年（八十一歲）　獲得香港理工大學頒授榮譽法學博士學位

1995 年（八十二歲）　中華人民共和國政府委任為港事顧問

1996 年（八十三歲）　出任第一屆行政長官選舉委員會成員

　　　　　　　　　　獲得香港公開大學頒授榮譽社會科學博士學位

　　　　　　　　　　獲得英國紐卡斯爾大學 (Newcastle University) 頒授榮
　　　　　　　　　　譽學位

1997 年（八十四歲）　出任臨時立法會議員

　　　　　　　　　　獲得香港特別行政區政府勳銜制度的大紫荊勳章

2007 年（九十四歲）　創辦朗誦及音樂推廣協會

2010 年（九十七歲）　當選「感動香港十大人物」之一

2013 年（一百歲）　　獲中文大學頒發榮譽社會學博士

　　　　　　　　　　成立「杜葉錫恩教育基金會」

2015 年（一百零二歲）12 月 8 日離世

　　　　　　　　　　12 月 20 日於紅磡世界殯儀館舉殯

附錄二
慕光教育機構發展大事年表

年份	重要發展
1954 年	杜葉錫恩博士、杜學魁先生及戴中先生於九龍啟德新村設立帳篷校舍，命名為「慕光中學」。其後以此為基礎，創立慕光教育機構。
1955 年	慕光中學於帳篷校舍原址蓋建單層三合土校舍，共有兩個教室，以代帳篷。是年 11 月 28 日，三合土教室正式啟用。自此，11 月 28 日成為慕光的校慶日。
1956 年	慕光中學易名為「慕光英文書院」。
1957 年	1. 慕光中學校舍遷至太子道，租用兩層樓宇。後因樓宇不符合政府規定，再遷回啟德新村原址。 2. 慕光中學於啟德新村三合土校舍加建一層，成為雙層校舍，共有四個教室。
1958 年	1. 開辦慕光夜校課程。 2. 設立慕光社會福利事業協會，向坊眾派發生活品。 3. 設立慕光醫療室及慕光圖書室，向坊眾提供免費醫療及圖書借閱服務。
1959 年	政府清拆啟德新村，慕光英文書院校舍遷往衙前圍道 40-42 號樓宇。
1961 年	於獅子石道 56-62 號開設慕光英文書院分校。
1963 年	於老虎岩（樂富）20 座地下開設津貼小學，命名為慕光樂富小學，是為由慕光教育機構創辦的第一間小學。

(續上表)

年份	重要發展
1964 年	於老虎岩（樂富）20 座天台開設兒童樂園（樂富幼稚園），是為由慕光教育機構創辦的第一間幼稚園。
1965 年	於太子道 214-216 號開設慕光英文書院分校。
1972 年	慕光英文書院觀塘功樂道 55 號校舍落成啟用。
1976 年	於荔景村開設慕光荔景小學，是為由慕光教育機構創辦的第二間小學。
1979 年	慕光教育機構創立二十五周年，舉行大規模銀禧慶典活動。
1982 年	於順天村開辦慕光順天幼稚園，是為由慕光教育機構創辦的第二間幼稚園。
1983 年	於沙田圓洲角臨時房屋區設立慕光沙田幼稚園，是為由慕光教育機構創辦的第三間幼稚園。
1984 年	於深水埗澤安村開辦慕光澤安幼稚園，是為由慕光教育機構創辦的第四間幼稚園。
1986 年	慕光英文書院觀塘功樂道 55 號校舍新落成啟用。學生上課時間逐漸由半日制改變為全日制。隨着香港教育政策的改革及因應社會發展，不斷開設新科目。
1988 年	慕光英文書院校報《火炬》創刊。
1996 年	為加強學校與家長溝通，共同改善學生學習環境，慕光英文書院於 10 月成立慕光家長教師會，積極推展多元化活動。
1996 年	5 月 14 日，教育署長余黎青萍女士到訪慕光英文書院，與校監、校長交流意見。
1998 年	慕光英文書院師生文集《慕光文圃》創刊出版。 為配合香港教育發展、貫徹慕光「有教無類」的教育方針，由英文中學改為中文中學。
1999 年	慕光英文書院逐步增設多間多媒體教室，全面開展資訊科技教育。電腦及相關設施廣泛應用於各學科。
2000 年	9 月杜學魁校長榮休，並任職校董。溫國權老師接任署理校長一職。
2001 年	由杜學魁校董撰著之《慕光校史》正式出版。 11 月 27 日，杜學魁校長因病與世長辭，溫國權正式接任校長。
2003 年	慕光教育機構創立五十周年，舉行大規模金禧慶典活動。

（續上表）

年份	重要發展
2004 年	1. 慕光英文書院分階段全面改善校舍設施，以營造更理想之學習環境及美化校園。 2. 慕光英文書院將學校原有編制改設為多個組別，目的為提升學習成效，深化品德及公民教育，並加強對學生的全面照顧。 3. 8 月，溫國權校長辭去校長一職，由吳道邦老師接任校長。
2008 年	慕光教育機構創立五十五周年，舉行大規模慶典活動。
2009 年	因應全港高中推行新學制，慕光英文書院開設多個新科目，並積極改革校政作出配合。
2013 年	1. 1 月 10 日，教育局吳克儉局長巡視慕光英文書院，與校長、副校長、教師及學生交流意見，並參觀課堂活動。 2. 為提升教育質素及促進學校有更佳發展，慕光英文書院於是年 9 月轉制為直資中學，並開設全英語授課之英文班。
2014 年	9 月，吳道邦校長榮休，由容達君副校長接任署任校長。
2015 年	4 月，張雅麗主席黃華康校監領導新的辦學團體接辦學校。
2018 年	1. 校董會委任梁超然擔任校長，全面開展各項校政改革。 2. 開設 Excel 24 興趣及才華發展課程，培訓學生在體藝方面的才能。 3. 多次舉辦境內及境外交流團，擴闊學生視野。 4. 成功與上海尚陽外國語學校、湖北宜昌市外國語初中、湖北宜昌市人文藝術高中、高雄市立鼓山高級中學、日本群馬縣立高崎北高等學校結成姊妹友好交流學校。 5. 致力發展 STEM 教育，成功獲政府撥款二百萬元成立亞馬遜實驗室。

附錄三
1962 至 2019 年慕光學生畢業照片摘錄

MU KUANG ENGLISH SCHOOL FORM 5 GRADUATION CLASS 1964.

MU KUANG ENGLISH SCHOOL FORM 5 GRADUATION CLASS 1965

MU KUANG ENGLISH SCHOOL FORM 5 GRADUATION CLASS 1966.

MU KUANG ENGLISH SCHOOL FORM 5 GRADUATION CLASS 1967.

MU KUANG ENGLISH SCHOOL THE 11TH GRADUATION CLASS

政府津貼
慕光小學下午校第七屆A班畢業生與師長合攝留念
一九七二年X月

明理愛光：杜葉錫恩的教育思想及實踐

MU KUANG ENGLISH SCHOOL THE 12TH GRADUATION CLASS 18TH APRIL 1973

MU KUANG ENGLISH SCHOOL F.6 ALL GRADUATES (18/19)

參考書目

一、網頁

〈【停課不停學】慕光英文書院校長梁超然：網上教學見真章〉，《Oh! 爸媽》，
　　擷取自 https://www.ohpama.com/508254/%E6%9C%AC%E5%9C%B0%E
　　5%8D%87%E5%AD%B8/%E6%95%99%E8%82%B2%E7%86%B1%E8%A9
　　%B1/%E5%81%9C%E8%AA%B2%E4%B8%8D%E5%81%9C%E5%AD%B8-
　　%E6%85%95%E5%85%89%E8%8B%B1%E6%96%87%E6%9B%B8%E9%99%
　　A2%E6%A0%A1%E9%95%B7%E6%A2%81%E8%B6%85%E7%84%B6%EF%BC
　　%9A%E7%B6%B2%E4%B8%8A%E6%95%99/，瀏覽日期：2020 年 8 月 2 日。

〈2018-2019 年度周年頒獎禮〉，《慕光英文書院》，擷取自 https://www.mukuang.
　　edu.hk/%e6%9c%80%e6%96%b0%e6%b6%88%e6%81%af/2018-2019%e5%
　　b9%b4%e5%ba%a6%e5%91%a8%e5%b9%b4%e9%a0%92%e7%8d%8e%e7
　　%a6%ae/，瀏覽日期：2020 年 6 月 2 日。

〈2019 第五屆全港青少年進步獎頒獎典禮〉，《青新時代》，擷取自 http://nyhk.org
　　/2019%E7%AC%AC%E4%BA%94%E5%B1%86%E5%85%A8%E6%B8%AF%E9
　　%9D%92%E5%B0%91%E5%B9%B4%E9%80%B2%E6%AD%A5%E7%8D%8E
　　%E9%A0%92%E7%8D%8E%E5%85%B8%E7%A6%AE/，瀏覽日期：2020 年 6
　　月 2 日。

〈3 年前來港英文僅有中二水平　板間房女生寫英文週記苦學英文考獲佳績〉，《香港
　　經濟日報》，擷取自 https://topick.hket.com/article/2702863/%E3%80%90DS
　　E2020%E3%80%913%E5%B9%B4%E5%89%8D%E4%BE%86%E6%B8%AF%

E8%8B%B1%E6%96%87%E5%83%85%E6%9C%89%E4%B8%AD%E4%BA%8C%E6%B0%B4%E5%B9%B3%20%20%20%E6%9D%BF%E9%96%93%E6%88%BF%E5%A5%B3%E7%94%9F%E5%AF%AB%E8%8B%B1%E6%96%87%E9%80%B1%E8%A8%98%E8%8B%A6%E5%AD%B8%E8%8B%B1%E6%96%87%E8%80%83%E7%8D%B2%E4%BD%B3%E7%B8%BE 瀏覽日期：2020 年 8 月 2 日。

〈Excel 24〉，《慕光英文書院》，擷取自 https://www.mukuang.edu.hk/excel/，瀏覽日期：2020 年 6 月 2 日。

〈杜葉錫恩教育基金〉，《青新時代》，擷取自 http://nyhk.org/%E9%97%9C%E6%96%BC%E6%88%91%E5%80%91/%E6%9D%9C%E8%91%89%E9%8C%AB%E6%81%A9%E6%95%8E%E8%82%B2%E5%9F%BA%E9%87%91/，瀏覽日期：2020 年 6 月 2 日。

〈教師資料（包括校長）〉，《慕光英文書院》，擷取自 https://www.mukuang.edu.hk/%e6%95%99%e5%b8%ab%e8%b3%87%e6%96%99/，瀏覽日期：2020 年 8 月 2 日。

〈慕光財赤疑逼資深老師轉半職〉，《太陽報》，擷取自：http://the-sun.on.cc/cnt/news/20140701/00407_072.html，瀏覽日期：2020 年 6 月 2 日。

〈貧苦經歷成就一生　慕光英文書院校長梁超然：千金難買少年窮〉，《香港經濟日報》，擷取自 https://topick.hket.com/article/2705188/%E3%80%90%E6%A0%A1%E9%95%B7%E8%A8%AA%E8%AB%87%E3%80%91%E8%B2%A7%E8%8B%A6%E7%B6%93%E6%AD%B7%E6%88%90%E5%B0%B1%E4%B8%80%E7%94%9F%E3%80%80%E6%85%95%E5%85%89%E8%8B%B1%E6%96%87%E6%9B%B8%E9%99%A2%E6%A0%A1%E9%95%B7%E6%A2%81%E8%B6%85%E7%84%B6%EF%B8%B0%E5%8D%83%E9%87%91%E9%9B%A3%E8%B2%B7%E5%B0%91%E5%B9%B4%E7%AA%AE，瀏覽日期：2020 年 8 月 21 日。

〈曾徘徊自殺邊緣　反叛少女蛻變領袖生　獲杜葉錫恩基金進步獎〉，《HK01》，擷取自 https://www.hk01.com/%E7%A4%BE%E6%9C%83%E6%96%B0%E8%81%9E/60108/%E6%9B%BE%E5%BE%98%E5%BE%8A%E8%87%AA%E6%AE%BA%E9%82%8A%E7%B7%A3-%E5%8F%8D%E5%8F%9B%E5%B0%91%E5%A5%B3%E9%8A%B3%E8%AE%8A%E9%A0%98%E8%A2%96%E7%94%9F-%E7%8D%B2%E6%9D%9C%E8%91%89%E9%8C%AB%E6%81%A9%E5%9F%

BA%E9%87%91%E9%80%B2%E6%AD%A5%E7%8D%8E，瀏覽日期：2020 年 7 月 2 日。

〈與領袖約會　黃華康校監〉,《慕光英文書院》, 擷取自 http://www.mukuang.edu. hk/%E6%9C%80%E6%96%B0%E6%B6%88%E6%81%AF/%E8%88%87%E9% A0%98%E8%A2%96%E7%B4%84%E6%9C%83-%E9%BB%83%E8%8F%AF%E 5%BA%B7%E6%A0%A1%E7%9B%A3/, 瀏覽日期：2020 年 8 月 2 日。

〈慕光英文書院校運會〉,《慕光英文書院》, 擷取自 https://www.mukuang.edu.hk/ %e6%9c%80%e6%96%b0%e6%b6%88%e6%81%af/%e6%85%95%e5%85%89 %e9%81%8b%e5%8b%95%e6%9c%83-2019/, 瀏覽日期：2020 年 6 月 2 日。

〈慕光英文書院新校長　堅守杜葉錫恩教育理念〉,《信報》, 擷取自 https://www1. hkej.com/dailynews/article/id/1926981/, 瀏覽日期：2020 年 7 月 31 日。

〈慕光擬明年轉型平民直資〉,《星島日報》, 擷取自 https://hk.news.yahoo.co m/%E6%85%95%E5%85%89%E6%93%AC%E6%98%8E%E5%B9%B4% E8%BD%89%E5%9E%8B%E5%B9%B3%E6%B0%91%E7%9B%B4%E8 %B3%87-223000886.html 瀏覽日期：2020 年 6 月 2 日。

申焄：〈慕光英文書院：無畏困難　堅持到底〉,《紫荊雜誌》, 擷取自 https://bau. com.hk/2018/01/34214, 瀏覽日期：2020 年 6 月 2 日。

教育局：〈一般資料〉,《直接資助計劃》, 擷取自 https://www.edb.gov.hk/tc/edu- system/primary-secondary/applicable-to-primary-secondary/direct-subsidy- scheme/index/info-sch.html, 瀏覽日期：2020 年 6 月 2 日。

教育局質素保證及校本支援分部：〈全面評鑑報告　慕光英文書院〉,《慕光英文書 院》, 擷取自 http://www.mukuang.edu.hk/wp-content/uploads/2019/12/ mu_kuang_eng_sch-Oct-2010-CR-report.pdf, 瀏覽日期：2020 年 2 月 2 日。

教育研究部：〈1977 至 1978 年：金禧事件　司徒華陪同教師舉報學校斂財〉,《香 港教育專業人員協會》, 擷取自 https://www.hkptu.org/8101, 瀏覽日期： 2020 年 8 月 2 日。

教育研究部：〈1977 至 1978 年：金禧事件　先復校、後調查社會各界聲援金禧師 生〉,《香港教育專業人員協會》, 擷取自 https://www.hkptu.org/7993, 瀏覽 日期：2020 年 8 月 2 日。

教育研究部：〈1977 至 1978 年：金禧事件　校方欺壓教師　激起學生罷課〉,《香

港教育專業人員協會》，擷取自 https://www.hkptu.org/8051，瀏覽日期：2020 年 8 月 2 日。

〈財赤慕光　校監年薪 120 萬〉，《東方日報》，擷取自：https://orientaldaily.on.cc/cnt/news/20140622/00176_037.html，瀏覽日期：2020 年 6 月 2 日。

〈慕光赤字 700 萬　拖薪陷財困〉，《星島日報》，擷取自：https://hk.news.yahoo.com/%E6%85%95%E5%85%89%E8%B5%A4%E5%AD%97700%E8%90%AC-%E6%8B%96%E8%96%AA%E9%99%B7%E8%B2%A1%E5%9B%B0-220005584.html，瀏覽日期：2020 年 6 月 2 日。

二、報章

（一）中文報章

〈慕光難童學校　各界開始大力支持〉，《工商晚報》，1958 年 6 月 15 日。

〈伊律夫婦犧牲小我　衛前圍造福難民〉，《工商晚報》，1958 年 6 月 8 日。

〈慕光書院學生　參觀養氣公司〉，《華僑日報》，1961 年 4 月 29 日。

〈慕光書院〉，《華僑日報》，1961 年 6 月 4 日。

〈慕光英文書院　擴大招收新生〉，《香港工商日報》，1961 年 7 月 11 日。

〈九龍慕光英文書院昨日舉行創校七週年紀念　心如分校學生畢業典禮及學生作業展覽〉，《華僑日報》，1961 年 7 月 14 日。

〈慕光書院〉，《華僑日報》，1961 年 7 月 17 日。

〈慕光教育社會福利事業協會昨舉行　年會由夏維少校主持〉，《華僑日報》，1961 年 12 月 2 日。

〈端納夫人返英前參觀慕光英文校〉，《華僑日報》，1962 年 3 月 11 日。

〈九龍慕光書院　後日行畢業禮〉，《大公報》，1962 年 7 月 28 日。

〈慕光英文書院昨舉行畢業禮〉，《大公報》，1962 年 7 月 31 日。

〈慕光英文書院　舉行畢業典禮〉，《香港工商日報》，1963 年 7 月 31 日。

〈慕光培德兩校員生參觀本報〉，《香港工商日報》，1964 年 7 月 13 日。

〈中華中學畢業禮　昨在大會堂舉行　慕光英文書院亦有盛會〉，《大公報》，1964

年 7 月 19 日。

〈十五學校畢業禮〉,《華僑日報》,1964 年 7 月 21 日。

〈慕光小學清潔運動〉,《華僑日報》,1965 年 4 月 25 日。

〈慕光小學參觀電台〉,《華僑日報》,1965 年 6 月 15 日。

〈慕光英文書院　增設英文中學〉,《大公報》,1965 年 6 月 17 日。

〈慕光各校昨祝校慶〉,《大公報》,1965 年 7 月 20 日。

〈教育司對英中會考成績低落之解釋　未獲滿意反應〉,《華僑日報》,1965 年 9 月
　　17 日。

〈慕光英文書院學生參觀本報〉,《香港工商日報》,1966 年 6 月 12 日。

〈慕光所屬各校今公宴葉錫恩〉,《華僑日報》,1966 年 6 月 19 日。

〈慕光書院〉,《華僑日報》,1966 年 7 月 16 日。

〈慕光書院　畢業典禮〉,《香港工商日報》,1966 年 7 月 24 日。

〈慕光小學舉行開放日展出一年來教學成績〉,《工商晚報》,1966 年 11 月 20 日。

〈校際小學器械體育　男組慕光下午奪標〉,《華僑日報》,1967 年 4 月 13 日。

〈勞校選手風格新　體操觀眾皆讚美〉,《大公報》,1967 年 4 月 13 日。

〈慕光小學舉行開放日　展出一年來教學成績〉,《香港工商日報》,1966 年 11 月
　　21 日。

〈慕光英文書院　中小學畢業禮〉,《香港工商日報》,1967 年 7 月 17 日。

〈四間學校　畢業典禮〉,《華僑日報》,1968 年 7 月 19 日。

〈老虎岩慕光小學今舉行墾親晚會〉,《華僑日報》,1969 年 3 月 21 日。

〈慕光書院小學部　學生昨參觀本報〉,《香港工商日報》,1969 年 7 月 23 日。

〈慕光書院畢業禮〉,《華僑日報》,1970 年 7 月 11 日。

〈教師減薪的後患〉,《工人周報》,1971 年 4 月 19 日。

〈慕光書院新校舍落成開幕〉,《華僑日報》,1972 年 11 月 27 日。

〈慕光新校落成〉,《大公報》,1972 年 11 月 28 日。

〈慕光書院新校舍落成　教育司主持開幕禮〉,《華僑日報》,1972 年 11 月 29 日。

〈為十二至十四歲兒童提供三年資助中學教育〉,《華僑日報》,1972 年 11 月 27 日。

〈文憑教師大罷課　教育司署公佈有半數學生返校〉，《工商晚報》，1973 年 4 月 4 日。

〈文憑教師大會通過取銷杯葛升中試〉，《香港工商日報》，1973 年 4 月 30 日。

〈小學校際體育賽　慕光上午校奪標〉，《香港工商日報》，1974 年 3 月 29 日。

〈市政局議員選舉　今晨二時揭曉　陳樹垣、李有璇、張永賢、葉錫恩當選〉，《華
　　僑日報》，1974 年 5 月 17 日。

〈慕光小學墾親晚會〉，《華僑日報》，1974 年 5 月 17 日。

〈官非會致函教育司　提出教師外調意見〉，《華僑日報》，1975 年 4 月 22 日。

〈教育司勉中學生　常運動保持健康〉，《華僑日報》，1975 年 12 月 11 日。

〈官非會反對中三試認為接受更多更好教育為任何人基本權利〉，《華僑日報》，1977
　　年 3 月 10 日。

〈教育司警告教師　如再犯吊銷註冊〉，《香港工商日報》，1977 年 6 月 18 日。

〈官非會特別會員大會　週日在慕光書院舉行〉，《華僑日報》，1977 年 9 月 22 日。

〈前校監梁潔芬被控　訛騙公帑七千餘元〉，《香港工商日報》，1978 年 2 月 15 日。

〈九龍慕光小學今開嘉年華會〉，《大公報》，1978 年 3 月 4 日。

〈金禧事件趨惡化　警方採戒備措施〉，《香港工商日報》，1978 年 5 月 17 日。

〈房署明開會討論　慕光幼園欠租事〉，《香港工商日報》，1979 年 12 月 12 日。

〈慕光校運今舉行　華樂庭主持頒獎〉，《華僑日報》，1980 年 5 月 30 日。

〈慕光校運會　各項比賽冒雨完成〉，《華僑日報》，1980 年 5 月 31 日。

〈慕光小學同學會〉，《華僑日報》，1982 年 5 月 26 日。

〈十九屆舞蹈節昨揭幕　同學演來活潑天真惹人喜愛〉，《華僑日報》，1983 年 1 月
　　18 日。

〈同學演來活潑天真惹人喜愛〉，《華僑日報》，1983 年 1 月 18 日。

〈學校舞蹈節昨舉行　西方舞聖安當及慕光荔景獲獎〉，《大公報》，1983 年 1 月 18 日。

〈慕光荔景小學上午校表演「英國舞」〉，《華僑日報》，1983 年 4 月 17 日。

〈慕光小學廿週年紀念日　九龍地域主管鄧恩主禮〉，《華僑日報》，1983 年 5 月 2 日。

〈慕光教育機構　四間幼稚園舉行畢業　政務專員議員等主禮〉，《華僑日報》，1987
　　年 7 月 17 日。

〈慕光幼稚園畢業禮　梁家駒陳濟強授憑〉，《華僑日報》，1988 年 7 月 7 日。

〈大量越童入讀同校　家長憂慮影響成績〉，《華僑日報》，1988 年 8 月 27 日。

〈家長對難民有偏見　越南兒童無辜受累〉，《華僑日報》，1988 年 9 月 2 日。

〈慕光的成長〉，《華僑日報》，1990 年 3 月 14 日。

〈杜葉錫恩珍藏捐贈浸大歷史文獻見證社會變遷〉，《基督教週報》第 1862 期，2000
　年 4 月 30 日。

〈慕光英文書院新校長　堅守杜葉錫恩教育理念〉，《信報》，2018 年 8 月 27 日。

（二）英文報章

"A critical situation", *Hong Kong Standard,* 1970-8-23.

"A SINGLE CERTIFICATE IN TWO LANGUAGES", *South China Morning Post,* 1972-2-26.

"Blind policy", *South China Morning Post,* 1970-08-25.

"Don't condemn the private schools", *Hong Kong Standard*, 1977-05-25.

"EAG urges Govt to assist kindergartens", *South China Morning Post,* 1977-06-17.

"Education policy", *South China Morning Post*, 1970-08-13.

"Educational queries", *Hong Kong Standard*, 1977-04-23.

"Elsie offers alternative to school row", *Hong Kong Standard*, 1978-06-01.

"Elsie, EAG back one-exam policy",*Hong Kong Standard,* 1977-01-29.

"Is Govt phasing out kindergartens", *South China Morning Post*, 1977-07-06.

"John Canning and childhood desires", *The China Mail,* 1970-08-19.

"Judgement based on money rather than performance? ", *Hong Kong Standard*,
　1978-01-24.

"Reopen school and reinstate teachers", *South China Morning Post*, 1978-06-02.

"Starting a rush for 'chosen' status label", *South China Morning Post*, 1976-11-02.

"Take a long, hard look at the education policy", *South China Morning Post,* 1982-
　12-10.

"Teachers set training exercise", *South China Morning Post*, 1977-04-22.

"Teachers -training: flaws in system", *South China Morning Post*, 1977-05-25.

"Time education, language policy changed course", *South China Morning Post*, 1982-12-03.

三、論文

（一） 中文期刊及學術論文

何偉俊：《論戰後香港聖公會之教育》（香港中文大學哲學碩士論文，2008 年）。

黃坤堯：〈香港語文教育的思考〉，《中國語文通訊》，1994 年第 29 期。

黃庭康：〈無心插柳的霸權效應：戰後香港中文學校的組織吸納〉，《思想香港》，2015 年第 6 期。

李金錚：〈舊中國通貨膨脹的惡例——金圓券發行內幕初探〉，《中國社會經濟史研究》，1999 年，第 1 期。

梁超然：〈香港的「生命教育」及「校史教育」——以慕光英文書院為例〉（未刊稿）。

羅永生：〈冷戰中的解殖：香港「爭取中文成為法定語文運動」評析〉，《思想香港》，2015 年第 6 期。

吳青：〈何明華與戰後香港社會的重建〉，《世界宗教研究》，2013 年第 2 期。

蕭炳基：〈香港語文教育政策的回顧與前瞻〉，《中國語文通訊》，1990 年第 7 期。

徐錦堯：〈香港天主教學校與母語教學〉，《香港宗教教育學報》，1989 年第 2 卷。

曾榮光：〈香港中學教學語言政策改革：檢討與批判〉，《教育學報》，2006 年第 33 期。

（二） 英文學術論文

Alice Ngai-Ha Lun, *Development of Government Education for the Chinese in Hong Kong 1842-1913*. MA Thesis. (Hong Kong: University of Hong Kong, 1967).

Alice Ngai-Ha Lun, *British Policy in China and Public Education in Hong Kong 1860-1900*. (Hong Kong: The Chinese University of Hong Kong, 1983).

Wang,Gungwu, "After Smooth Handover, Now the Hard Part", In Zheng, Yongnian, *Hong Kong under Chinese Rule: Economic integration and political gridlock*. (Singapore: World Scientific Publishing Co. Pte. Ltd, 2013), pp.3-19.

四、書籍

（一）中文書籍

編輯委員會編著：《慕光校史（續篇）》（香港：自刊稿，2015 年）。

陳廉：《決戰的歷程》（安徽：安徽人民出版社 1991 年）。

陳友華、呂程：《香港房地產神話》（北京：中國發展出版社，2014 年）。

程美寶、趙雨樂：《香港史研究論著選輯》（香港：香港公開大學出版社，1999 年）。

崔丕主編：《冷戰時期美國對外政策史探微》（北京：中華書局，2002 年）。

戴超武：《敵對與危機的年代——1954-1958 的中美關係》（北京：社會科學文獻出版社，2003 年）。

丁新豹編：《香港史資料文集》（香港：市政局，1990 年）。

杜葉錫恩：《葉錫恩自傳》（香港：明報出版部，1982 年）。

杜葉錫恩著、隋麗君譯：《我眼中的殖民時代香港》（香港：文匯出版社，2004 年）。

杜學魁：《學教寄語》（香港：科教出版社，2000 年）。

范育斐編：《歡送戴麟趾爵士紀念冊 1964－1971》（香港：評論出版社，1971 年）。

方美賢：《香港早期教育史》（香港：中國學社，1975 年）。

方軍：《我認識的鬼子兵》（濟南：山東畫報出版社，2009 年）。

方駿、熊賢君主編：《香港教育通史》（香港：齡記出版有限公司，2008 年）。

Greg Girard、Ian Lambot 著，林立偉、朱一心譯：《九龍城寨的日與夜》（香港：中華書局，2015 年）。

顧明遠、杜祖貽主編：《香港教育的過去與未來》（北京：人民教育出版社，2000 年）。

顧思滿、區志麒、方駿編：《教院口述歷史》（香港：香港教育學院，2002 年）。

郭康健、陳城禮主編：《香港教育七十年》（香港：香港教師會，2004 年）。

黃友嵐：《中國人民解放戰爭史》（北京：檔案出版社，1992 年）。

黃威雄、潘明傑、扈小潔等編：《杜葉錫恩博士百子薈壽宴特刊》（香港：自刊稿，

2013 年）。

季長佑：《金圓券幣史》（南京：江蘇古籍出版社，2001 年）。

軍事科學院軍事歷史研究部：《中國人民解放軍戰史》（北京：軍事科學出版社，1987 年）。

李昌道：《香港政治體制研究》（上海：上海人民出版社，1999 年）。

李培德編：《香港史研究書目題解》（香港：三聯書店（香港）有限公司，2001 年）。

黎國剛、羅皓妍、蘇求等著：《五十年風雨在香江　杜葉錫恩女士側影》（香港：出版社不詳，1998 年）。

李金鐘、黃潔玲：《教育首腦話當年》（香港：香港教育圖書公司，2017 年）。

李勇、張仲田編著：《統一戰線大事記——解放戰爭時期統一戰線卷》（北京：中國經濟出版社，1988 年）。

林碧霞：《課程統整的實踐：院校合作的發展計劃》（香港：香港教育學院，2009 年）。

林甦、張浚編著：《香港：歷史變遷中的教育》（北京：中國人民大學出版社，1997 年）。

林慶儀：《五色的眼睛》（香港：青桐社文化事業，2007 年）。

梁美儀：《家——香港公屋四十五年》（香港：香港房屋委員會，1999 年）。

梁操雅、羅天佑主編：《教育與承傳：歷史文化的視角》（香港：香港教育圖書公司，2011 年）。

劉碧湘：《香港教育史略》（香港：香港大學，1960 年）。

劉錦、蔡登山、周開慶：《1949，國共最後一戰》（台北：獨立作家，2015 年）。

劉明逵：《中國工人運動史》，第 6 卷（廣州：廣東人民出版社，1998 年）。

劉蜀永：《中國對香港史研究動向》（香港：廣角鏡出版社有限公司，1994 年）。

劉蜀永：《香港歷史》（北京：新華書店，1996 年）。

劉蜀永：《簡明香港史》（香港：三聯書店（香港）有限公司，1998 年）。

劉蜀永：《香港史話》（北京：社會科學文獻出版社，2000 年）。

劉潤和：《香港市議會史，1883－1999：從潔淨局到市政局及區域市政局》（香港：康樂及文化事務署，2002 年）。

廖子明：《驚濤歲月中的香港黑社會》（香港：博思電子出版集團有限公司，2005 年）。

盧受采、盧冬青著：《香港經濟史》，下冊（香港：三聯書店香港有限公司，2002 年）。

陸鴻基：《從榕樹下到電腦前：香港教育的故事》（香港：進一步多媒體有限公司，2003 年）。

陸鴻基：《坐看雲起時》（香港：香港城市大學出版社，2016 年）。

陸仰淵、方慶秋：《民國社會經濟史》（北京：中國經濟出版社，1991 年）。

馬鴻述：《香港華僑教育》（台北：華僑教育叢書出版社，1958 年）。

馬文輝、施應元口述，冼國池筆錄：《民主論壇》（香港：集興書店，1990 年）。

明報教育組：《勇闖明天：各自精彩的故事》（香港：明報報業有限公司，2003 年）。

區志堅、彭淑敏、蔡思行著：《改變香港歷史的六十篇文獻》（香港：中華書局，2011 年）。

彭勝鏜：《香港教育史》（香港：s.n.，1962 年）。

齊鵬飛：《日出日落香港問題 156 年（1841—1997）》（北京：新華出版社，1997 年）。

丘海雄：《香港黑社會》（合肥：安徽人民出版社，1992 年）。

邱小金、梁潔玲、鄒兆麟：《百年樹人：香港教育發展》（香港：市政局，1993 年）。

全國政協文史室：《法幣、金圓券與黃金風潮》（北京：文史資料出版社，1985 年）。

阮柔：《香港教育制度之史的研究（1948）》（香港：心一堂，2020 年）。

司徒華：《守護者司徒華，1931—2011》（香港：明報出版社，2011 年）。

司徒華：《大江東去：司徒華回憶錄》（香港：牛津大學出版社，2011 年）。

盛慕傑、于滔主編：《中國近代金融史》（北京：中國金融出版社，1985 年）。

石駿、邱強：《香港歷史演義》（杭州：浙江人民出版社，1999 年）。

孫寶毅：《民主社會主義的理論體系》（香港：新社會出版社，1954 年）。

孫寶毅：《民主社會主義詮說》（香港：香港社會民主黨研究部，1950 年）。

孫健編：《中國經濟史近代部分（1840—1949）》（北京：中國人民大學出版社，1989 年）。

孫同文：《治理能力與行政革新：香港行政革新的經驗與啟示》（香港：香港海峽兩岸關係研究中心，1999 年）。

陶文判：《中美關係史》（上海：上海人民出版社，2004 年）。

王賡武編：《香港史新編》上，下冊（香港：三聯書店（香港）有限公司，1997 年）。

王宏志：《歷史的沈重：從香港看中國大陸的香港史論述》（香港：牛津大學出版社，
　　2001 年）。

王紅續：《七十年代以來的中英關係》（哈爾濱：黑龍江教育出版社，1996 年）。

王家英：《香港政治與中國民主化問題》（香港：田園書屋，1996 年）。

王齊樂：《香港中文教育發展史》（香港：波文書局，1983 年）。

王于漸：《香港長遠房屋策略和港人港地》（香港：中華書局，2013 年）。

汪朝光：《1945－1949：國共政爭與中國命運》（香港：香港中和出版有限公司，
　　2011 年）。

汪永成：《雙重轉型：「九七」以來香港的行政改革與發展》（北京：社會科學文獻出
　　版社，2002 年）。

吳岡：《舊中國通貨膨脹史料》（上海：上海人民出版社，1958 年）。

吳靜儀：《感動香港》（香港：嘉出版有限公司，2010 年）。

吳梓明：《香港教會辦學初探》（香港：崇基學院神學組，1988 年）。

吳梓明：《學校宗教教育的新路向》（香港：基督教文藝出版社，1996 年）。

韋基舜：《吾土吾情》（香港：成報出版社有限公司，2005 年）。

魏克智、劉維英主編：《香港百年風雲錄》（長春：吉林人民出版社，1997 年）。

冼麗婷：《見字如見人》（香港：壹出版有限公司，2017 年）。

薛暮橋：《山東解放區的經濟工作》（濟南：山東人民出版社，1984 年）。

顏明仁：《戰後香港教育》（香港：學術專業圖書中心，2010 年）。

楊奎松：《冷戰時期的中國對外關係》（北京：北京大學出版社，2006 年）。

楊奇主編：《香港概論續編》（北京：中國社會科學出版社，1993 年）。

楊元華、鮑炳中、沈濟時：《香港：從被割佔到回歸》（福州：福建人民，1997 年）。

葉根銓：《立法局議員逐個捉》（香港：明報出版社有限公司，1995 年）。

葉健民：《靜默革命：香港廉政百年共業》（香港：中華書局，2014 年）。

余繩武、劉蜀永主編：《二十世紀的香港》（香港：麒麟書業有限公司，1995 年）。

曾國華：《何明華會督（一八九五至一九七五）對香港之社會及教育之貢獻》（香港：香港大學出版社，1993 年）。

曾奕文：《香港最早期政黨及民主鬥士：革新會及公民協會》（香港：中華書局，2019 年）。

張定淮：《香港公營部門改革》（北京：中央編譯出版社，2000 年）。

張慧珍、孔強生：《從十一萬到三千》（香港：牛津大學出版社，2005 年）。

張家偉：《香港六七暴動內情》（香港：太平洋世紀出版社有限公司，2000 年）。

張鎮邦：《國共關係簡史》（台北：國立政治大學國際關係研究中心，1983 年）。

張中華編：《香港九龍城寨檔案史料選編》（北京：中國檔案出版社，2007 年）。

張憲文：《中華民國史綱》（鄭州：河南人民出版社，1985 年）。

張學仁、陳寧生：《香港百年：從歷史走向未來》（北京：中國言實出版社，1997 年）。

鄭宇碩、雷競璇合編：《香港政治與選舉》（香港：牛津大學出版社，1995 年）。

中共中央黨史研究室：《中國共產黨歷史》（北京：中共黨史出版社，2002 年）。

（二）英文書籍

Altbach, Phillip G. and Gail P. Kelly *Education and Colonialism*. (New York: Longman, 1978).

Ash, Robert *Hong Kong in Transition: One Country, Two Systems*. (London; New York: Routledge Curzon, 2003).

Beckett, Francis *The Enemy Within: Rise and Fall of the British Communist Party*. (London: John Murray, 1995).

Birch, Alan. *Hong Kong: The Colony that Never Was*. (Hong Kong: Guidebook Co., 1991).

Blyth, Sally and Ian Wotherspoon, ed., *Hong Kong Remembers*. (Hong Kong: Oxford University Press, 1996).

Bornstein, Sam and Al Richardson, *Two Steps Back: Communists and the Wider Labour Movement, 1939–1945*. (London: Socialist Platform, 1982).

Branson, Noreen *History of the Communist Party of Great Britain, 1927-1941*.

(London: Lawrence and Wishart, 1985).

Brown, Judith M. and Foot Rosemary, ed., *Hong Kong's Transitions, 1842-1997.* (London: Macmillan Press, 1997).

Buckely, Roger, *Hong Kong: The Road to 1997*. (Cambridge: Cambridge University Press, 1997).

Cameron, Nigel and Patrick Hase, *The Hong Kong Collection: Memorabilia Of A Colonial Era*. (Hong Kong: Form Asia, 1997).

Cannon, John *Communist Party of Great Britain*. (Oxford: Oxford University Press, 2015).

Chan Lau Kit-Ching, *China, Britain and Hong Kong 1895-1945.* (Hong Kong: Chinese University Press, 1990).

Chan Ming K., ed., *Precarious Balance: Hong Kong Between China And Britain, 1842-1992*. (Hong Kong: Hong Kong University Press, 1994).

Chan Ming K., *The Challenge of Hong Kong's Reintegration with China.* (Hong Kong: Hong Kong University Press, 1997).

Cheng, Po-hung, *Hong Kong through Postcards, 1940's-1970's.* (Hong Kong: Joint Publishing (H.K.) Co., 1997).

Courtauld, Caroline, May Holdsworth and Simon Vickers, *The Hong Kong Story.* (Hong Kong: Oxford University Press, 1997).

Dewar, Hugh *Communist Politics in Britain: The CPGB from its Origin to the Second World War*. (London: Pluto Press, 1976).

English, Jean, *Hong Kong Memories: from the 1920s to the 1990s.* (London: Royal Over-Seas League, 1997).

Faure, David, *History of Hong Kong 1842-1984*. (Hong Kong: Tamarind Books, 1995).

Faure, David *A Documentary History of Hong Kong: Society.* (Hong Kong: Hong Kong University Press, 1997).

Featherstone, Rev. W. T. *The Diocesan Boys School and Orphanage, Hong Kong: The History and Records 1869-1929*. (Hong Kong: Ye Olde Printerie Ltd, 1930).

Fok Kai Cheong, *Lectures On Hong Kong History: Hong Kong's Role In Modern Chinese History*. (Hong Kong: The Commercial Press, 1990).

Foot, Rosemary & Evelyn G, *From Containment to Containment ? Understanding US Relations with China since 1949*. (Oxford: Blackwell Publishing, 2007).

Grover. Verinder, *China and Hong Kong: Government and Politics*. (New Delhi: Deep & Deep Publications, 2000).

Hall, Ronald Owen *The Art of the Missionary: Fellow Workers with the Church in China*. (London: Student Christian Movement Press, 1942).

Herschensohn, Bruce, *Hong Kong: from the British Crown Colony to the People's Republic of China*. (California: The Claremont Institute, 1997).

Ho Pui-Yin, *The Administrative History of the Hong Kong Government Agencies, 1841-2002*. (Hong Kong: Hong Kong University Press, 2004).

Horlemann, Ralf, *Hong Kong's Transition to Chinese Rule: the Limits of Autonomy*. (New York: Routledge Curzon, 2003).

Hurt, J. S. *Elementary Schooling and the Working Classes 1860–1918*. (London: Routledge & K. Paul,1979).

Klugmann, James *History of the Communist Party of Great Britain, Volume One: Formation and Early Years, 1919–1924*. (London: Lawrence and Wishart, 1968).

Klugmann, James *History of the Communist Party of Great Britain, Volume Two: The General Strike, 1925–1926*. (London: Lawrence and Wishart, 1969).

Lane, Peter *Success in British History, 1760-1914*. (London: J. Murray, 1978).

Lau, Chi-Kuen, *Hong Kong's Colonial Legacy*. (Hong Kong: The Chinese University Press, 1997).

Li Pang-kwong, *Hong Kong from Britain to China: Political Cleavages, Electoral Dynamics and Institutional Change*. (Aldershot: Ashgate Publishing Company, 2000).

Liu Shuyong, *An Outline History of Hong Kong*. (Beijing: Foreign Languages Press, 1997).

明理愛光：杜葉錫恩的教育思想及實踐

Lo Shiu-hing, *The Politics of democratization in Hong Kong*. (New York: St. Martin's Press, 1997).

Lowcock, S. J, *Seven Grains of Rice*. (Singapore: Heinemann Asia, 1986).

Miners, Norman, *The Government And Politics of Hong Kong*. Fifth ed. (Hong Kong: Oxford University Press, 1991).

Lun, Ngai-Ha Alice *Interaction of East and West: Development of Public Education in Early Hong Kong*. (Hong Kong: The Chinese University Press, 1984).

Mushkat, Roda, *One Country, Two International Legal Personalities: the Case of Hong Kong*. (Hong Kong: Hong Kong University Press, 1997).

Ng Lun Ngai-ha. *Interactions of East and West: Development of Public Education in Early Hong Kong*. (Hong Kong: Chinese University Press, 1984).

Ngo Tak-Wing ed., *Hong Kong's history: state and society under colonial rule*. (New York: Routledge, 1999).

Patten, Chris, *East and West: the Last Governor of Hong Kong on Power, Freedom and the Future*. (London: Pan Books, 1999).

Pigott, Peter, *Hong Kong Rising: The History of a Remarkable Place*. (Burns town: General Store Publishing House, 1995).

Poon S.K. Joel, *The Making of Special Administrative Region 1982-1997*. (Hong Kong: Hong Kong Economic Times, 1997).

Rhea, Dulles *American policy toward Communist China, 1949-1969*.(New York: Cornel University press, 1992).

Roberts, David *A History of England: 1688 to the Present*, Volume II, Sixth ed. (Boston: Pearson Education, 2014).

Rée, Jonathan *Proletarian Philosophers: problems in socialist culture in Britain, 1900-1940*. (Oxford: Clarendon Press, 1984).

Scott, Ian, *Political Change and the Crisis of Legitimacy in Hong Kong*. (London: Hurst & Co., 1989).

Scott, Ian, *Hong Kong*. (Oxford: Clio Press, 1990).

Sida, Michael. *Hong Kong Towards 1997: History, Development, And Transition*.

(Hong Kong: Victoria Press, 1994).

Sinn, Elizabeth, ed., *Between East and West: Aspects of Social and Political Development in Hong Kong.* (Hong Kong: Hong Kong University Press, 1990).

Sinn, Elizabeth, ed., *Hong Kong, British Crown Colony, Revisited.* (Hong Kong: Centre of Asian Studies, HKU, 2001).

Sweeting, Anthony *The Social History of Education In Hong Kong: Notes and Resources.* (Hong Kong: s.n, 1986).

Anthony Sweeting, *Education in Hong Kong pre-1841 to 1941: fact and opinion: materials for a history of education in Hong Kong.* (Hong Kong: Hong Kong University Press, 1990).

Sweeting, Anthony *Phoenix Transformed: The Reconstruction of Education in Post-War Hong Kong.* (Hong Kong: Hong Kong University Press, 1993).

Sweeting, Anthony *Education in Hong Kong, 1941 to 2001, Visions and Revisions.* (Hong Kong: Hong Kong University Press, 2004).

Thompson, Edward Palmer *The Making of the English Working Class.* (New York: Vintage Books, 1963).

Thompson, F. M. L. *The Cambridge Social History of Britain 1750-1950.* (Cambridge: Cambridge University Press, 2008).

Tu, Andrew & Elsie Tu. *Shouting at the mountain: a Hong Kong story of love and commitment.* (Hong Kong: Chameleon Press, 2004).

Tsai Jung-Fang. *Hong Kong in Chinese History: Community and Social Unrest In The British Colony, 1842-1913.* (New York: Columbia University Press, 1993).

Elsie Tu, *Hong Kong legal affairs, 1978, as viewed from an urban council ward office* (Hong Kong: Elsie Elliott, 1979).

Tu, Elsie *Crusade for justice: an autobiography.* (Hong Kong: Heinemann Asia, 1981).

Tu, Elsie *A consultative document on hawker and market policies: being the report of a working party of the Urban Council Markets and Street Traders Select Committee to review hawker and related policies.* (Hong Kong: the Working Party, 1985).

Tu, Elsie *The avarice bureaucracy and corruption of Hong Kong.* (Hong Kong: Science & Education Publication Ltd., 2000).

Tu, Elsie *Away with all superstitions!: a plea for man to broaden his narrow traditional horizons.* (Hong Kong: Science & Education Publication Ltd., 2000).

Tu, Elsie *Colonial Hong Kong in the eyes of Elsie Tu.* (Hong Kong: Hong Kong University Press, 2003).

Tu, Elsie *Lessons in life: essays in English for secondary school students.* (Hong Kong: Chameleon Press, 2008).

Tu, Elsie *An Autobiography of Elsie Tu.* (Hong Kong: Elsie Tu Education Fund).

Vines, Stephen, *Hong Kong: China's New Colony.* (London: Aurum Press, 1998).

Wang Gungwu & Wong Siu-lun ed., *Hong Kong's Transition: A Decade after the Deal.* (Hong Kong: Oxford University Press, 1995).

Welsh, Frank. *A Borrowed Place: the History of Hong Kong.* (New York: Kodansha International, 1993).

五、檔案

（一）政府檔案

Adult Education: A Proposal for the Next Decade. (Hong Kong: Hong Kong Government Printing Bureau, 1978).

Census and Statistics Department: *Hong Kong: Hong Kong Statistics (1947-1967).* (Hong Kong: Census and Statistics Department, 1969).

Electoral arrangements for 1994-95: compendium of proposals. (Hong Kong: Govt. Printer, 1993).

Hong Kong Education Department: *Report of the Director of Education for the Year 1922.* (Hong Kong: Government of Hong Kong, 1922).

Hong Kong Education Department: *Annual Report of Education Department, 1946-47.* (Hong Kong: Government, 1947).

Hong Kong Education Department: *Annual Report of Education Department, 1947-48.* (Hong Kong: Government of Hong Kong, 1948).

Hong Kong Annual Report 1956. (Hong Kong: Government of Hong Kong, 1957).

《香港未來十年內之中等教育白皮書》（香港：香港政府印務局，1974 年）。

《香港教育制度全面檢討》（香港：政府布政司署，1981 年）。

《高中及專上教育發展白皮書》（香港：香港政府印務局，1978 年）。

《高中及專上教育綠皮書》（香港：香港政府印務局，1977 年）。

John Llewellyn、Greg Hancock、Michael Kirst、Karl Roeloffs：《香港教育透視國際顧問團報告書》（香港：香港政務局，1982 年）。

社會事務司：《小學教育及學前服務白皮書》（香港：政府印務局，1981 年）。

香港房屋委員會：《檢討公屋住戶資助政策專責小組委員會諮詢檔案》（香港：香港房屋委員會，1992 年）。

（二）慕光資料庫檔案

"Point to be raised in a letter to Mr. K. Marks and Mr. B. T. Ford, at the Urban Council, 10th March, 1971". （慕光英文書院檔案編號 001）。

杜葉錫恩：〈"Take a long, hard look at the education policy" 原稿〉，1982 年 12 月 6 日。（慕光英文書院檔案編號 002）。

〈香港教師的差別〉，《葉錫恩專欄》（缺出版社），1971 年 4 月 26 日。（慕光英文書院檔案編號 003）。

"Opening of Mu Kuang New Building, 28th November, 1972". （慕光英文書院檔案編號 004）。

〈第一屆學生會申請文件記錄〉（慕光英文書院檔案編號 005）。

〈慕光樂富小學家長教師聯誼會申請文件記錄〉（慕光英文書院檔案編號 006）。

金禧事年特刊編輯委員會：《金禧事件特刊》（香港：學苑，1978 年），（慕光英文書院檔案編號 007）。

《火炬》，1998 年 9 月，第 16 期。

《火炬》，1999 年 1 月，第 17 期。

《火炬》，1999 年 3 月，第 18 期。

《火炬》，1999 年 6 月，第 19 期。

《火炬》，2000 年 3 月，第 22 期。

《火炬》，2000 年 6 月，第 23 期。

《火炬》，2000 年 9 月，第 24 期。

《火炬》，2001 年 4 月，第 26 期。

《火炬》，2001 年 6 月，第 27 期。

《火炬》，2001 年 9 月，第 28 期。

《火炬》，2004 年 5 月，第 35 期。

《火炬》，2004 年 11 月，第 36 期。

《火炬》，2005 年 3 月，第 37 期。

《火炬》，2005 年 6 月，第 38 期。

《火炬》，2006 年 3 月，第 40 期。

《火炬》，2008 年 3 月，第 46 期。

《火炬》，2010 年 5 月，第 53 期。

《火炬》，2013 年 11 月，第 63 期。

《火炬》，2014 年 5 月，第 64 期。

（三）其他檔案

"Higher Starting Salaries For Student Teachers" (浸會檔案 14-2).

"Point to be raised in a letter to Mr. K. Marks and Mr. B. T. Ford, at the Urban Council, 10th March, 1971" (浸會檔案 14-2).

D.G. Jeaffreson, "A reply from the government" (浸會檔案 14-2).

E. Elliott, "Reply J. Canning at 19th Aug, 1970" (浸會檔案 14-2).

"Reflections on the Teachers 'Review' Salary Scales" (浸會檔案 14-2).

"To the Convenors, Seminar on Green Paper on Secondary and Tertiary " (浸會 檔案 14-4).

明理愛光：杜葉錫恩的教育思想及實踐

責任編輯　黃杰華
裝幀設計　霍明志
排　版　時潔
印　務　劉漢舉

出版
中華書局（香港）有限公司
香港北角英皇道四九九號北角工業大廈一樓 B
電話：（852）2137 2338　傳真：（852）2713 8202
電子郵件：info@chunghwabook.com.hk
網址：http://www.chunghwabook.com.hk

發行
香港聯合書刊物流有限公司
香港新界荃灣德士古道 220-248 號
荃灣工業中心 16 樓
電話：（852）2150 2100　傳真：（852）2407 3062
電子郵件：info@suplogistics.com.hk

印刷
美雅印刷製本有限公司
香港觀塘榮業街六號海濱工業大廈四樓 A 室

版次
2021 年 4 月初版
©2021 中華書局（香港）有限公司

規格
16 開（230mm×170mm）

ISBN
978-988-8758-22-7

區志堅　著